西藏民族大学资助出版

# 活动习作
## ——让成长出彩

岳海江 ◎ 著

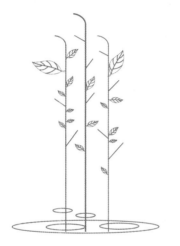

课标为纲·素养为本·立足生活·以文化人

·广州·

版权所有　翻印必究

图书在版编目（CIP）数据

活动习作：让成长出彩/岳海江著. —广州：中山大学出版社，2022.12
ISBN 978-7-306-07683-0

Ⅰ.①活… Ⅱ.①岳… Ⅲ.①中学语文课—教学研究 Ⅳ.①G633.302

中国版本图书馆 CIP 数据核字（2022）第 253811 号

HUODONG XIZUO

出　版　人：王天琪
策划编辑：嵇春霞
责任编辑：罗雪梅
封面设计：曾　斌
责任校对：卢思敏
责任技编：靳晓虹
出版发行：中山大学出版社
电　　话：编辑部 020 - 84110283，84113349，84111997，84110779，84110776
　　　　　发行部 020 - 84111998，84111981，84111160
地　　址：广州市新港西路 135 号
邮　　编：510275　传　真：020 - 84036565
网　　址：http：//www.zsup.com.cn　E-mail：zdcbs@ mail.sysu.edu.cn
印　刷　者：广州市友盛彩印有限公司
规　　格：787mm×1092mm　1/16　16.625 印张　272 千字
版次印次：2022 年 12 月第 1 版　2022 年 12 月第 1 次印刷
定　　价：62.00 元

如发现本书因印装质量影响阅读，请与出版社发行部联系调换

# 序 一
# 名师再成长：从优秀到卓越

百年大计，教育为本；教育大计，教师为本。《中共中央 国务院关于全面深化新时代教师队伍建设改革的意见》（简称《意见》）强调："造就党和人民满意的高素质专业化创新型教师队伍""兴国必先强师，深刻认识教师队伍建设的重要意义和总体要求""到2035年，教师综合素质、专业化水平和创新能力大幅提升，培养造就数以百万计的骨干教师、数以十万计的卓越教师、数以万计的教育家型教师"。这是新中国成立以来，党中央出台的第一个面向教师队伍建设的里程碑式的政策文件。

从《意见》的出台，到全国教育大会的召开，习近平总书记发表了关于教师的一系列重要论述，这些都表明了国家对教师职业的重视，对新时代高素质教师队伍建设的重视。在这支队伍中，名师是很重要的一个关键群体，他们师德高尚，专业精深，育人成果显著，能带领教师团队在教育改革中攻坚克难，是一个地区的教育领军人才，是教师队伍的领头雁，而促进更多的优秀教师成长为教育家型教师，则关系着我国教师队伍整体质量的提升。

2018年初，北京市海淀区教师进修学校（简称"海淀进校"）承担了教育部中小学教师国家级培训计划（简称"国培计划"）中小学名师领航工程培养基地的任务，来自全国10个省市的11名特级教师和正高级教师成为基地的首批学员，岳海江老师就是其中的一员。基地面临着一个极具挑战性的任务，就是如何助力优秀的专家型教师成长为卓越的教育家型教师。

首先，我们明确了教育家型卓越教师的关键特质。

责任与担当——教育当为家国计。教育家时刻牢记为党育人、为国育才使命，他们主动承担起教育改革发展的重任，有着"知其难为而为之"的无畏勇气，敢于承担别人不敢承担的责任与重担，他们有宽视野和高境界，着眼于国家发展、民族未来，在教育改革的大潮中主动作为。

理想与情怀——使命感成就教育家。教育是教育家毕生的理想与追求。教育家有崇高的职业使命，高度认同教育的目的，深刻理解教育的本质，精准把握教育的脉搏，研究课程、教学、评价的每一个环节，不断探索有意义的学科教学与学科育人新模式，努力教好每一堂课、教好每一个学生。

创新与坚持——探索和领航的基石。教育家是探索者，更是领航者。他们尊重学生的成长规律，在教育实践中不断摸索和创新，面对问题不断寻求新思路，更新知识结构，扩展学术视野，提升自己的教育能力，努力培养德智体美劳全面发展的学生。他们信念坚定，持之以恒，坚守初心，百折不挠，在处理困难和挫折时，表现出非同寻常的坚持，也在不断遇到难题、攻克难题的过程中享受成功带来的快乐。

那么，如何从优秀教师成长为教育家型卓越教师呢？

在更好地成就学生中再成长。教育家的目标是更好地成就学生，想大问题，做小事情，把崇高的教育理想落实到平凡的教育教学工作中。坚守正确的教育价值观，仰望星空又脚踏实地，逐渐形成独特的教学风格和教育思想，形成标志性的教育教学成果，在教育改革与发展中发挥示范引领作用，才能被称为"教育家"。

在培养基地中实现再成长。良好的环境、志同道合的同伴有利于名师再成长，培养基地就是一个很好的平台。基地可以创建良好的教育生态，提供肥沃的土壤、充足的阳光和丰沛的养分，通过与同伴和导师的共同研究和实践，唤醒和激励他们主动发展和自我成长。在基地，未来教育家们携手前行，形成团队发展态势，也会带动更多的优秀教师成为教育家型卓越教师，在教育改革中，领基础教育发展之航，领学科育人之航，领学生和同伴成长之航。

自2018年成立教育部"国培计划"中小学名师领航工程培养基地以来，海淀进校的干部和教研员们反复研讨，从培育模式、培育机制、研修课程、培训方式等多方面进行了探索和创新。构建了"基地—大学—中小学"个性化、立体式培养模式，形成"学员—导师共同成长"的新型关系：用高远的目标引领，使教师成为有风格、有思想、有智慧，能够引领基础教育改革发展的教育家型卓越教师；用系列课程支持学员成长，"三年六单元、九大模块课程"开阔了名师的教育视野，提升了教育境界，发展了教育创新能力；

与实践导师同行，名师和同学科高水平教师一起聚焦学科核心素养发展，探索学习方式变革，上课、切磋、分享，在深度互动、深刻体验、共同创造中实现新的成长。

在基地三年研修期间，岳海江老师和导师、专家们一起，在课题研究和实践中，在一次次微论坛中，将自己的教学主张概念化、结构化，定位教育风格，凝练教育思想；开展教育援助，发挥辐射作用，从"一枝独秀"到"百花齐放"，带领名师工作室团队的教师们解决教育教学关键问题，在成就其他教师中成长。

《活动习作——让成长出彩》一书，是岳海江老师在基地学习期间的研究成果，也是理解语文学科本质、探索语文学科育人的成果凝练。选题聚焦了当前语文教学的关键问题，书中既有学科教育的理论，又有学科教学的方法，还有经过实践检验的教学案例，对一线教师来说可学、可做、可模仿、可借鉴，是小学语文教师开展作文教学的重要参考。

本书同时也展现了岳海江老师的教学主张和教育思想，希望本书的出版能为教师的成长提供一些启示，也祝愿更多的教师从优秀走向卓越，成长为教育家型卓越教师！

罗　滨
北京市海淀区教师进修学校校长，特级教师

# 序 二
## 活动习作：习作教育的新路径

手捧海江老师的《活动习作——让成长出彩》书稿，一种敬意从我内心深处油然而生。"宝剑锋从磨砺出，梅花香自苦寒来。"的确如此，这本书是海江老师多年耕耘于语文教育一线的心血之作，凝聚着一位挚爱习作教育的语文教师的智慧以及对学生发自内心的深沉的爱！

海江老师深耕语文教育田野近30年，对习作教育情有独钟。他的习作教育研究独辟蹊径，从活动入手，符合学生心理特点，容易激发学生参与习作的兴趣。在多年的研究实践中，海江老师不断破解习作教育中的难点，指导学生发表习作200余篇，极大地促进了学生语文素养的提升，他的研究历程也能够带给一线教师诸多启示。

海江老师是"教育部中小学名师领航工程"的首批领航名师，在北京市海淀区教师进修学校培养基地的整体部署下，我有幸忝列领航工程实践导师队伍，参与了海江老师"活动习作"教学主张的凝练过程，见证了海江老师不断完善书稿的过程，近距离感受到了海江作为教育部首批全国领航名师的个人魅力。

在参与研修的过程中，海江老师多次作为主持人出现在海淀进校培训现场，他幽默大方的主持风格给所有人留下了深刻印象，他睿智敏捷的思维常常能激发会场学习者的头脑风暴。尤其令我难忘的是他来到我们学校，为我校的骨干教师和来自银川市的50余位语文骨干教师带来的关于"读"的讲座——"美读在语文教学中的实践"。在讲座过程中，他那如醉如痴的朗诵、浑厚含韵的男中音，特别是对文本的深刻解读，让所有听者如沐春风，豁然开朗。最令我难忘的是2019年金秋十月，我赴西藏民族大学附属中学参加"岳海江名师工作室"授牌仪式时所听的海江老师执教的活动习作课——"解读自己的姓名"。从这节课中，我深刻感受到了他所倡导的活动习作的魅力。课堂上，海江老师完全以平等的视角和每一名同学"聊"名字，用风趣幽默的语言、轻松自如的点拨，潜移默化地育人……这一切让所有听课老师赞叹不已。课堂上呈现出来的是学生思维火花的迸发，是和谐平等的师生关系，是顺学而导的教学艺术，更是活动习作中的育人智慧。在海江老师的课堂上，学生在听课而不觉得是在听课，学生在习作而不觉得是在习作，学生在成长而不觉得是在接受说教中成长，一切美好都是那么自然而然地静静地发生着。我想这应该就是海江老师所倡导的"活动习作"的魅力吧！

这次认真阅读海江老师的完整书稿后，我对海江老师所倡导的"活动习作"又有了更深层次、更系统的认识。我认为海江老师倡导的"活动习作"有以下四方面的特点。

一是紧扣教材之"例"。叶圣陶先生说过："教材无非是个例子，凭借这个例子要使学生能够举一反三，练习阅读和写作的熟练技巧。"海江老师在活动习作教学的探索当中，没有忽视教材这个"例子"，而是结合统编教材特点，从单元统整架构活动习作内容，引导学生由读到写，读写结合，最终在不断实践的过程中让学生爱上习作。

二是深挖生活之"泉"。生活是习作的源头活水，丰富多彩的生活可以为学生提供无数的习作素材。海江老师帮助学生捕捉生活中的灵感，在学生的笔下，生活中的点点滴滴都无比精彩。学生关注生活，热爱生活，最终成为生活的主人。

三是搭建活动之"桥"。顾明远先生说过"学生成长在活动中"，海江老师通过多种途径为学生创设活动机会，让学生在活动中体验，在活动中作文，在活动中爱上习作。

四是拓宽成长之"路"。在活动习作研究探索的过程中，师生的成长之路得到了拓宽。学生在此过程中不断向真、向善、向美，获得真正的成长，所有参与其中的老师，尤其是海江老师所带的徒弟们，也获得了新的发展，不断向着最好的自己迈进。

"大音希声，大象无形。"海江老师倡导的"活动习作"看似平常，实则内蕴深厚。奇妙的是，他历时三年完成的专著竟与最新颁布的《义务教育语文课程标准（2022年版）》中的理念即重视学生核心素养发展、凸显课程育人导向、探索跨学科学习活动高度契合。透过书中鲜活的案例，我们不仅可以看到海江老师对习作教育的思考,还可以看到他引领学生"在生活中发现,在活动中体验,在习作中成长"的历程。习作教学如何在提高学生写作水平的同时培根铸魂、启智增慧?我认为本书可读、可思、可借鉴,会给广大读者以启迪!

张海宏

北京市海淀区中关村第一小学副校长,特级教师

# 目 录

前　言　活动习作，让生命灵动、成长出彩 ········································ 1

第一章　突破习作教学瓶颈 ····························································· 1
　第一节　习作教学之困 ································································· 2
　　一、学生之困——"惧怕习作" ···················································· 2
　　二、教师之困——"高耗低效" ···················································· 3
　　三、教学之困——"闭门造文" ···················································· 5
　第二节　"活动习作"新思路 ······················································· 10
　　一、研究渊源及内涵要义 ·························································· 10
　　二、教学观及实践路径 ····························································· 16

第二章　单元统整的活动习作 ······················································ 27
　第一节　阅读单元——整体观照下由读到写 ································· 28
　　一、围绕单元主题设计活动 ······················································ 29
　　二、结合课文特点随堂活动练笔 ··············································· 31
　　三、课后延伸拓展习作空间 ······················································ 37
　第二节　策略单元——策略点拨下读写一体 ································· 40
　　一、紧扣语文要素设计活动 ······················································ 40
　　二、读写一体推进随文活动练笔 ··············································· 42
　　三、巩固练笔成果，提高习作质量 ············································ 54
　第三节　习作单元——方法迁移中触类旁通 ································· 61
　　一、根据单元习作设计活动 ······················································ 61
　　二、"读、说、仿、写"掌握方法 ············································· 63

三、迁移运用提升写作能力 ………………………………… 68
　第四节　综合单元——实践练笔中爱上习作 ……………………… 69
　　一、围绕综合实践设计活动 ………………………………… 70
　　二、多元活动体验习作乐趣 ………………………………… 71
　　三、多场域分享展示习作成果 ……………………………… 79

第三章　学科融合的活动习作 …………………………………… 84
　第一节　道德公益类——公益活动中塑品行 ……………………… 86
　　一、从道法课到公益活动 …………………………………… 87
　　二、在习作中习"德" ……………………………………… 88
　第二节　劳动健康类——体育劳动中保健康 …………………… 103
　　一、在真实情境下参与活动 ………………………………… 103
　　二、在多样化的习作中话健康 ……………………………… 104
　第三节　数学科学类——数理结合中求真理 …………………… 112
　　一、参与探索发现类的活动 ………………………………… 113
　　二、实践中"明真理""写真思" ………………………… 115
　第四节　艺术审美类——艺术熏染中悟真美 …………………… 128
　　一、置身艺术大课堂开展活动 ……………………………… 128
　　二、分类随堂记录所感所悟 ………………………………… 130

第四章　走向生活的活动习作 …………………………………… 140
　第一节　应时即兴——捕捉生活中的灵感 ……………………… 140
　　一、从教师生活中捕捉灵感 ………………………………… 142
　　二、从学生生活中捕捉灵感 ………………………………… 147
　　三、从社会热点中捕捉灵感 ………………………………… 157
　第二节　创意创新——发现生活中的"新" …………………… 169
　　一、文本体裁的"新" …………………………………… 169
　　二、活动形式的"新" …………………………………… 176
　　三、叙述视角的"新" …………………………………… 181
　　四、题材内容的"新" …………………………………… 189

  第三节 成长成才——成为生活的主人 …………………… 196
    一、亲近自然：放春鸢、观夏雨、赏秋叶、闹冬雪 ………… 197
    二、描绘生活：读诗歌、寻诗语、写诗情、化诗意 ………… 207
    三、走进社会：调查研学、探索发现、实践体验 …………… 214
    四、认识自我：时光胶囊、时光坐标、时光飞船 …………… 222

第五章 在活动习作中成长 ……………………………………… 230
  第一节 送学生走向远方 …………………………………… 230
    一、人人有梦想 ………………………………………………… 230
    二、在活动中成长 ……………………………………………… 231
    三、在"活动习作"中走向远方 ……………………………… 234
  第二节 让学生成为自己 …………………………………… 236
    一、一直写 ……………………………………………………… 236
    二、写出了"热爱" …………………………………………… 238
    三、写出了"善良" …………………………………………… 240
    四、写出了"自己" …………………………………………… 241

后  记 童心化雨，一路芳华 ……………………………………… 243

# 前　言
## 活动习作，让生命灵动、成长出彩

处于人工智能时代的我们，常常有一种惊奇与忧虑：似乎人力可为的大部分工作，未来机器都可取而代之，就连人类最引以自豪的文学写作也可能成为人工智能的"囊中之物"。

2017年11月16日，"传媒头条（ID：cmtt6636）综合"报道，腾讯公司副总裁陈菊红在峰会上发布了企鹅智酷《2017中国新媒体趋势报告》，报告称：写稿机器人Dream writer现场写作，用时不到1秒，并自动配图和自动剪辑视频片段。据现场观众表示，嘉宾刚说完"谢谢"，稿子就已经发出来了，这让我们不得不惊叹人工智能的生产效率。

著名作家韩少功于2017年发表在《读书》杂志上的一篇题为《当机器人成立作家协会》的文章引发了讨论：微软智能机器人"小冰"写出的诗集与人类创作的作品在有经验的读者面前难分高下。一时间，"人工智能杀死人类文学"的议论和气氛弥漫开来。

说"人工智能杀死人类文学"有些危言耸听，但是人类科技发展的无限可能不得不引起我们对写作活动的担忧：写作活动真的会随着人工智能的出场而迫使人类退场吗？

这是人工智能时代的写作之惑，也是当下习作①教学之惑。

对中国人来说，写作扮演着语言表达的角色，更承载了文化传承的使命。习作，是儿童运用语言表达自我、描绘世界的重要起点。习作教学作为写作的启蒙活动，在语文教育中发挥着不可替代的育人功能。我国南朝文学理论家刘勰在《文心雕龙》中讲："言之文也，天地之心哉！"从这句话中，我们可以看出老祖先把作文章看得与天地万物的德行一样，无比重要。由此

---

① 新课程改革之后，《义务教育语文课程标准》将小学阶段的"作文"改称为"习作"。

可见，无论什么时代，人类的写作不能也不应该退场，习作教学也必须在反思探索中与时俱进。

那么问题来了，人工智能写作是通过语法规则和模仿技巧，将有关信息转化为"算法"快速输出，其阅读记忆量、数据计算力，特别是出稿速度远超人类，哪怕所谓智力超常的"天才""神童"都不能与之相比。因此，我们必须回到人类写作的本质，来探讨当下和未来的习作教学。

人类写作的本质是什么？是交流；是对自我的反观和内省；是生命的修行……这些说法都有一定的道理。《义务教育语文课程标准（2011年版）》曾将其表述为："写作是运用语言文字进行表达和交流的重要方式，是认识世界、认识自我、创造性表述的过程。"而《义务教育语文课程标准（2022年版）》（以下简称"语文课程标准"）则强调"文以载道、文以化人"。由此可见，写作的本质并不限于语文素养的提升，更应归属为对生命真谛、生存价值和生活意义的探寻。

人类写作的独特之处是什么？也就是在人类写作中，哪些方面是人工智能代替不了的？无论从自然属性还是社会属性来讲，无论从外在的肉体自我还是内在的精神自我来看，人工智能永远具备不了的是作为"人"的体验，身心真实的体验、自我独特的体验。

学生的体验从何而来？仅仅在语文课本中？在课堂上？在学校里？单从书本里获得的思维、想象、情感等体验，仅属于阅读体验的范畴，单在课堂上、学校里所获得的体验也仅限于一定的时空场域。从生命成长的角度考量，这些体验都有其明显的局部性和局限性，而真实的体验应该来自学生学习和生活的方方面面。

习作教学的价值在哪里？我常常叩问：习作教学的意义仅仅是教会学生文字的堆砌、语法的排列组合吗？习作教学该不该长期奔走于模式"规训"的捷径？

李祥辉在《不要被应试教育下的作文教学模式蒙蔽了眼睛》一文中写道："作文指导的上位是作文教育，作文教育的上位是语文教育，语文教育的上位是整个教育。教育是基于人、为了人、服务人、成全人的事业。"①

说到底，习作教学的最上位是整个教育，这也正是习作教学的原点——基于人、为了人、服务人、成全人。不妨以这样的站位来反观过去和当下的习作教学。

20世纪，我国习作教学呈现出技能与情感两个本位观的博弈。具体而言，就是在习作教学中，是注重技能的训练还是关注情感的激发。由此形成了三类习作——技能习作、活动习作和功能习作。②

在应试教育的"裹挟"下，提纲式、模板式的技能习作成为学生的宠儿。习作教学目标异化成了技能训练，学生无病呻吟、矫揉造作、同质化等问题成为习作教学创新的瓶颈。许多语文教师在这种唯技能取向的背景下，对习作教学的兴趣也逐渐转化为适应与应付，习作教学课堂中拿出的范文如同"八股文"一般，打上了"虚假的完美"的烙印。著名的文学家叶开就此深刻地批判道："我们最应该反对的就是虚假！没有真的善是伪善，没有真的美是臭美。"

20世纪80年代，素质教育成为中国教育改革的新起点，语文教育改革也开启了新的征程。虽然今天我们仍然说改革还在路上，当下的语文教育还有这样或那样的问题，但是我们看到了前辈们对语文教学改革的真心。以李吉林老师为代表的教育家，揭开了语文教学、习作教学遮蔽的情感之帷，所提出的情境习作让学生重新找到了习作的乐趣。

李吉林老师在她的《情境教育三部曲》中这样写道："由此，我便努力地将可以看见的、可以捉摸的、限量的、规定性的教育空间、内涵拓展、充实，放大到极量，让课堂丰富起来，让教育丰富起来，让儿童快乐地自由自在地成长。"③

这是李吉林老师对情境教学课堂的阐释。无论是她起初提出的情境教学、应用到作文方面的情境作文，还是后来主张的情境教育，都要求尽最大可能创造情境或提供真实情境，让学生在亲身体验中学习。

---

① 李祥辉：《不要被应试教育下的作文教学模式蒙蔽了眼睛》，http://www2.zzstep.com/front/resource/index/id/1377381.html，2012年8月3日。
② 参见周子房《技能作文·活动作文·功能作文》，载《当代教育科学》2011年第4期。
③ 李吉林：《情境教育三部曲》，载《人民教育》2013年第2期。

2000年，国家基础教育课程改革有序实施，以"双基"（基础知识、基本技能）为导向的教学大纲完成历史使命，取而代之的是新课程标准。新课程标准在往后的20多年间历经两次修订，从"三维目标"导向发展为"核心素养"导向。在这20多年间，习作教学进入崭新的发展阶段，课程的综合化、生活化取向推动了习作教学的活动化。

思维能力作为语文课程的四大核心素养之一，于2022年首次被纳入语文课程标准，但是从教学一线反馈的情况来看，语文学科在发展学生思维方面尚有欠缺。而在弥补这一短板方面，习作教学自带优势。正如陈鸣先生所提出的写作逻辑："写作的本质是把人类的网状思维，用树状的结构梳理，最后用线性的文字表达出来。"

从"网状思维"到"结构梳理"，再到"线性文字"，写作是把感性的认知、网状的思维，经过理性、结构化的梳理，再使用有次序、线性的文字表达出来的过程，也就是由感性输入转化为理性输出的过程。这一过程不但需要外显的"言辞达意"，而且需要内隐的、文字包裹中的思想，这一特点使得写作比说话"困难"，而这一"困难"恰恰让语文教师大有可为。

从人工智能时代的习作教学之惑，到当下习作教学的发展，站在"成全人"的角度，当代的习作教学需要重建学生的精神家园，需要一次不忘初心的回归之旅。所谓不忘初心，就是回到教育的原点——"基于人、为了人、服务人、成全人"，对习作教学目标进行重塑；所谓回归，就是着眼于学生的成长——"唤童心、启童眸、书童真、写童趣"，回归习作教学的本源。

作文就是做人，教小学生习作就是引领他们成为生活的主人，这是我通过近30年的教学实践对作文和小学习作教学得出的一点认识。

基于这样的认识，我不断钻研教育前辈们的思想，如李吉林老师的"情境教学"、田慧生老师的"活动教学"、张化万老师的"活动作文"、钟传祎老师的"学科作文"，汲取前辈们的教育思想，并融入自己的实践中，同时邀请资深语文老师苗欣、高婷、卢欣、任小华、何晓会和教育学博士王毅、许可峰为自己的习作教学提建议，经过在海淀进校的三年研修学习，最终在探索中我提出了"活动习作"的教学主张。

概括来说，"活动习作"是基于儿童的年龄和认知，以"儿童发展"为中心，以儿童的"生活世界"为源泉，以"融合课程"为载体，以"多元活动"为途径，进行习作训练，以促进学生文化自信、语言运用、思维能力、审美创造等核心素养的发展。通俗来讲，活动习作就是带领学生在生活中发现，在活动中体验，在习作中成长。

"活动习作"教学主张紧跟国家教育方针，与时俱进，从实践中总结出三种类型及实施策略：一是以统编语文教科书为基础，落实单元人文主题和语文双要素，实施"单元统整的活动习作"；二是打破学科壁垒，寻找其他学科中的习作元素，实施"学科融合的活动习作"；三是打通学校、家庭、社会、自然的界限，实施"走向生活的活动习作"。

本书共有五章。第一章是针对当下习作教学的困境提出"活动习作"的教学主张，阐释其内涵要义和路径策略。第二章到第四章是活动习作的实践探索部分，从教育部统编语文教科书到跨学科再到生活，层层展示活动习作的教学策略及成果，并附有教学案例和学生习作节选。其中：

第二章为"单元统整的活动习作"。按照统编语文教科书的编排特点，这部分分为阅读单元、策略单元、习作单元、综合单元四种类型，分单元类型阐述如何根据单元特点设计课内外结合的活动，如何科学增加练笔的频次、提高练笔的有效性，如何提升学生的习作能力等。这一章紧扣教材，是以往活动习作教学中容易被忽略的内容。而在本书中，我将其作为活动习作实践的根基与起点。

第三章为"学科融合的活动习作"。这一章将小学可以融入活动习作的课程分为道德公益、劳动健康、数学科学、艺术审美等类型，每一类型都附一份案例，展示学科融合的活动习作实施过程。这一章展示了我在实践中凝聚团队力量，大胆开拓，以期通过学科融合，对从"五育并举"到"五育融通"再到"五育共生"方面做出有益探索。

第四章为"走向生活的活动习作"。第一节"应时即兴——捕捉生活中的灵感"，阐述了活动习作中教师所应具备的捕捉灵感、即兴而动、回望反思三种能力，并用叙事的方式呈现出从教师生活、学生生活、社会热点三方面捕捉灵感的几个案例；第二节"创意创新——发现生活中的'新'"，从文本体裁的新、活动形式的新、叙述视角的新、题材内容的新四方面，用案例说明有创意的活动习作能促进学生创新性、创造性的表达；第三节"成长成才——成为生活的主人"，从操作层面介绍了亲近自然、描绘生活、走进社会、认识自我四类长线活动习作，分年级开展活动与习作实践，为学生成为生活的主人奠定基础。这一章，展现的是活动习作的生命力和育人魅力。

第五章为"在活动习作中成长"。第一节"送学生走向远方"包括"人人有梦想""在活动中成长""在'活动习作'中走向远方"三部分；第二节"让学生成为自己"包括"一直写""写出了'热爱'""写出了'善良'""写出了'自己'"四部分。这一章选摘了我和学生的故事，这些几乎每天都发生的小事，虽不足以量化活动习作教学的成功，但却实实在在记录了我和学生的成长，也坚定了我将"活动习作"进行到底的信念。

至此，谨以李吉林老师的一段话作为"活动习作"的启蒙辞：

爱，让我珍视儿童的情感，并依循儿童情感的跃动，努力把握儿童情感的生成、发展的脉络，从而利用儿童的情感激发他们的潜能。在其间又培养儿童的情感，让他们成长为具有道德情感、审美情趣的好苗苗。一字以蔽之，即可贵的"情"、纯真的"情"。"情"是教育的"魂"，是情境教育的命脉。

以爱为源、以情为魂，文以载道、文以化人，让生命灵动、成长出彩！应该说，这是我主张活动习作的初心与使命！

# 第一章　突破习作教学瓶颈

人类的第一次结绳记事，应该算是我们先祖交出的第一篇"作文"。这样的写作，伴随着人类文明的发展，一路向我们走来。它，承载和传播着人类文明，在自身有秩序的世界里，迸发着生命的律动。而中国人对写作的重视程度从古到今，从小孩到大人，可见一斑。

语文课程是一门学习国家通用语言文字运用的综合性、实践性课程。[①]工具性与人文性的统一，决定了语文在学校教育中的奠基作用。"得作文者得天下"成为高考名言，"高考满分作文卷"成为教育界的"独特景观"，这些现象足以反映写作在语文教学中的地位之高。近年来，小学习作教学的热度居高不减，各种习作教学模式铺天盖地，就连央视前著名主持人张泉灵也成了习作教学的热门人物。习作教学成为网红话题，有关习作的网络课程也是种类繁多。

作为热点的习作教学，走红网络的习作课程，其背后不是习作之风盛行，而是习作教学之困。

1982 年，我上小学三年级，所经历的习作课堂是扎扎实实的"听写作文"。老师口述一句，我们在草稿本上写一句，写完之后修改错别字，最后用毛笔誊写到作文本上，一年下来，那 16 篇文从字顺的文章全部出自老师之口。记忆力好的学生尚能记住一些内容，考试的时候照搬进去。像我这种记忆力一般的学生，遇到考试作文便东拉西扯、生搬硬套，上了四年级还不会写文章，也不敢写文章，直到五年级换了老师，我才从仿写和课文套写中开始了真正的习作。

1994 年，我从中等师范学校毕业，成为一名乡村教师。"知识改变命运，考试让你走出山区"是当时学校教育中一句耳熟能详的口号。走进周围

---

① 摘自《义务教育语文课程标准（2022 年版）》。

老师的语文课，我发现他们最常见的方式就是脱离情境的机械记忆和枯燥训练，少见语文课堂中的精神之美。我常常怀念读师范时学校给我们播放的支玉恒老师的录像课《飞夺泸定桥》《第一场雪》，也常常思考真正的语文学习应当是什么样的。

那时候乡村学校师资短缺，我承担三年级语文和二年级数学的复式教学，并带全校的音乐课。师范学校练就的"万金油"在我的教学中产生了连锁反应：语文课上，我加入课本剧表演；数学课上，我带领学生走出教室丈量操场；音乐课上，我和学生打着节拍唱曲，和着唱词跳舞。课堂就像我的青春一样生机勃勃，学生喜欢，我也被树立为学校"快乐教学"的标杆。后来，虽然主教语文课，但我也会把各门课程融合起来进行教学。

再后来，我从一个乡村全科教师变成一名专业语文教师，对语文教育问题的思考也越来越多，特别是对习作教学的反思渐渐成为我自身专业发展道路上的主线。我常用"为有源头活水来"引导学生写作，鼓励他们多体验、多感受。可是，因为缺少"志同道合"者及有效的教学方法，一味地鼓励式教学总是收效甚微。面对应试，我看到习作并不是孩子心灵的歌唱，而是困住心灵的牢笼。我在语文教育、习作教学等研讨活动中多次表达了自己对习作教学的看法，可是在那个唯分数至上的教育生态中，我的观点成为少数，成为机械应试时代的"异己"。尽管如此，我依然要做习作教学的"逆行者"，下决心驱散语文教学中学生"言说冲动的冷却、言说兴趣的冬眠"[①]。

## 第一节　习作教学之困

### 一、学生之困——"惧怕习作"

有一句话在学生中流传已久："一怕文言文，二怕写作文，三怕周树

---

[①] 姚春杰：《小学语文名师课堂深度解析》，华东师范大学出版社2009年版，第21页。

人。"这"三怕"并不是笑谈,它反映了学生学习语文的真正苦恼。对于小学生而言,接触最多也最怕的,当属"写作文"了。

多数学生怕写作文,这是广大语文老师的共识。著名教育家张化万老师曾经这样表达他的担忧:"看到那么多聪明可爱的孩子在作文课中咬笔杆、发呆、焦虑与痛苦。"①

再听听一些学生的心声:

提起习作,我就"脑瓜疼",没什么可写。——缺素材

老师讲的时候感觉挺好,但一到自己动笔就感觉无从下笔。——没方法

我的时间被老师和爸爸妈妈安排得满满的,整天在学校、家庭、培训班中奔波,我没有体验过与其他同学一起走在上学、放学路上的快乐,因为我的上学、放学全在车上。——体验少

我平常的习作都是听老师讲一些,回家看辅导书套用一些,妈妈在草稿纸上给我加一些,所以考试时遇到新要求写起来就比较吃力。——假习作

走进课堂,我们看到一些老师布置的习作任务被视为负担,学生面对习作抓耳挠腮,无话可写,数着格子艰难地凑字数,习作成为学生不太喜欢乃至惧怕的事情。我甚至以为,如果习作不是语文课必考重点,恐怕许多学生会放弃对它的学习。

## 二、教师之困——"高耗低效"

在与一线语文老师面对面交流时,我常常会听到这些问题:

对于习作教学,我花了那么大气力,为什么效果不好?

学生为什么在课堂上说得很精彩,写出来的文章却大打折扣?

专家们的一些方法,怎么一到我的班上就"水土不服"?

为什么学生试卷上的习作和平常交的习作水平反差较大?

习作教学该不该套用模式?

---

① 张化万:《寻找适合儿童的习作——我和活动作文30年》,载《教学月刊(小学版)》2015年第2期。

我也想经常带学生去大自然、到生活中去体验，但是外出需要向学校打报告，自己要承担学生的安全责任，还要跟很多老师调课，我该怎么解决这些矛盾？

看来教师之困不单在于个人理念、方法等主观原因，更受限于学校课程设置、学校给予教师教学自由度等客观因素，甚至受到一个时代社会"教育观"的影响。面对诸多束缚，如果教师不能放开自己的手脚，就不能解放学生的手、脑、眼、嘴以及空间和时间。难怪特级教师高子阳在担任第二届《扬子晚报》杯作文大赛"在线作文"评委时，对五、六年级组273篇以"意外"为题的作品评审后发出这样的感慨：

多篇"雨中送伞"的意外；

多篇"父母、爷爷奶奶遇车祸、得癌症"的意外；

多篇"我接到入选第二阶段在线作文比赛通知"的意外；

多篇"考试没考好，母亲没打没骂却给我鼓励"的意外。①

这样的"意外"，的确让评委"意外"至极。痛定思痛，出现这些大同小异习作的症结，在于我们平常给学生的习作选题以命题为主，立意构思过于概念化、形式化，审题和选材偏向生活中的好事多、坏事少，成功多、失败少，脱离了学生生活实际和认知水平。多数情况下，我们将习作教学局限在第一课堂（教室场域）上，禁锢在第二课堂（学校场域）里，忽视在第三课堂（社会场域）中，导致学生多靠"书本范文"和"苦思冥想"写文章，造成了习作模式化、虚假化的普遍现象。

2018年8月，我赴"现象教学"的典范国家芬兰考察，在赫尔辛基的一所小学参观教师办公室时，遇到三位老师正在讨论一、二年级两个班如何在一间教室上课的事宜。看到我一脸吃惊的样子，校长耸耸肩说："他们讨论什么不关我的事，教学上的事情由老师做主。"回忆起这件事，我至今还纳闷：20世纪90年代之前，在中国农村偏远地区，教育资源严重缺乏的学校曾采用过的"复式教学"，为什么21世纪的芬兰教师却正在讨论和尝试？他们要解决教学上的什么问题？虽然这些我不得而知，但是那位校长对教师支持、信任到如此程度，着实令我震惊。

---

① 高子阳：《儿童创意写作教学新策略》，载《语文教学通讯》2015年第C3期。

全球瞩目的"芬兰教育"有很多方面值得我们借鉴，我由衷地呼吁教育行政部门和学校管理者，充分信任并支持教师合理化的教学创新，比如多为教师将语文教育、习作教学融进日常生活中提供条件。

## 三、教学之困——"闭门造文"

学生之困、教师之困，其背后都暴露出习作教学的弱项和短板。

### （一）习作取材单一

通过对教学一线的调查我发现，习作教学中以课本和教案为中心，依靠自身教学经验和资料进行教学的教师居多，而能够根据学情大胆寻找习作素材，有创意地设计教学的教师相对较少。也就是说，从满足学生需求出发去研究教什么和怎么教的教师占比较小。当然，这其中有教师不可控或者顾虑的客观因素，比如课表里固定的教学时间、带领学生外出的安全责任、担心学生成绩在短期内下滑等情况，故而大部分教师选择了以学校、课堂为主，省时、省事的教学方式，不大考虑或者常常放弃走进生活去"取材"。习作素材的缺乏，导致部分学生在写作时不知道写什么，手持辅导书，东拼西凑，进而出现"选材雷同"的习作生态和千人一面、千篇一律的文章。

习作素材的单一，还导致学生翻来覆去地写那些"老掉牙"的事或者捏造的事。有位语文老师很无奈地跟我说："我们班一个小孩的妈妈一学期生二胎都好几次了。"这话听得我一脸茫然。原来，这孩子在那一学期中一写文章就拿"妈妈生二胎"说事。看来学生是真的没什么可写，严重缺乏习作素材，或者说不会捕捉习作素材。这种现象在学生当中应该不是个例，甚至在一些地方或者学校也比较普遍。写作活动包括取材、构思、起草、加工等环节，可见，从习作教学的第一个环节"取材"开始，我们就没能给学生提供更多的可能性。

## （二）生活体验肤浅

语文课程标准对于习作的要求是，将小学第一学段仅仅定位于"写话"，即把口头所述用书面语言的形式记录下来，不讲求习作的规范，到了第二学段才真正开始"习作"。难度增加后，一些老师难免采用固定模式或是仿写的方式来减缓习作教学的坡度。通过这种教学，学生虽然上手快，但缺乏亲身体验，容易形成写作定式甚至被误导。于是，在习作中便会出现与实际不符的描述，比如在以"秋天"为主题的习作中，身处冬小麦种植地区城市里的学生常有因未进入农田见过成熟的小麦而写错季节的："步入秋天的田野，我看到金灿灿的麦穗在秋风中频频点头。"

不可否认，现今学生的生活丰富多彩，他们到达的远方比古代诗人到达的远方或者看到的远方遥远得多，但为什么会出现"有生活没体验，有观察没发现"的现象？原因在于，现在的小学生过的是与时代同频的快节奏生活，其中还有一部分是网络虚拟世界的生活，学生经历真实的活动体验、生活实践反而十分有限，也很肤浅。就像某些学生所说，老师（指我这一代）小时候上学与放学途中遇到的有意思的事他们从来没有经历过。因为缺少真实的活动体验和生活感悟，所以写作时常常写别人的话、用成人的话、编漂亮的话，习作成了一种脱离实践和生活的"文字游戏"。因此，在增加真实活动、生活体验频次的同时，我们还要逐步培养小学生主动观察和系统思考的习惯。

## （三）指导方法固化

传统习作教学普遍存在以下现象：一是教师施教过盛，即重视学生写作知识、写作技能的培养，习作教学缺乏真实的社交生活场景和真实的交流需要，忽略了对学生写作兴趣的激发，导致学生写作是为了"完成任务"；二是教学对话"一对一"，即语文老师往往是学生多年来数十篇习作的唯一读者，师生的年龄代沟使学生缺乏表达真情实感的动力，导致习作内容不真实；三是习作评价"一言堂"，即教师花较多时间精评一篇习作，往往只有被评价者自己可以看到，评改的成本高、效益低，也容易导致习作评价的"成人视角"。

### （四）思维训练弱化

直觉思维、形象思维、逻辑思维是三种普遍的思维形式，而辩证性思维和创造性思维属于高阶思维。传统习作教学对语文知识、写作技巧和习作范例看得比较重，对学生的形象思维训练较多，对其他思维尤其是高阶思维的训练明显弱化，甚至有所缺失，造成了思路狭窄、文章老套等问题。这些问题看似是实践层面上的偏差，实际是认识层面的缺位。靠炫技的文章曾经在高考中拿到高分的不在少数，但仔细阅读会发现，有的文章华丽的外壳之下是故弄玄虚的质地，并没多少思维含量和思想亮点。认识和评价导向的偏差，必然使文章鲜有个人主见和思想灵魂。因此，将小学习作教学中的思维训练作为关键环节应该得到广大教师的重视。

### （五）活动设计异化

在小学阶段，大多数语文老师担任班主任，每天都需要开展教育、教学活动，琐碎的工作事务和频繁的活动，容易使教师在针对习作设计活动时出现异化现象：一是活动形式化，缺少明确的习作教学目标，为了活动而活动；二是活动娱乐化，在教学过程中对重点、难点的突破缺乏策略，活动倾向于单纯的感官娱乐；三是活动虚拟化，课堂缺少真实性，靠播放音频、视频或者一味追求创设虚拟情境让学生体验，比如动不动就让学生闭上眼睛想象，久而久之，学生便消极地迎合、演绎教师的教学套路；四是活动主观化，习作命题选择趋于教师的"一厢情愿"，忽视学生的身心发展规律与生活经验积累；五是活动随意化，在组织实施活动过程中过于偏重学生自主活动，缺乏指向和指导。

### （六）分享渠道不畅

写作从本质上讲是一种交流、分享的过程，但在传统习作教学中，分享

## 活动习作 ——让成长出彩

环节常常得不到重视。一般老师的做法是将优秀习作在班上范读、展览，在班级群里推送或者推荐给媒体发表，但这些文章必须优中选优，大部分习作很难获得这样的待遇。在信息爆炸时代，从自媒体发展的速度看，教师通过新媒介对学生习作进行分享的频次和广度远远不能与时代同步。分享不被重视、分享渠道不畅通，使得多数习作并没有真正的读者，习作成了学生与语文教师之间的对话。教师作为唯一的忠实读者，却常年站在审视和评判的高位，带给学生一种天然的压迫感，学生很难做到无拘无束地表达。曾有学生这样戏谑自己对习作的"期盼"："等了半个月，等来的是几行干巴巴的评语。"没有平等交流的大众读者，客观造成了学生为得高分而迎合教师的喜好、迎合评判者的标准去写作，曾有辅导机构就把"揣摩阅卷老师的心理"明确纳入指导学生写作的范畴。

习作分享渠道不畅，造成了"真正的读者"缺位和学生写作时读者意识淡漠等后果，写作成了列夫·维果茨基所说的"是没有对话者的言语向一个不在眼前的或想象中的甚或根本不存在的人致辞"[①]。长此以往，必然会对学生的习作热情、习作动机和习作效果造成致命伤害，一些学生甚至读大学后写的文章仍然没有灵魂和生机，像用沉睡在词典中的词汇拼接起来一般。而著名特级教师管建刚习作教学的成功之处，恰恰是采用各种激励性评价机制，扩大学生作品的分享范围，增加分享的频次，哪怕分享的是只言片语，也最大限度地调动了学生习作的积极性。

鉴于习作教学中诸多之"困"，学生的笔下就出现了具有唯篇幅、唯辞藻、唯分数等倾向的"伪习作"。这些习作脱离了写作的本质，直白地说，是为评判者而写的。我们来看看晏光勇老师罗列的一些习作现象[②]：

我小学、初中加起来扶了600多个盲人。

我爷爷有800种死法。

我妈雨天给我送伞不下500次。

司马迁在我笔下遭受了231次宫刑。

被我救起的受伤小狗、小猫、小鸟可以组成一个动物园了。

---

① ［苏］列夫·维果茨基：《思维与语言》，李维译，北京大学出版社2010年版。
② 晏光勇：《作文教学的想与做》，https://wenku.so.com/d/6c5deed9fe10598bf55f55c5b43750bf，2019年11月14日。

每一篇作文我都会流下感动的泪水。

我妈的脚已经被我洗得起了皮。

老妈的黑头发里总是有一根耀眼的银发刺痛我的眼。

妈妈的眼睛里除了血丝已经找不到眼白了。

妈妈一个月能说500多次"儿子真的长大了啊"。

我和我老爸一起爬过无数次山,可是每次都只告诉我"贵在坚持"这一个道理。

我打破的花瓶加起来有100多个。

相信以上提到的现象会引起语文老师们的强烈共鸣。看到这些现象,我们的内心是不是有些沉重?我们的写作教学或者说从小学开始的习作教学究竟怎么了?是什么导致学生"乐此不疲"地换汤不换药,热衷于编造这些虚假的情节,发出这般的无病呻吟?这算不算是习作教学的畸形生长?

特级教师李玉勤总结的传统习作教学六大困境[1]一度引起许多老师强烈的共鸣。这六大困境是:一是习作地位的不高,从属现象严重;二是所定标准过高,挫伤写作兴趣;三是命题主观概念,脱离生活体验;四是指导方法机械,制造八股格式;五是偏重形式美感,追求华丽辞藻;六是评讲随心所欲,缺少人文关怀。

这六大困境中,我认为脱离生活体验是当下习作教学的突出问题。英国浪漫主义诗人威廉·华兹华斯在诗歌《每当看见天上的彩虹》中表示,"儿童乃是成人之父,我希望以赤子之心,贯穿颗颗生命之珠"[2]。意思是说,成人要始终保持对童心的虔诚,"赤子的虔诚"是人类精神和灵魂的本源,而童心、童趣、童话、童真是其最生动的体现。如果习作教学脱离学生的实际生活,不能让学生在活动实践中体验和感悟,那么习作如何能做到言为心声、吐露真情?又如何能助力学生生命灵动、成长出彩呢?

---

[1] 李玉勤:《小学习作教学的突围与实践》,安徽师范大学出版社2018年版,第4-5页。

[2] [英]威廉·华兹华斯:《华兹华斯抒情诗选》,谢耀文译,译林出版社1991年版,第15页。

## 第二节 "活动习作" 新思路

### 一、研究渊源及内涵要义

#### （一）活动教学

"活动教学"是一种教学理念和思想，它不同于一般意义的教学活动。从历史的角度看，活动教学思想经历了一个长期演变、发展的过程，它是在不断批判以灌输、记诵、被动接受为特征的旧教育体系的过程中逐步确立起来的。这一教学思想萌发于欧洲文艺复兴时期。[①]

14—16 世纪，维多利诺、拉伯雷和蒙田等一批人文主义教育家对活动教学进行了阐述，其中包含对中世纪封建教育的批判。他们反对摧残儿童身心发展的强制性教学，反对纯书本学习，提出应尊重儿童的个性，要把儿童当儿童看待，主张让儿童通过观察、考察、游戏和劳动等活动来理解事物，获取经验。[②] 20 世纪初，美国教育家约翰·杜威（J. Dewey）系统地提出并实践了以"做中学"为核心的实用主义教育思想。他认为学校教育应以儿童及其活动为起点、为目的、为中心；学校教育的作用，就是传递、交流和发展活动经验。[③] 这一思想充分吸取了卢梭、福禄贝尔等人的"把儿童当儿童看""归于自然""以行求知、体验中学"等观点和主张。

我国活动教学思想的萌芽，最早可追溯到春秋时期教育家孔子所倡导的通过亲身实践获得知识的主张，如"学而时习之，不亦说乎？"关于"习"字，《说文解字》解释其本义是"小鸟反复地试飞"。这里的"习"，指演习礼、乐，复习诗、书，也含有温习、实习、练习等意思。后来一些名家、大

---

① 参见田慧生、郁波主编《活动教学研究》，湖北科学技术出版社 1999 年版，第 1 页。
② 参见田慧生、郁波主编《活动教学研究》，湖北科学技术出版社 1999 年版，第 1 页。
③ 参见毕渔民《数学五环活动教学模式研究》，哈尔滨师范大学 2016 年博士学位论文。

家主张从实践中获得真知，如陆游主张"纸上得来终觉浅，绝知此事要躬行"，明代思想家王阳明强调"要知，更要行，知中有行，行中有知，知行合一"，清代教育家颜元主张"习动""实学""习行""致用"并重。

20世纪20年代以后，陶行知先生围绕"生活教育"理论提出了"生活即教育""社会即学校""教学做合一"三大主张。陈鹤琴先生围绕"活教育"理论，倡导"大自然，大社会，都是活教材"。"活教育"从课程操作层面可具体到他提出的"五指活动"，即健康活动、社会活动、科学活动、艺术活动和文学活动。"活教育"突出了一个"活"字和一个"做"字，使学生在学习过程中处于主动地位。到90年代初，原国家教委正式将活动课程纳入基础教育课程计划。再到21世纪中国第八次基础教育课程改革（以下简称"新课程改革"），更加重视活动课程。2011年修订的《义务教育语文课程标准》，有19次提到了"综合性学习"，36次提到了"活动"。2022年修订的《义务教育语文课程标准》提出以生活为基础，以语文实践活动为主线，设计语文学习任务群，并明确了各学段跨学科学习的内容。由此可见，在新课程改革中，学科教学对实践活动的重视程度达到了一个前所未有的高度。

1997年和2000年，由原中央教育科学研究所副所长田慧生老师领衔出版的《活动教学研究》《活动教育引论》等书籍，系统阐述了活动教育和活动教学的渊源、基本内涵和实践路径。2008年，教学论专家裴娣娜教授等主编的《现代教学论》第三卷[①]对活动教学中"活动"的概念及特性做了详细的论述。我将其归纳概括如下：活动教学意义上的"活动"，主要是指在教师的引导下，形成以学生兴趣和内在需要为基础，以学生自主参与、探索、改造活动对象为特征，以实现学生主体能力的综合发展为目的实践活动，具有对象性、实践性、整体性、阶段性、开放性、建构性等特征。

因此，在现代教学论的发展历史中，活动教学是针对以"知识本位"和"教师中心"为主要特征的传统教学而进行不断反思和超越的历史产物，是在与灌输式的讲授教学相抗衡的过程中逐步形成的一种"教学思想"及

---

① 裴娣娜、杨小微、熊川武：《现代教学论》第三卷，人民教育出版社2005年版。

"教学模式"①,其思想核心是引导学生主动学习和自主参与教学活动,在活动中实现个人的成长与发展。在这里,活动与发展相辅相成,活动是发展的条件,发展是活动的延续。

## (二)"活动作文"教学

新课程改革之前的写作教学被统称为作文教学。对于作文教学,叶圣陶、李吉林、贾志敏、李白坚等老一辈语文教育工作者进行了积极探索,为我们打下了良好的基础。叶圣陶先生的写作教学理念是"作文即生活,作文即做人,作文即说话"。李吉林老师的情境教育"从着眼儿童发展的高度组织教学,把训练语言与发展智力结合起来,通过学生的语言实践,在字、词、句、篇,听、说、读、写,基础知识和语言能力的训练中,发展思维"②。特别是她提出了情境作文教学,用生活的情境激发和启发儿童作文。贾志敏老师则聚焦解决习作中"假、大、空"的问题,他强调作文不是为了培养写作尖子生,也不是为了考试而教,而是让学生通过作文来学做人,因而作文要有真情实感。李白坚教授提出了"现场演示作文教学法",认为生活是写作的唯一源泉,作文就是广义的创作活动,让学生学会观察生活、摄取生活、感悟生活,从生活中获得写作素材,也就成了非常重要的教学工作。③"现场演示作文教学法"提倡从生活中汲取素材,更依靠课堂现实活动创设写作情境,本质上可以理解为"活动写作,写作活动"式的作文。

教育前辈们在作文教学方面的主张都有一个共性,那就是想方设法从生活中汲取写作素材,想方设法激发学生的写作动力,并在反复训练中提升其写作能力。大家在作文教学研究的开枝散叶中逐渐形成活动作文的理念:马新民把活动作文称为"活动式写作",主张以培养应用型写作能力作为价值追求,以学生的学习兴趣为出发点,以学生的生活活动为依托,注重学生在写作过程中对各种实际问题的解决;王腾腾提出活动作文是一种新型写作教学方式,强调在写作前通过多种活动方式创设、模拟多种生活情境,开发和

---

① 毕渔民:《数学五环活动教学模式研究》,哈尔滨师范大学 2016 年博士学位论文。
② 李吉林:《情境教学实验与研究》,人民教育出版社 2007 年版,第 5 页。
③ 参见李白坚《作文教学的四个要点》,载《写作》2010 年第 8 期。

发展学生的思维能力，激发学生的写作兴趣与创作动机，从而创作出流露真情、富有实感的文章；李姣认为，活动作文就是教师在作文教学过程中有组织地开展各类活动或创设特定的生活情境，让学生参与到这些活动中，去观察，去体验，从而加深对生活的感知和体验，诱发学生的写作情感，使他们获得写作材料，丰富写作内容，并能在教师的指导下完成作文写作。

张化万老师从1982年提出"谈天说地""玩玩说说""科学实验作文"开始，30多年来致力于活动作文的实践研究。他摒弃师本作文，探寻适合儿童的生本作文，并逐渐将散点式的活动作文融入教材进行单元整组，系统深入地研究。他提倡的活动作文不是舶来品，也不是从书斋里走出来的，而是从中国基础教育教学改革中生长起来的。张化万老师是这样阐述活动作文的："鼓励学生以课堂内外各种活动的经历为基础，以学生的主动参与、主动探索、主动思考、主动实践为主要手段，让学生在体验生活、学习生活、主动探索的过程中，获得并提升对生活的感受与认识，从而使习作成为学生主动倾吐情感、学习个性化表达、融入社会、提升多方面能力的一个过程。"①

纵观上述专家、学者对于作文教学的研究，不难发现，"活动作文"是一种新型写作教学理念和策略，其主张珍惜学生独特的感受和体验，教师通过组织各项活动，引导学生参与其中，获得活动体验和生活积累，进行情感抒发。学生在实践中把外界发生的事件以及事件中的人物和思想转化为自身的记忆和体验，最终融合于自己的心中，再把这些从实践中获得的体验反馈到作文中。

## （三）"活动习作"教学的再思考

在新课程改革实施之前，我通过多年来对国内习作教学典型做法的学习、研究和分析，结合时下新兴的"三个课堂"论②，将当下的"活动习

---

① 张化万：《寻找适合儿童的习作——我和活动作文30年》，载《教学月刊（小学版）》2015年第7-8期。

② 刘建林：《打造"三个课堂"推动基础教育高质量发展》，载《中国教育报》2021年6月15日第10版。

作"教学大抵分为两种类型。

　　第一种是基于第一课堂体验的"活动习作"。一些名师探索基于课堂的活动习作教学，如游戏习作、演示习作、快乐习作等。这些研究有三个显著特点：一是基于课堂，教师的指导点拨、学生的活动体验、习作及展示均在课堂上发生；二是依托教材或者学生年龄段设计活动，其中有对教材的优化，也有完全跨越教材的设计；三是这些课堂注重活动体验，注重打开学生的身心，引导学生自由表达、自主写作。研究者在这方面的探索比较成熟，充分激发了小学生的兴趣、热情和激情，解决了习作课上学生感觉枯燥、单调、无话可写、无感可发的问题。无论从现场还是音像和文字案例中，我们都能看到学生在活动前的渴望、在活动中的激动、在体验之后的精彩表达，学生的习作可以说是像花儿一样美丽绽放……我将这种习作教学的特点概括为依托教材、基于课堂、自由表达、自主写作。

　　第二种是基于第二、第三课堂体验的"活动习作"。这是很多优秀语文教师对课堂习作的拓展，比如日记习作、观察习作、旅游习作、节日习作、观影习作等。这种教学方式有两个显著特点：一是对教材的单元习作进行拓展和延伸，让习作素材和体验来自真正的生活；二是教师往往会把它布置为课后家庭作业，时间可长可短，富有弹性、随机性和生成性，对学有余力的学生来说提升空间颇大。但是在这种教学中，学生有活动，更多的是自我活动；有体验，更多的是"我"与客体或他人的互动体验。这种教学方式缺少统一设计、有效指导、科学评估，尤其是活动过程中习作指导基本缺位。从严格意义来讲，这不算一种系统的教学，只是对习作教学的补充和拓展，单纯采取这种方式，容易加剧同一班级学生写作水平的两极分化。

　　受课程、教材、应试导向的影响，一线教师在习作教学中多数会倾向基于课堂体验的"活动习作"。2019年，国家全面实施统编语文新教材，在教育部"国培计划"首期中小学名师领航工程海淀进校培养基地导师的指导下，我借鉴教育前辈的研究成果，紧扣"立德树人"的根本任务，以《义务教育语文课程标准（2022年版）》为引擎，围绕"核心素养"的基本内涵，将自己近30年来对习作教学的研究和实践予以梳理和凝练，提出"活动习作"的主张，力图解决小学习作教学中容易出现的习作取材单一、生活体验肤浅、指导方法固化、思维训练弱化、活动设计异化、分享渠道不畅等问题，避免习作教学零散化、程式化、盲目化等倾向，实现习作教学主题化、活动化、生活化。

"活动习作"是基于儿童的年龄和认知，以"儿童发展"为中心，以儿童的"生活世界"为源泉，以"融合课程"为载体，以"多元活动"为途径，进行习作训练，促进学生文化、语言、思维、审美等核心素养的发展，如图 1-1 所示。

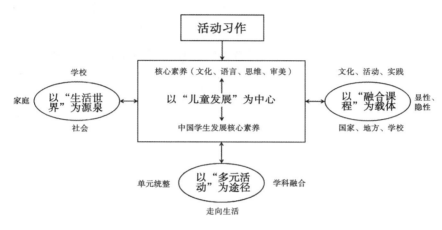

图 1-1 "活动习作"逻辑框架

林语堂认为："世上有两种文字矿，一个是老矿，一个是新矿。老矿在书中，新矿在普通人的语言中。次等艺术家都从老矿中掘取材料，唯有高等的艺术家则会从新矿中掘取材料。"活动习作倡导学生在"普通人的语言"生活中发现，在活动中体验文化传承与理解、审美鉴赏与创造，在习作中成长，培育真善美，对活动中产生的模糊多元认知体验进行语言建构，表达有血有肉、有筋有骨、有声有色、有情有义、有条有理、有滋有味的认知心声，形成时代所需要的人格素养，做生活的主人公，做社会和谐的贡献者，做祖国富强的栋梁材。

习作是儿童成长过程中语言和思维习得的重要途径之一，它受到生理、心理、社会、文化等因素的影响。在新时代背景下，通过从"单元统整的活动习作"到"学科融合的活动习作"，再到"走向生活的活动习作"，可以进行活动育人、课程育人，实现"五育共生"。

从广义上讲，人每天都处在各种活动之中，可以说活动习作本身就存在于人类生活的各个领域，是一种极富创造性、综合性、实践性、个体性的学习和成长过程。这个过程的关键是对语言文字的运用，即在学习、实践、生活中融入听、说、读、写活动，将对事物的感知、认识、情感、想象、思维等主观反应，用文字表达出来，是写作者内心世界的真实体现。清代学者叶燮在《原诗》中指出："大凡人无才，则心思不出；无胆，则笔墨畏缩；无识，则不能取舍；无力，则不能自成一家。"活动习作因动而活、因异而新，教师应在活动中培育学生的思维力、想象力、审美判断力和创造力，引导学生学习用个性化的语言表达对周围世界的认识，避免概念化的思维方式。唯此，方可实现"习作即习德，作文即做人"的初衷，培养出一批"有才、有胆、有识、有言、有语、有力"的复合型人才。

## 二、教学观及实践路径

### （一）活动习作的教学观

**1. 育人观**

习作是学生语文综合能力运用的重要体现。活动习作强调的就是这一综合性、融通性对人的发展的独特价值，这是语文学科思政育人的价值所在。传统应试教育思维下的习作教学，可以说是采用了工业化社会的效率思维，知识体系往往淹没了学生的成长体验，习作与学生的生活缺少内在的联系。

对于活动习作的育人价值，我赞同叶澜先生的三个层面的提法[①]：一是满足学生通过文字认识世界、表达自我、与他人交流，拓展精神世界的成长需要；二是厚植中国儿童的汉语根基、精神根基和文化根基；三是有助于儿童形成言语个性与风格，发展以言语为核心的独特的精神世界、观察和理解外部世界的视角与思维方式，打通习作与学生的生活世界、文化世界和生命

---

[①] 参见李政涛、吴玉如《"新基础教育"语文教学改革指导纲要》，广西师范大学出版社2009年版，第38页。

世界的联系。具体而言，就是通过关注生活、关注文化、关注生命，让自我与自然、与社会、与生活、与他人、与自己对话。进一步讲，就是把语文知识通过自我内化为人文素养，是一个经历从物到文、从感知体验到创造表达的过程。

首先，在活动习作教学中，活动及习作的素材一定源自生活，体验感知的经验才能更好地被学生理解与迁移。正所谓"教育所归属的'生活世界'是活的世界，是人的世界，是人实实在在的存在着、经验着的世界，人生于斯，死于斯，人的喜怒哀乐，人的经验、智慧，人的价值与意义，人的谬误与失败等等都是在这个世界中表现"[①]。其次，活动习作教学的终极目标是追求生命的成长和发展，还课堂以人之灵气，还课堂以生命智慧，让课堂教学成为师生共有的生命经历，是个体生命有意义的构成。最后，活动习作教学中师生全员参与、全身心投入，让习作教学充满生活的乐趣、生长的力量、生命的活力，让创造性与挑战性时刻存在于"三个课堂"，绽放应有的魅力。总之，活动习作对"三个课堂"中生命、生存、生活"三生"的关注，赋予了习作教学以新生。

### 2. 教师观

活动习作教学要求教师实现角色转换，由"三个课堂"的主宰者和中心者转变为学生学习的合作者、组织者和引导者。一方面，教师要给予学生宏观的引导和微观的指导，解决学生习作常遇到的"老虎吃天无法下爪"的问题；另一方面，教师要营造宽松、和谐、民主的学习氛围，与学生平等对话、积极互动，给予学生更多的自主权，与学生建立"学习者共同体"关系，教学相长，摈弃各种各样"牵着学生走"的所谓的"导"。

（1）做活动习作教学的研究者和实践者。活动习作本身就是一种摸索前行的教学方式，教师应努力使自己成长为研究型、学智型、完善人格型教师。一方面，做好学习与传承，参透并传承前辈有关习作教学的先进思想，敏锐地捕捉、吸纳、内化新时代的新理念，指引自己的教学实践；另一方面，深耕自己的"实验田"，在实践中推陈出新，在实践中获得真知灼见，

---

[①] 金生鈜：《理解与教育：走向哲学解释学的教育学导论》，教育科学出版社2001年版，第28页。

在活动习作的理念指导下形成自己的习作教学主张和实施策略。

（2）做活动习作课程的建设者和开发者。活动习作指向学生生活和生命成长，不局限于语文单学科，不局限于课堂和学校，因此，教师不再是课程的机械执行者和教学资料的简单照搬者，而要大胆整合和开发课程。生活为教师提供了广阔的创造空间，而新颁布的课程标准、全新的教材和重拾中国传统文化的社会大背景，让满眼皆汉字、满耳皆汉语的母语环境更加得天独厚，教师更有责任将活动习作的外延扩展至生活的外延，覆盖"三个课堂"。

### 3. 学生观

活动习作教学必须牢固树立"以生为本"的学生观，使存在个性差异的学生和有个性特长的学生都能得到全面、协调的发展，在做到面向全体、全面发展、主动发展的同时，教师要认识差异，尊重差异，因材施教。

（1）学生是具有独立意义的人。每个学生都是独立的个体、学习的主体，一切越俎代庖的做法，如代替学生活动体验，代替学生感知感悟，代替学生观察、想象、分析、构思、习作等，都是不尊重学生独立人格的不科学的做法。智能多元论告诉我们，学生在语言智能、数理逻辑智能、视角空间智能、身体运动智能、音乐智能、人际关系智能、内省智能等方面的优势体现大为不同，如果用一把尺子去衡量，就会禁锢他们的个性，抹杀他们的创见。

（2）学生是可塑的发展中的人。首先，活动习作教学必须遵循学生身心发展的规律和特点来开展，教师要具备发展的眼光，相信学生的"可塑性"，在教学的"增值提效"上深入研究；其次，每个学生都是一座"富矿"，蕴含着无限潜能，这些潜能很多时候是隐藏起来的，需要教师在习作指导中一边发掘一边培植，也需要教师在激发学生习作内驱力方面下功夫，帮助学生"将自己的一片片料铸造成一条条钢"。

### 4. 学习观

（1）基于语文的整体学习观。工具性与人文性相统一是语文课程的基本特点。语文课程标准也明确了语文学习的实践性和综合性，这不仅是全球课程改革的趋势，更是由语文学科的特点所决定的。活动习作是基于语文学科的特点和课程标准而提出的，它主张由学科立场向教育立场（学生发展）转型，坚持语文的整体学习观，将识字与写字、阅读与鉴赏、表达与交流、梳理与探究视为一个整体，将习作贯穿语文学习的全过程，为培养学生适应未来发展的正确价值观、必备品格和关键能力打好根基。

首先，活动习作强调以活动课程为主开展教学实践。杜威等学者在"做中学"的思想指引下形成的有关活动教学的理论，尤其关注知识与活动的关系。此外，中国教育家孔子、陶行知等的教育思想，以及"知行合一"的思想，同样为我们的活动习作教学探索提供了依据。

其次，活动习作支持学生的自主生成。在活动习作教学中，要将习作视为一个学生自我发现、发展、成长的过程，以学生的体验、经验、感知、表现为主线，选择素材、设计活动都要站稳学生立场，突出"三个课堂"中的生成性，激发学生在活动习作中主动地表达、分享、反思，实现生命成长。

（2）重视身心合一的具身学习。近年来，具身认知理论的兴起，为活动习作的发展提供了新的理论支持。具身学习理论认为，在学习过程中，人类的身心是合一的，是不可以分离的，同时强调学习中不能忽视身体的地位，重视情境和个体经验的生成。习作活动同样必须遵循这个规律，遵循人类生命活动的多样性和可能性，遵循个体对世界理解的创生性，让语言表达的指导和习得发生在真实情境中。基于此，活动习作非常重视学生的观察、感知、体验和感悟，并认为只有通过感知体验获得的习作素材才是具有生命力的，才能真正让学生对习作产生强烈的兴趣，才能保证习作真实感人、生动精彩。活动习作以活动为途径，将习作的课堂与真实的生活相联系，与学生感知体验到的世界相联系，使文字的表达、情感的流淌浑然天成，真实、真诚、有生命力。

## （二）活动习作的实践路径

### 1. 一个中心

这里的"一个中心"指的是围绕"儿童发展"这一中心。儿童中心论是由美国教育家杜威提出来的，他认为"儿童是起点，是中心，而且是目的。儿童的发展、儿童的生长，就是理想所在"。活动习作遵循以儿童为中心的理念，活动的主题、形式、参与主体都需要指向学生，服务于学生核心素养的发展。

活动习作将学生发展视为生成和生长的过程，贯通学生发展核心素养、语文核心素养、习作素养的三个层次交互生成。第一层次是以学生发展核心素养作为终极素养，是习作教学的出发点与落脚点；第二层次是是由核心素养衍生出基于语文学科的核心素养（文化自信、语言运用、思维能力、审美创造），通过语文学科教学来实现；第三层次则是由语文学科素养引发习作素养，以落实语文课程核心素养。三个层次互为基础，交互融通，使学生的发展由习作扩展到人的整体发展。

具体而言，活动习作以文化基础、自主发展、社会参与为核心和主线，与语文学科核心素养相融通。一是通过语言建构与运用，培养学生的人文底蕴和科学精神，提高学生的语言运用能力和思维的深刻性、灵活性、敏捷性、批判性、独创性；二是促进学生自主发展、乐学善学、勤于反思、健全人格；三是积极促进学生参与社会实践，在语文学习中继承中华优秀传统文化，理解、借鉴不同民族和地区的文化，在语文学习过程中拓展文化视野，增强文化自觉和文化自信，培养社会责任、国家认同、国际理解、实践创新的素养。

2. 三条源泉

这里的"三条源泉"是指将学生的家庭、学校和社会生活作为活动习作的三条源泉。就学生而言，生活世界既具有时空性，又具有超越性。所谓时空性，指的是学生在习作中所展现的应该是他们真实生活，写真实生活才有话可写，才能落笔成章。由此，活动习作要从生活出发，将人与自然、人与社会、人与他人、人与自我作为学生的生活经验分类，将学生的家庭、学校、社会"三个课堂"的空间联通起来，指导学生在生活的时空中自由汲取习作素材，找到语文及其他学科教材与生活联系的支点，养成用文字记录日常生活的习惯。同时，活动习作还要紧跟时代步伐，支持学生的经验超越，尊重学生的奇思妙想，让科幻及网络新闻、抖音、快手等新鲜、健康的内容适当进入教学范畴，扩大现实与想象的张力，让学生摆脱教条思维的束缚，阳光、饱满、灵动地成长。

3. 四个视角

活动习作教学要融汇"四个视角"和"四个走向"设计活动流程、教学策略及评价体系。一是课堂视角,教学从课堂场域阔步走向生活场域;二是教材视角,教学从单元主题习作走向活动情境习作;三是课程视角,教学从文化课程走向融合课程,包括国家、地方、学校三级课程结合,文化课程、活动课程、实践课程兼备,显性课程、隐性课程相融;四是儿童视角,教学以儿童发展为中心,使学生从学科学习的主体走向生命成长的主体。

### 4. 六大解放

活动习作充分汲取教育家陶行知"六大解放"的教育思想,最大限度地把"自由"还给学生:第一,解放他/她的头脑,使他/她能想;第二,解放他/她的双手,使他/她能干;第三,解放他/她的眼睛,使他/她能看;第四,解放他/她的嘴,使他/她能谈;第五,解放他/她的空间,使他/她能到大自然大社会里去获取更丰富的学问;第六,解放他/她的时间,不把他/她的功课表填满,不逼迫他/她赶考,不和家长联合起来在功课上夹攻,要给他/她一些空闲时间消化所学,并且学一点他/她自己渴望学的东西,干一点他/她自己高兴干的事情。[①]

### 5. 多条路径

在研究中,我们将"活动习作"分为三个层次、十一种类型,契合了时下新兴的"三个课堂"理论。一是以语文教材为载体的"单元统整的活动习作",分为阅读单元、策略单元、习作单元、综合单元四种类型;二是以其他学科为依托的"学科融合的活动习作",分为道德公益、劳动健康、数学科学、艺术审美四种类型;三是以生活世界为源泉的"走向生活的活动习作",分为应时即兴、创意创新、成长成才三种类型(见表1-1)。

---

① 参见陶行知《中国教育改造》,吉林出版集团股份有限公司2017年版,第149页。

表1-1 活动习作的基本类型、实践路径、具体策略

| 基本类型 | 实践路径 | | |
|---|---|---|---|
| | 活动引领 | 具身体验 | 系统提升 |
| 单元统整的活动习作：<br>阅读单元、策略单元<br>习作单元、综合单元 | 大活动贯通<br>小活动穿插 | 场域情境体验 | 三域联动<br>五路并驱 |
| 学科融合的活动习作：<br>道德公益、劳动健康<br>数学科学、艺术审美 | 专项活动体验<br>习作活动表达 | 课堂情境体验 | |
| 走向生活的活动习作：<br>应时即兴、创意创新<br>成长成才 | 长活动为线<br>短活动布点 | 生活情境体验 | |

  十一种类型全面、完整、系统地指明了活动习作的研究方向。实践路径分为三步：第一步是"活动引领"，分别采取"大活动贯通、小活动穿插，专项活动体验、习作活动表达，长活动为线、短活动布点"几种活动策略；第二步是"具身体验"，分别采取"场域情境体验、课堂情境体验、生活情境体验"三种体验策略；第三步是"系统提升"，采取"三域联动、五路并驱"提升策略（见图1-2）。"活动引领"和"具身体验"在后面章节的案例中有充分的展示，现将第三步"系统提升"的环节展开说明。

  "系统提升"的策略是"三域联动、五路并驱"。"三域"指的是学生成长中的"课堂、生活、网络"三个场域，"五路"指的是"巧导、精评、广读、多说、勤写"。具体来说，就是以课堂为核心，联动学生成长中的三个场域——课堂（知识场域）、生活（体验场域）、网络（分享场域）；打通习作教学的师生通道：教师引路（巧导、精评）和学生入路（广读、多说、勤写），五点定位，精准指导，习作教学活动循环运转，最终实现学生写作能力"不见其长（zhǎng），日见其长（cháng）"的螺旋式提升。

  （1）三域联动。

  一是用实课堂资源，构建知识场域。课堂场域是以知识传授来促进学生发展的主要载体，是传统习作教学的主阵地，因此，在坚持活动引领和具身

第一章
突破习作教学瓶颈

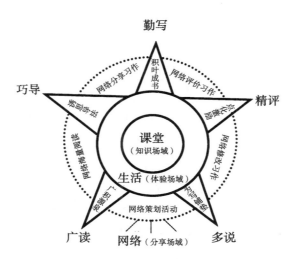

图1-2 活动习作实践路径之"系统提升"逻辑框架

体验的同时,要高效利用课堂,将习作的核心知识和技巧教给学生。比如借助课件创设情境,开展随堂活动"即兴练笔",借用课文的典型结构或独特表达"照葫芦画瓢",在课文留白处拓展思维、大做文章等方式,科学构建课堂知识场域。

二是用足生活资源,构建体验场域。生活场域是以观察和体验来促进学生思维发展的主要载体,是学生习作内容的主要来源。首先,从学生感兴趣的事物入手,引导学生热爱生活;其次,采取多种方法指导学生观察身边的事物,从生活中捕捉习作灵感,比如引导他们用眼看、用鼻闻、用耳听、用手摸、用心体验、用脑思考;最后,策划体验生活的活动,使学生有感而写。

比如2021年冬天下了一场大雪,看着窗外大片大片的雪花,学生已经没有心思待在教室里了,我干脆带领他们下楼到校园里赏雪、玩雪,好不痛快。回到教室后,学生们写下了灵动的文字:

雪花像小精灵在半空中你拉我扯,一团团,一簇簇。

雪纷纷扬扬从天而降,久久地亲吻着大地。

雪姑娘给柳树扎上了白花花的长辫子,在风中很有韵律地舞蹈。

同学们像一只只出笼的小鸟,飞向校园广场。雪球抛向空中,一触树枝便瞬间炸开,像元宵节绽放的烟花,在天空此起彼伏。

从只言片语中我们可以感受到学生对雪的喜爱之情,新视觉、新发现、新语言归功于这场"天公作美",以及临时调整教学后带给学生的独特体验。

三是用活网络资源,构建分享场域。活动习作要紧跟时代的步伐,推进习作教学冲破课堂与现实生活两大空间壁垒,带领学生来到一个新的习作天地,即"习作教学网络空间"。我们开展网络策划习作、网络修改习作、网络分享习作、网络评价习作等活动,改变了传统习作教学中学生"没有交流对象"的弊端,使习作真正回归对话与交流这一本质。

"三域"联动,走出了以知识传授为主的传统课堂场域,打破了课堂场域中时间、空间和人数等的限制,打通了课堂、生活和网络三个场域之间的关口。课堂场域主要发挥知识引领功能,同时承担一定的体验功能和分享功能,居于三大场域的中心;生活场域主要承担体验功能,解决传统习作教学"无病呻吟"的问题,为学生写作找到"源头活水";网络场域主要承担习作分享、修改、评价功能。

(2)五路并驱。

第一,教师引路——巧导、精评。

巧导,诱思导法。教会学生巧遣词、巧立意、巧构思,让常规的习作知识系统化、习作方法科学化。一是潜移默化地让学生了解常用习作术语。如什么是命题习作、半命题习作、自命题习作、材料习作,如何审题、立意、构思、过渡、照应、点题,等等,以便学生较快掌握写作的一般规律,这与个性习作并不矛盾。二是巧妙指导学生掌握把写作对象交代具体的方法。例如,要把人物描写清楚,对外貌、语言、动作、神态等进行描写是常规。其中,外貌描写包括五官、身材、肤色、衣着等。而神态描写是一种较为综合的展现,对人物形象、性格、品质等特点的表现至关重要,如"丁零零,上课了,同学们都伸长脖子,等待着王老师的到来。一看见她,大家都把腰杆挺得笔直"。这段话中,神态主要是靠动作体现出来的。再如,要把事情交代得具体明白,即交代清楚事情的起因、经过和结果,构思的时候可以把事情逐层分解,写作时由分到合,这里可以重点指导如何写清事情发展变化的过程,如何写好事情的关键部分,如何运用联想、想象来丰富内容等方面。三是巧妙教学生"快速启动"习作的方法,如快速开头、快速结尾、快速日记、快速笔记，等等。

精评，点化激励。贴切的点评既像神奇的魔法棒，能点燃学生习作的激情，又如光亮的镜子，使小主人脸上的瑕疵一览无余。首先，评价语言要有"亲和力"，用儿童化、对话式、创新性的语言走进学生的内心，与学生轻松、有趣地互动，以评促写；其次，评价方法够"闪亮"，做到创新、独特、标新立异，借助课堂、家庭、网络三大场域，以自己评、同学评为主，以家长评、好友评为辅，以教师评为结，激发学生的兴趣，帮助学生找到问题；最后，评价结果生"情怀"，让评价散发持久魅力，达到感染学生、产生共鸣、引起思考的效果，使学生对习作"情有独钟"。

教师通过"巧导"，让学生学会观察生活、体验生活、感悟生活、反映生活；通过"精评"，让学生的生活体验有所得、作文技巧有所悟、创作自信有所增。巧导和精评，重在求质，因此，突出"巧""精"二字，在"量"上则适当控制，把更多的时间和空间留给学生，体现"教师主导、学生主体"的精神。

第二，学生入路——广读、多说、勤写。

"广读"属于信息输入，"多说""勤写"属于信息输出。语言能力发展的基本规律是先输入、后输出，先口语、后书面，因此，习作能力的培养离不开听、说、读、写能力的培养。

广读，广积源泉。这里的"读"不单指读书，还包括读自然、读生活、读社会。学生在博览群书中积累知识、拓宽视野、懂得章法、规范语言、学会表达，这是提高学生习作能力的基石。根据学生的年龄特点及认知规律，分学段确立好阅读书目，建立完善的阅读机制，确定必读书籍和选读书籍。第一学段以阅读"故事"为主，第二学段以阅读"名著"为主，第三学段以阅读"经史"为主。以学年为单位，首先要统筹设计好学期内阅读，让阅读留下过程性痕迹，例如笔记、心得、批注等；其次是细化单元阅读，做到"学一篇而带一类，识一人而知甚多"。同时，抓住寒暑假阅读黄金时期，细致、系统地做好安排、指导和评价。

多说，为写铺垫。训练学生说所见、说所闻、说所思、说所感，使学生想说、能说、会说、巧说，促进学生语言能力、思维能力、想象能力和写作能力的形成与发展。首先是教方法，促能力。可以采取"五字法"循序训

## 活动习作——让成长出彩

练：一帮，重在"示范"引领；二引，重在说"具体"指导；三扶，以"仿说"为主；四放，以"自主"为主；五拓，以"演说"为主。其次是抓机会，多体验。比如"看一看，说一说""做一做，说一说""尝一尝，说一说""读一读，说一说""画一画，说一说""演一演，说一说"，等等，可以在课堂上、大街上、商场里、菜市场上……可以是师生之间、母子之间、父子之间、同学之间、主客之间……均可以进行快乐友好的谈话与交流。

勤写，积叶成书。如果说提升写作水平有捷径的话，那一定是勤写。活动习作坚持随时随处给学生提供练笔的机会，如随堂随文练笔、应时即兴练笔、活动练笔、观影练笔、读书练笔、观察仿写、连词成段、书信对话、协同创作等等。除了语文教材的"单元统整的活动习作"训练以外，还可加入"学科融合的活动习作"和"走向生活的活动习作"，通过教师引导，达到"我言表我意，我语抒我情"的境界，使习作成为学生的一种习惯和生命常态。

读、说、写这三者重在求量，因此突出"广""多""勤"三个字。鼓励学生认真听、大量读、放胆说、细致写，让学生体验读书、表达和分享的乐趣。只要学生喜欢聆听、喜欢阅读，愿意敞开心扉、打开话匣子，那么他们的表达能力自然会得到提高。

# 第二章　单元统整的活动习作

2019 年，国家全面实施统编语文新教科书，教科书重在构建开放、富有活力、全新的体系，加强语言文字运用，加强语文和生活的联系，注重培养学生的实践能力和创新能力，全面提高学生的语文素养。统编语文教科书有五个显著特点：一是围绕"人文主题"和"语文要素"双线组织单元，加强单元整合；二是优化阅读，形成"精读""略读""课外阅读"三位一体的阅读体系；三是在各种练习活动中渗透策略和方法指导，促进学生能力与素养的提升；四是教材内容的设置及语文要素的训练点具有连贯性、递进性和系统性；五是着力加强语言文字的运用，注重练笔的实效，凸显语文学科的实践性。

统编小学语文教科书较以前的教材在编排体例上有重大突破：首先，新增加了两个特殊单元——阅读策略单元和习作单元；其次，在三、四年级各有一个穿插"综合性学习"栏目的单元，在五、六年级各设置了一个自成体系的综合性学习单元。不同类型单元的编排体例有所不同。

"单元统整的活动习作"以《义务教育语文课程标准（2022 年版）》所体现的"大观念、大主题、大任务"为风向标，是活动习作实践的根基与起点。我们根据统编语文教科书的编排特点，在原有单元分类的基础上，将小学第二、第三学段的教材细分为"阅读单元""策略单元""习作单元""综合单元"四种类型（见表 2－1），以活动引领，根据各单元内容、体例及侧重点的不同，采取"大活动贯通、小活动穿插"的策略，通过场域情境体验，加强读写结合，加强活动体验与习作训练相结合，使学生经历完整的"单元习作"，形成结构化、整体性的语文素养。

表 2-1　统编语文教科书三至六年级单元人文主题分类

| 年　级 | 人　文　主　题 | | | |
|---|---|---|---|---|
| 三年级上册 | 学校生活　　金秋时节　　童话世界　　▲预测<br>★留心观察　　祖国河山　　我与自然　　美好品质 | | | |
| 三年级下册 | 可爱的生灵　　寓言故事　　◆中华优秀传统文化　　观察与发现<br>★大胆想象　　多彩童年　　奇妙的世界　　　　　有趣的故事 | | | |
| 四年级上册 | 自然之美　　　　　　▲提问　　　连续观察　　神话故事<br>★把一件事情写清楚　成长故事　　家国情怀　　历史传说故事 | | | |
| 四年级下册 | 乡村生活　　科普文　　◆现代诗　　作家笔下的动物<br>★学习按游览的顺序写景物　儿童成长　人物品质　中外经典童话 | | | |
| 五年级上册 | 万物有灵　　▲提高阅读速度　　民间故事　　爱国情怀<br>★说明性文章　　舐犊情深　　　自然之趣　　读书明智 | | | |
| 五年级下册 | 童年往事　　走进中国古典名著　　◆遨游汉字王国　　责任<br>★具体地表现一个人的特点　思维的火花　世界各地　风趣与幽默 | | | |
| 六年级上册 | 触摸自然　　　　革命岁月　　　▲有目的地阅读　　小说<br>★围绕中心意思写　保护环境　　艺术之美　　　　走近鲁迅 | | | |
| 六年级下册 | 民风民俗　　　外国文学名著　　★表达真情实感<br>理想和信念　　科学精神　　　　◆难忘小学生活 | | | |

备注：▲策略单元；★习作单元；◆综合单元（包含三、四年级两个含有综合性学习栏目的单元）；未标记的为"阅读单元"。

## 第一节　阅读单元——整体观照下由读到写

　　统编语文教科书三至六年级中，除了"阅读策略单元""习作单元""综合性学习单元"，还有 46 个单元，我们称为"普通阅读单元"（以下简称"阅读单元")。这些单元占比大、分量重、内容丰富，相同或接近的人文主题分布在不同学段、不同册次，纵向呈现出由易到难、由浅入深的发展梯度。同时，教科书还着力加强单元内部的横向联系，使各板块的内容形成合力，共同促进学生发展。根据这类单元的共性特点，我们从三个方面贯穿活动习作理念，提升学生写作能力：首先，围绕单元主题设计活动，采取"大活动贯通、小活动穿插"的策略，让学生有更多的体验；其次，落实"结合课文特点随堂活动练笔"的策略，由读到写，学习课文写作方法；最后，从课内走向课外，达到"课后延伸拓展习作空间"的目的。

## 一、围绕单元主题设计活动

鉴于统编语文教科书的编排特点，我们将三至六年级的"阅读单元"从人文主题方面归纳为"美好品质""触摸自然""多彩童年""奇妙世界""理想与信念""革命岁月""艺术之美""文体专项""思维的火花""保护环境"十类，并紧紧围绕这些单元人文主题设计教学活动，力求唤起学生的生活经验，激发学生的习作动机，树立学生的表达自信，将习作中的"活动引领"落到实处（见表2-2）。

表2-2 活动习作"阅读单元"活动参考

| 人文主题 | 单元位置 | 活动参考 |
| --- | --- | --- |
| 美好品质 | 三年级上册：第八单元<br>四年级下册：第七单元 | 1. 走进敬老院；<br>2. 助力伙伴共成长 |
| 触摸自然 | 三年级上册：第二单元、第六单元、第七单元<br>三年级下册：第一单元、第四单元<br>四年级上册：第一单元、第三单元<br>四年级下册：第一单元、第四单元<br>五年级上册：第一单元、第七单元<br>五年级下册：第七单元<br>六年级上册：第一单元 | 1. 自然风光摄影；<br>2. 踏青或观荷；<br>3. 走进银杏林；<br>4. 我和雪花有个约会；<br>5. 欣赏《秋日私语》等音乐；<br>6. 我是小导游 |

续上表

| 人文主题 | 单元位置 | 活动参考 |
| --- | --- | --- |
| 多彩童年 | 三年级上册：第一单元<br>三年级下册：第六单元<br>四年级上册：第六单元<br>四年级下册：第六单元<br>五年级下册：第一单元 | 1. 校园广播"话童年"；<br>2. 跳绳、踢毽子、拔河等；<br>3. 童年剪影 |
| 奇妙世界 | 三年级下册：第七单元<br>四年级下册：第二单元<br>六年级下册：第五单元 | 1. 走进科技馆；<br>2. 科学小实验；<br>3. 我的新发现 |
| 理想与信念 | 四年级上册：第七单元、第八单元<br>五年级上册：第六单元<br>六年级上册：第八单元<br>六年级下册：第四单元 | 1. 观看影片《焦裕禄》；<br>2. 欣赏歌曲《为了谁》；<br>3. 搜集名人名家资料；<br>4. 观察周围人的外貌特点 |
| 革命岁月 | 五年级上册：第四单元<br>五年级下册：第四单元<br>六年级上册：第二单元 | 1. 观看阅兵仪式、运动会等活动视频；<br>2. 观看《长征》《狼牙山五壮士》《红海行动》《战狼2》《烈火英雄》《热爱和平》等影片；<br>3. 走访革命前辈 |
| 艺术之美 | 五年级上册：第八单元<br>五年级下册：第二单元<br>六年级上册：第七单元<br>六年级下册：第一单元、第二单元 | 1. 才艺大比拼；<br>2. cosplay角色体验活动；<br>3. 走进文化艺术博物馆 |
| 文体专项 | 三年级上册：第三单元<br>三年级下册：第二单元、第八单元<br>四年级上册：第四单元<br>四年级下册：第八单元<br>五年级上册：第三单元<br>六年级上册：第四单元 | 1. 童话、寓言、民间故事、成语故事会；<br>2. "微小说"沙龙；<br>3. 阅读四大名著 |

续上表

| 人文主题 | 单元位置 | 活动参考 |
|---|---|---|
| 思维的火花 | 五年级下册：第六单元、第八单元 | 1. 棋类比赛；<br>2. 班级或校园辩论赛；<br>3. 我是"智多星" |
| 保护环境 | 六年级上册：第六单元 | 参加植树活动，践行垃圾分类 |

## 二、结合课文特点随堂活动练笔

《义务教育语文课程标准（2022年版）》对语文课程的性质进行了阐述："语文课程应引导学生热爱国家通用语言文字，在真实的语言运用情境中，通过积极的语言实践，积累语言经验，体会语言文字的特点和运用规律，培养语言文字运用能力。"这段话明确说明语文学习应该指向实践和语用。培养学生的语言文字运用能力，单凭每星期两节习作课显然难出成效，一则训练量不够，二则读写契合失去时效。阅读教学着重培养学生感受、理解、欣赏、评价语言文字的能力，而习作则重在训练书面表达能力和思维能力。为了避免阅读与习作割裂，在高效落实阅读目标的同时，培养学生随时随处记录见闻与收获的好习惯，我主张结合课文特点进行随堂活动练笔。指导练笔时，可以在"仿写、补白、改写、延伸、迁移"等常用方法的基础上不断创新。下面通过工作室的两个教学片段，说明在"阅读单元"中"结合课文特点随堂活动练笔"的具体做法。

【案例一：《狼牙山五壮士》随堂活动练笔教学片段——点面结合、凸显形象】

单元主题："革命岁月"

指向习作的语文要素：尝试运用点面结合的写法记一次活动

教材位置：六年级上册第二单元第二课

随堂活动练笔支架："读—悟—观—写"

## 活动习作——让成长出彩

执教老师：王宣利

《狼牙山五壮士》是一篇在人物描写方面着墨较多的记叙文，文中既有对人物群体形象的粗线条勾勒，又有对个体形象的细致描写。紧扣文中点面结合描写的方法，在学完课文后，我们设计了"读—悟—观—写"活动作为练笔支架，指导学生品读人物语言文字，揣摩人物形象，获得表达方法，指导学生观看拔河比赛视频之后随堂练笔，掌握单元写作方法。随堂活动练笔片段如下：

### 活动一："读—悟"一体，随文得法

师：请同学们阅读课文第2自然段，用横线画出描写五位战士群体形象的语句，用波浪线画出具体描写战士个体形象的语句。

生1：我找到描写群体形象的语句是"为了拖住敌人，七连六班的五个战士一边痛击追上来的敌人，一边有计划地把大批敌人引上了狼牙山。他们利用险要的地形，把冲上来的敌人一次又一次地打了下去"。

师：这就是整体描写五位战士痛击敌人的情形，也就是"面"的描写。

生2：老师，那"点"的描写就是分别描写每位战士表现的语句。

师：对了，课文第2自然段就采用了"点面结合"的表达方法。在具体描写每位战士时，作者还抓住了每个人物的特点，请大家继续品读"点"上描写的语句，看看作者从哪些方面具体描写人物。

生1："宋学义扔手榴弹总要把胳膊抡一个圈，好使出浑身的力气。"这句话通过动作描写，表现出他对敌人的仇恨。

生2："胡德林和胡福才这两个小战士把脸绷得紧紧的，全神贯注地瞄准敌人射击。"这句话抓住了神态的描写，表现了两位小战士全力杀敌的形象。

……

师：没错，作者抓住了人物的动作、神情、语言等细节描写，刻画出每位战士鲜明的形象。采用点面结合的描写手法，增强了文章的层次感及画面感，让我们既感受到五位战士作为一个战斗群体的团结勇敢，又能感受到每一位战士的英勇顽强，塑造了抗日英雄群体和个体的形象，给人留下深刻印象。

## 活动二:"观—写"结合,随堂练笔

师:请同学们观看班级拔河比赛视频,边看边思考,赛场上哪些内容可以在"点"上描摹,哪些内容可以进行"面"的描写?

生1:赛场上给人印象深刻的人物都可以作为"点"来描写。

生2:双方所有队员可以作为"面"来描写。

生3:啦啦队也可以作为"面"的描写对象。

生4:比赛的整个场面都可以作为"面"的描写对象。

师:怎样写好场面描写中的"点"和"面"呢?咱们交流交流。

生:在"点"上描写,要认真观察典型人物,关注他(她)的样子,留心他(她)的动作,倾听他(她)的声音,还可以揣摩他(她)的心理活动。

师:同学们仔细观察个别队员的神态、动作、语言,描述一下他们在赛场上的样子。

生1:小辉双手紧抓绳子,脚蹬地,身子一点一点向后倾斜。

生2:石头同学拉一下就大吼一声"一二",好像胜利就在眼前。

师:描述很生动!咱们再交流交流"面"的描写。

生:"面"的描写就像远镜头相机里很多人物的合影一样。

师:你这个比喻特别形象,能具体说一说吗?

生:比如,双方队员使出浑身力气朝着各自方向拉扯。他们一边喊着"一二、一二"的口号,一边倾斜着身子狠狠拽着绳往后拉。旁边的啦啦队拼命地摇旗呐喊:"加油、加油……"

师:同学们,从你们"点面结合"的描述中,老师既能感受到每一位队员奋力比赛的拼搏精神,也领略了比赛异常激烈的整体场面。请大家用点面结合的方法写一写拔河比赛的场面,写完后交流、分享、评议、修改。

"读—悟—观—写"四项活动环环紧扣,水到渠成。学生桂欣怡是这样写的:

红方与蓝方的运动员就位之后,裁判一声令下,比赛正式开始。起初,双方的队员死死抓住大绳,谁也不想让冠军这个荣誉从自己手中溜走。比赛进入白热化阶段,快看,红方那个最小的队员咬紧牙关,紧紧拽住绳子,用

## 活动习作 ——让成长出彩

尽浑身力气,将绳子一点点拽向自己一方。旁边的啦啦队加油声震耳欲聋。"啊!"全场爆发出一阵惊呼,随即掌声雷动。是红方赢了!

这一随堂活动练笔,与本单元的习作主题"尝试运用点面结合的写法记一次活动"一脉相承,并为习作要求中第二条"写场面时要注意点面结合,在点的描写上要把人物的动作、语言、神态写出来"打好了基础,做好了铺垫。在单元习作中,我们又准备了"六一"儿童节活动照片、校园运动会照片、走进敬老院献爱心活动照片、拔河比赛照片、视频等资料让学生充分观察体验,设计了"重温活动场面,激发写作热情;明确习作要求,理清习作思路;指导点面结合,关注细节描写;抒写活动感悟,表达个性体验;搜集活动照片,回忆活动精彩瞬间"五个活动流程,让学生充分观察、体验,用点面结合的写法把一次活动写得生动,写得精彩。

**【案例二:《观潮》随堂活动练笔教学片段——多元体验、写出画面】**

**单元主题:** "自然之美"

**指向习作的语文要素:** 推荐一个好地方,写清楚推荐理由

**教材位置:** 四年级上册第一单元第一课

**随堂活动练笔支架:** "读—演—写"

**执教老师:** 高锋鸽

《观潮》一课描写了"钱塘潮"这一天下奇观,在潮来潮去中展现了一幅幅雄奇多姿的画卷。在课文第3、第4自然段,作者从声音、样子两个方面重点描述了潮来时的景象,循着"传来响声—出现白线—拉长变粗—形成水墙—飞奔而来"的线索,我们设计了"读—演—写"的活动流程作为练笔支架,引导学生闻其声、见其景,感受"江流天地外,山色有无中"的磅礴气韵。读,把文字变为画面;演,把画面和场景再现出来;写,体验之后再用笔描绘一处画面。

### 活动一:寻找"浪潮",读出画面

师:请同学们阅读课文第3、第4自然段,找出描写钱塘江大潮声音变化的词语。

生1:我找到了"隆隆的响声"。

生2：还有"闷雷滚动"。

生3："那声音如同山崩地裂"中"山崩地裂"一词是写钱塘江大潮声音的。

师：没错，这些词语可以让我们感受到潮水的声音越来越大。

师：随着潮声的变化，请找一找潮水变化的相关语句。

生1："一条白线""拉长变粗"。

生2：还有"形成两丈多高的水墙""如千万匹战马飞奔而来"。

师：找得真准确！此时，站在海塘大堤，听着这一声声巨响，看着这汹涌澎湃、咆哮而来的潮水，我们激动、自豪。让我们饱含情感，用自己的声音和这滚滚的潮水一起咆哮吧！（指导学生朗读）

### 活动二：想象"人潮"，表演画面

师：通过朗读，我们听到了钱塘江大潮此起彼伏的声音。接着，让我们一起表演观潮的情景，近距离感受钱塘江大潮的壮观场面。

师："闷雷滚动"的声音是什么样的？谁来学一学。

生：轰隆隆……

师：听到这样的声音，人们有什么表现？

生：人们都沸腾了。

师：发挥想象，人们是怎样沸腾的？我们一起表演，三二一，开始！

（学生有的拍手，有的跳跃，有的大喊"潮来了，潮来了！"有的惊呼"哇！快看啊！快看啊！"有的踮起脚尖朝远处望去……）

师：潮水要来了，大家都沸腾了，用课文里的一个词形容人们的表现，能找到吗？

生：人声鼎沸。

师：带着这份激动，让我们边读边表演第3自然段。

（教师读，学生表演重点词"轰隆隆、人声鼎沸、踮着脚往东望、又沸腾"。）

［（师读）午后1点左右，从远处传来（学生集体模拟"轰隆隆"的声响），好像闷雷滚动（学生继续模拟）。顿时人声鼎沸（教师停顿，学生有的跳，有的叫喊，有的拍手），有人告诉我们（学生齐喊"潮来了！"），我

们踮着脚往东望去（学生踮着脚望），江面还是风平浪静，看不出有什么变化。过了一会儿，响声越来越大（学生模拟浪潮），只见东边水天相接的地方出现了一条白线，人群又沸腾起来。（学生又一次喊着、跳着……）]

**活动三：随堂练笔，写出画面**

教师指导练笔：大自然以神奇的力量为我们展示了一幅幅美丽动人的画面，刚才我们通过"读浪潮""演浪潮"把文字变成画面，感受到作者引人入胜的描写。下面请大家试着用"眼睛观察、耳朵倾听、心里想象"的方法勾勒一处风景。

"语文是最重要的交际工具，是人类文化的重要组成部分。"这里面的两个"重要"告诉我们，语文具有工具性和人文性。而工具性在教学中的体现和落实，需要变烦琐的分析为扎实的训练：一是以语言文字为对象的训练，纵向分析是字、词、句、段、篇的训练，横向分析是理解、积累、运用三个层面的训练；二是以语言文字为工具的训练，即语文学科还担负着思想品德、思维训练的任务，它们的落实不应游离于语言文字之外，应在品评、揣摩、玩味、涵泳①语言文字中进行思维的训练和思想品德的熏陶。

《观潮》教学片段通过"读"与"演"，学生对"轰隆隆""人声鼎沸""踮着脚""沸腾"等词语从概念到形象，又从形象到概念，进行了体验式、运用式的理解。采用这种方式理解，无疑是深刻的、持久的，真正做到了"授生以渔，重在迁移"。随堂活动练笔具有针对性强、篇幅短小、形式灵活等特点，于学生而言，能更好地激发写作热情；于教师而言，便于发现问题，及时帮助学生提升表达能力。在前面的活动体验中，学生学会了多感官并用，用文字描绘出一幅幅迷人的画面。李晨熠同学记叙了"我"和哥哥在月下捉萤火虫的场景。

那天夜里，凉风习习，月光皎洁，一切都像披上了一层银纱。我和哥哥在月光下追逐着彼此的影子，忽然看见一闪一闪的微光在空中移动。啊，是一只萤火虫！我们惊喜极了，赶紧追了过去。萤火虫忽高忽低、忽左忽右地

---

① 涵泳，古代文论术语，指对文学艺术鉴赏的一种态度和方法，对文学艺术作品的鉴赏应该沉潜其中，反复玩味和推敲，以获得其中之味。

飞着，似乎在跟我们玩游戏。我们紧追不舍，跟着萤火虫跑着、笑着……虽然最终没有捉住萤火虫，但那夜宁静的月色、闪闪的荧光、开心的追逐，让我至今难以忘怀。

在随堂活动练笔中，学生掌握了多感官感受、多视角描写画面的方法。在单元习作前，我们安排学生搜集自己曾经去过的有特点的地方的照片，可以是好玩的、好看的、有民族特色的。在单元习作中，我们设计了"回忆激趣，畅谈美景；根据提示，练习说话；观察图画，迁移训练；引导想象，练习写作"四个教学活动。序列设计、扎实推进了整个单元的"由读到写"。

### 三、课后延伸拓展习作空间

俗话说："得法于课堂，得益于课外。"除了加强随堂活动练笔，我们还结合单元主题，课后带领学生打开生活世界与思维天地，延伸拓展习作的空间，实现"三个课堂"的相得益彰。

重新回到《狼牙山五壮士》所在的六年级上册第二单元，这一单元围绕人文主题"重温革命岁月，把历史的声音留在心里"编排了一组追忆历史的文章。单元习作主题是"多彩的活动"，具体要求为：要把活动过程写清楚，重点写活动中印象深刻的部分；写场面时要注意点面结合，在点的描写上要把人物的动作、语言、神态写出来；要写出活动中的感受和体会。

本单元习作的要求与单元中课文的写法一脉相承。在学习《开国大典》和《狼牙山五壮士》时，我们训练了"点面结合"及有顺序写活动的方法。在学习《灯光》时，我们进行了"抒写活动感悟，表达个性体验"的练笔。课后，我们充分利用西藏民族大学校内资源，由高婷老师、张莹老师、景艳老师组织学生参观了西藏民族历史博物馆、西藏社会发展进步馆和西藏民族大学校史馆，落实"课后延伸拓展习作空间"这一有效的教学策略。在参观结束后，我们进行了习作练笔的指导，这样步步为营，既扎实落实了本单元指向习作的语文要素，又立足本土资源，深化了本单元的人文主题。下面节选参观活动结束后的"分享参观体验"和"学生习作片段"。

## 活动习作——让成长出彩

**【分享参观体验】**

师：同学们刚才参观了三个展馆，并围绕"走进西藏"与志愿者进行了交流。这次活动从视觉、听觉、触觉等感觉上一定给你们的心灵带来很大震撼，请说说活动中最触动你的是什么？

生1：最触动我的是旧西藏农奴过着"非人类"的生活。

生2：还有，农奴没有人权，他们食不果腹，有的浪迹街头与狗争食，有的不能结婚，老无所依。

生3：还有的农奴主更残忍，把活人的皮剥下来，做成鼓。

生4：中国共产党带领西藏人民解放旧西藏，建设新西藏，最令我感动。

师：这些触动内心的人、事、物、景，一定让你有很多感受吧，我们继续深入交流。

生1：我在西藏民族历史博物馆里看到了永生难忘的一张照片——一位年纪很大的老人（旧西藏农奴）跪在干涸的土地上，伸着舌头，捧着一个烂掉的碗向主人点头哈腰，希望主人能给他一点水或吃的。这位老人很可怜，他没赶上好时代，如今像他这么大年纪的老人早已在家里坐享清福了。

生2：跟旧西藏农奴卑微的生活相比，我们生活在新时代，非常幸运，所以我们要珍惜现在的美好生活，好好学习，长大以后为国家和社会做出自己的贡献。

生3：西藏景色迷人，被誉为千山之巅、万水之源，那里有广袤无垠的草原，有春水潋滟的湖泊，有真诚朴实的西藏人民……

师：通过参观学习、体验与交流讨论，我们真实再现了旧西藏农奴的生活，他们过着牲畜不如的生活，卑微的待遇让人深表同情。多亏了中国共产党，农奴的生活才发生了翻天覆地的变化。希望同学们能珍惜现在幸福美好的生活，热爱中国共产党，热爱祖国，并用勤劳的双手、智慧的大脑开创更加美好的生活。请同学们回家后选择参观或者交流过程中最打动自己的一个方面，写出所见、所闻、所思、所感。

**【学生习作片段】**

周熙哲同学的所见所感：

"农奴"这个陌生的词语，我是从西藏民族历史博物馆里获知的。一进展馆的大门，眼前恐怖的景象便让我不寒而栗！玻璃展柜内，一根人骨静静地躺在那里。解说老师告诉我们，这是旧西藏时期一名朗生（农奴）的小腿骨，被奴隶主做成了一把号角，是可以吹响的。听到这儿，满腔的愤恨充斥了我的内心。抬头向展柜上方看去，有一张照片，照片中的老人手捧着一只脏得无法辨识的木碗，在沿街乞讨。然而，他并没有讨到什么吃的。另一张照片则是几个瘦骨嶙峋、衣不遮体的小孩挤在一起相互取暖。他们身上穿的破布就是晚上盖的"棉被"。而旁边的一张照片却是另一番景象，几个大腹便便的贵族，衣着华丽，满脸堆笑……

冯蔡同学立志建设美丽西藏：

1950年，五星红旗第一次在昌都升起。1951年，西藏全面和平大解放。在中国共产党的领导下，在解放军和全国各族人民的帮助下，西藏贫苦农牧民打破了束缚他们的枷锁，翻身做了主人。人人都拥有了自己的土地和宽敞明亮的家，还到祖国各地接受教育，很多人都成了新西藏的建设者，他们扎根在建设西藏的各行各业！作为西藏民族大学附属学校的一名小学生，我应该努力学习，长大后为西藏的建设尽自己的一份力量！

殷若涵同学的《翻身农奴把歌唱》片段：

我们仿佛听到了那首欢快的令人振奋的歌曲：太阳啊，霞光万丈，雄鹰啊，展翅飞翔，高原春光无限好，叫我怎能不歌唱？雪山啊，闪金光，雅鲁藏布江翻波浪，驱散乌云见太阳，幸福的歌声传四方！

现在，我们生活在这个美好的时代，必然是幸运的。作为新时代的少年、祖国的花朵，我们应当珍惜现在的幸福生活，志存高远，好好学习，长大后为祖国和社会奉献自己的力量！

在设计和跟踪"阅读单元"活动习作的教学中，我们明显感受到将活动融进习作后学生高涨的参与热情、浓烈的表达愿望和习作中流露出的真情实感，令人欣慰，令人欣喜。可以说，通过以上三个步骤的循序推进，我们比较高效地实现了普通阅读单元"整体观照下由读到写"的目标。

# 第二节　策略单元——策略点拨下读写一体

改进阅读方法和提高阅读效率，是现代社会中人们终身学习、工作和发展的需要。学生进入第二、第三学段，课内外阅读量增加，阅读材料种类逐渐丰富，因此，掌握阅读方法是他们扩大知识面、广积写作素材应具备的关键能力。为此，统编语文教科书三至六年级共设置了四个阅读策略单元，这类单元不以双线结构的方式来编排，而是分别贯穿一条阅读策略主线，依次展开，课文之间前后关联，互相照应。在阅读策略单元，我们训练的重点是根据阅读策略进行"随文活动练笔"，实现阅读与习作的双赢。具体方法为：一是紧扣语文要素设计活动；二是读写一体推进随文活动练笔；三是巩固练笔成果，提高习作质量。

## 一、紧扣语文要素设计活动

统编语文教科书三至六年级的四个策略单元分别是预测单元、提问策略单元、提高阅读速度单元、有目的地阅读单元。单元内容紧紧围绕阅读策略展开：导读页中用形象的语言阐释本单元的阅读策略，语文要素分别指向阅读和习作；文中多采用旁批、泡泡提示等方式，为提升学生阅读能力帮扶架梯；"课后思考练习题"通过列举和运用，提高学生的阅读能力；"习作"和"语文园地"进一步梳理、拓展、丰富阅读策略，保障学生阅读能力和写作水平的同步提升。根据教材的编写意图，我们紧扣单元语文要素设计了一些可资借鉴的活动，推进随文读写一体，为阅读策略单元的习作活动"加料续航"（见表2-3）。

表2-3 活动习作"策略单元"活动设计

| 单元位置 | 阅读策略 | 语文要素 | 课文内容 | 单元习作 | 活动设计 |
|---|---|---|---|---|---|
| 三年级上册第四单元 | 预测 | 一边读一边预测，顺着故事情节去猜想 | 《总也倒不了的老屋》《胡萝卜先生的长胡子》《不会叫的狗》 | 续写故事 | 1. 结合插图讲故事；2. 根据提示编故事（填表格、加表格）；3. 寻找生日素材（生日视频、图片、礼物） |
|  |  | 学习预测的基本方法 |  |  |  |
|  |  | 尝试续编故事 |  |  |  |
| 四年级上册第二单元 | 提问 | 阅读时尝试从不同角度去思考，提出自己的问题 | 《一个豆荚里的五粒豆》《蝙蝠和雷达》《呼风唤雨的世界》《蝴蝶的家》 | 小小"动物园" | 1. "十万个为什么"——向书本质疑，向生活质疑；2. 走近动物（逛动物园、观看与动物有关的纪录片、动画片） |
|  |  | 写一个人，注意把印象最深的地方写出来 |  |  |  |
| 五年级上册第二单元 | 提高阅读速度 | 学习提高阅读速度的方法 | 《搭石》《将相和》《什么比猎豹的速度更快》《冀中的地道战》 | "漫画"老师 | 1. 寻找身边最有特点的一位老师；2. 围绕自己感兴趣的方面对老师进行观察、采访、记录 |
|  |  | 结合具体事例写出人物特点 |  |  |  |
| 六年级上册第三单元 | 有目的地阅读 | 根据阅读目的，选用恰当的阅读方法 | 《竹节人》《宇宙生命之谜》《故宫博物院》 | ___让生活更美好 | 1. 自制玩具展评；2. 观影《流浪地球》；3. 阅读《三体》 |
|  |  | 写生活体验，试着表达自己的看法 |  |  |  |

## 二、读写一体推进随文活动练笔

阅读和写作是语文教学的两大核心内容，阅读策略和写作策略也应该相融并进。这里我们探究的重点是将活动习作的理念贯穿于读写结合中，贴切地设计教学活动，让学生的眼睛、耳朵、鼻子、嘴巴、手脚和大脑动起来，在活动中运用阅读策略，迁移、活用文本语言，实现语文素养落地生根。下面从四个策略单元中各举一例，展示我们在活动习作中关于"读写一体推进随文活动练笔"的尝试。

### （一）三年级上册第四单元——预测

《国家统编小学语文教科书教学指导》指出："预测策略指的是读者在阅读过程中，根据有关信息对文本的情节发展、故事结局、人物命运、作者观点等方面进行自主的假设，并在阅读过程中寻找文本信息来验证自己已有的假设，如此反复假设、验证，不断推进阅读。"这一单元围绕"预测"安排了《总也倒不了的老屋》《胡萝卜先生的长胡子》《不会叫的狗》三篇课文。教学中，可以引导学生根据题目、插图、文本内容、泡泡提示及生活经验等对故事进行预测，也可根据教学情节不断修正自己的预测，并针对指向习作的语文要素"尝试续编故事"做好随文活动练笔。以下是工作室的一个教学片段。

【案例：《总也倒不了的老屋》随文活动练笔教学片段——学习预测、随文续写】

  阅读策略："预测"
  指向习作的语文要素：尝试续编故事
  教材位置：三年级上册第四单元第一课
  随文活动练笔支架："讲故事—续故事—写故事"
  执教老师：卓婷

《总也倒不了的老屋》主要记叙了已经活了100多岁的老屋正准备往旁边倒去的时候,小猫请求它再站一个晚上,随后老母鸡请求它再站21天,再后来小蜘蛛请求它再站一会儿,对于它们的要求,老屋一一答应。课文赞扬了这座老屋善良、仁爱、有同情之心的美好品质。我们抓住课文的主旨,针对其故事性强的特点,综合考虑指向阅读的语文要素"一边读一边预测,顺着故事情节去猜想"和指向习作的语文要素"尝试续编故事",为学生提供"讲故事—续故事—写故事"的活动支架,让学生在学习预测中随文活动练笔。

**活动一:填表格,讲故事**

(1)读预测:请学生自读课文,边读边根据课文旁边的提示语预测故事的发展。

(2)教师引导:

同学们,文中写老屋第一次要倒下时,小猫请求老屋别倒,它需要一个晚上安心睡觉,老屋帮助了它。请大家跟老师一样,从课文中找出最关键的语句,填充表格,然后借助表格试着复述文中的故事。

| 老屋准备倒下 | 老屋没有倒的原因 |
| --- | --- |
| 第一次 | 小猫需要一个晚上安心睡觉 |
| 第二次 | |
| 第三次 | |

(3)指导复述:注意多用课文中的关键词语、核心语句,讲清楚老屋没有倒的原因。

**活动二:加表格,续故事**

(1)教师引导:

既然老屋这么有爱心,乐于帮助别人,大家想想看,除了文中提到的动物,还可能会有哪些小动物需要它的帮助?老屋又会怎么做?请大家顺着自己的想象填写表格,并注意内容的合理性。

| 老屋准备倒下 | 老屋没有倒的原因 | | |
|---|---|---|---|
| 第一次 | 小猫需要一个晚上安心睡觉 | | |
| 第二次 | 母鸡需要21天安心孵蛋 | | |
| 第三次 | 蜘蛛需要一个安心织网抓虫的地方 | | |
| 第四次 | 动物名称 | 让老屋不倒的理由 | 老屋的决定 |
| 第五次 | 动物名称 | 让老屋不倒的理由 | 老屋的决定 |

（2）引导学生分享自己的预测，其他同学评价是否合理。

**活动三：依表格，写故事**

（1）引导学生续写或创写《总也倒不了的老屋》这个故事。

（2）分享练笔，教师从语句的通顺、对话的流畅、预测的合理性上予以点评和指导。

**附闫梓萌同学笔下的老屋：**

老屋说："再见！好了，我到了倒下的时候了！"

"等等，老屋！"一个小小的声音在它门前响起，"再过两天，行吗？我和主人走散了，我要在这里等主人来找我，晚上要下大雪，如果我找不到一个可以睡觉的地方，我会被冻死的，那主人就永远找不到我了"。

老屋低下头，仔细一看，"哦，原来是一只小猎狗呀！"

两天后，小狗的主人终于找来了，小狗对老屋说："谢谢你，老屋。"

老屋说："再见！好了，我到了倒下的时候了！"

在这个教学片段中，教师带领学生预测和推想时，一直在追问和推敲预测的依据，也就是说，力求预测的准确度。而在"讲故事—续故事—写故事"三个活动中，教师设计的表格是故事的线索，填表格则是搭建讲故事、写故事的脚手架。这样，教学促使学生在随文续写中做到"瞻前顾后"，顺畅自然，言语实践和思维想象得到同步训练，这些也是本单元习作训练的难点之所在。

## （二）四年级上册第二单元——提问

这一单元围绕"提问策略"安排了四篇课文，每一课教学中提问的侧重点不同：《一个豆荚里的五粒豆》针对课文局部和整体提问；《蝙蝠与雷达》借旁批从课题、内容、写法和启示多角度提问；《呼风唤雨的世纪》引导学生发现主要问题与次要问题；《蝴蝶的家》综合运用提问策略，提出问题并解决问题。这一单元可以以"如何提问—尝试提问—问题分类—筛选问题—探寻答案"为主线，指导学生进行听、说、读、写的同步训练。下面节选工作室的一个教学片段来说明随文活动练笔在这个单元的实施。

**【案例：《一个豆荚里的五粒豆》随文活动练笔教学片段——学会提问、随题练笔】**

阅读策略："提问"

指向习作的语文要素：写一个人时，注意把印象最深的地方写出来

教材位置：四年级上册第二单元第一课

随文活动练笔支架："自读质疑—分类寻法—随题练笔"

执教老师：刘小庆

《一个豆荚里的五粒豆》是一篇童话，作者是丹麦作家安徒生。课文主要讲述了一个豆荚里有五颗豌豆，它们都有自己的志向。一粒想飞向世界里去，一粒想飞进太阳里去，另外两粒想飞得更高更远，还有一粒希望能为别人做件好事，而对世界没有什么奢求。其中第五粒豌豆活得最有意义，它创造了一个奇迹，拯救了一个发育不全、多病的小女孩，其他四粒豌豆有的掉进了臭水沟里被泡得很大，有的甚至被鸽子吃掉了。这篇童话故事告诉我们：人生的意义不在于你索取什么，而在于你为别人付出了什么。我们提供给学生"自读质疑—分类寻法—随题练笔"的活动支架，以学会提问为出发点，让学生发散思维，尝试从不同角度提问题，并在阅读体验中探寻答案，然后将学习和提问过程中的重点环节写下来，提高学生质疑和思辨的能力，提高语言表达的准确性，最终增强学生的问题意识，使他们能够在生活中发现问题、提出问题、解决问题。

**活动习作**　——让成长出彩

### 活动一：自读课文——质疑文本

师：请同学们阅读"导读提示"，明确任务，然后自主阅读课文，看谁能提出有价值、有趣、有思想的问题，完成"自读问题清单"。

| 序号 | 自读问题清单 |
|:---:|:---|
| 1 | 小豆子像一个"囚犯"，却长得很好，为什么？ |
| 2 | 母亲为什么将一株豌豆苗称为"一个小花园"？ |
| 3 | 哪一粒豌豆最了不起？ |
| …… | …… |

### 活动二：整理问题——分类寻法

师：请同学们前后四人为一个小组，整理本组成员提出的问题，相同的问题可以合并，不同的问题可以分类整理，并在组内讨论每一类问题是怎么提出的，随后派代表在班上分享。

生1：老师，我们组有的同学围绕一处内容提了很多问题，有的同学针对几处内容提了一个问题。

生2：我们组的问题，有些是针对课文某个词句或段落内容提出的，有些是针对全文提出的。

生3：我们组有的同学是边阅读边提问，有的同学读完全文再提问。

…………

师：同学们，看来提问也是有方法可循的，希望大家养成敢于提问、善于提问的阅读习惯。

### 活动三：解决问题——随"题"练笔

师：同学们刚才提了很多有意思、有质量的问题，请大家选择最感兴趣的一个问题，先仔细阅读课文有关内容，再写一写自己的理解和思考。

（学生写完之后充分交流，对于同样的问题，持相同观点的同学相互补充，持不同观点的同学展开辩论，以此开放、深入、多元地解读课文，达到启迪思维、树立价值观、提高表达能力的目的。）

**【附"同一问题不同观点"的两位学生的习作片段】**

问题：哪一粒豌豆最了不起？

第一位同学：我觉得第二粒豌豆最了不起，因为它一开始想飞进太阳里，后来即使掉进了脏水沟里，仍然保持着积极乐观的心态，认为自己最了不起，开心地面对生活。在生活中，我们如果落入险境，应该像这粒豌豆一样，积极乐观地面对……

第二位同学：我觉得第五粒豌豆最了不起，它虽然钻进了窗下一个长满了青苔的裂缝里，很难让人发现，但它既来之则安之，耐心等待，最后长成了一个小花园，给在窗边躺着的小姑娘带来了自信和快乐。我在生活中也想做这样的人，点亮自己，温暖别人。

在本节课的教学中，教师引导学生"提出问题—整理问题—解决问题"。举办的系列活动重在培养学生养成乐思、会思、善思的阅读习惯。随"题"练笔巧妙地将阅读、生活经验和个人认知联系起来，在"提问"策略训练中练笔。课后又开展了"十万个为什么——向书本、生活质疑"活动，从课内学习延伸到课外，将这一单元语文要素的训练从学会方法转向增强意识，再到形成习惯和品质，丰富了学生的课外生活，也为单元习作积累了素材。

## （三）五年级上册第二单元——提高阅读速度

本单元围绕"提高阅读速度策略"安排了四篇课文，每篇课文前面有具体的阅读策略提示，呈层递式推进：《搭石》侧重引导学生专注阅读，不回读；《将相和》引导学生扩大视域，尽可能连词成句地读文章；《什么比猎豹的速度更快》引导学生抓住关键语句，迅速把握课文内容；《冀中的地道战》引导学生带着问题阅读，并综合运用学过的方法，提高阅读速度。我们在有层次、有梯度地扎实引导学生学会如何提高阅读速度的同时，也从课文内容中汲取"结合具体事例写出人物的特点"的方法，循序渐进地落实单元习作教学目标。下面用工作室的一个教学片段来呈现我们的探索过程。

## 活动习作 ——让成长出彩

**【案例:《将相和》随文活动练笔教学片段——学懂文本、表演促写】**

阅读策略:"提高阅读的速度"

指向习作的语文要素:结合具体事例写出人物的特点

教材位置:五年级上册第二单元第二课

随文活动练笔支架:"品语言—写对话—演人物—写动作"

执教老师:杨敏娟

《将相和》这篇课文以秦、赵两国的矛盾为背景,以蔺相如的活动为主线,通过"完璧归赵""渑池之会""负荆请罪"三个相对独立而又紧密联系的故事,写出了将相之间由失和到和好的过程,赞扬了蔺相如勇敢机智、不畏强暴的斗争精神和以国家利益为重、顾大局、识大体的可贵品质和政治远见,也赞扬了廉颇勇于改过的精神。文中的人物形象鲜明,因果关系清晰。在这一教学中,我们提供给学生的随文活动练笔支架是"品语言—写对话—演人物—写动作",将单元语文双要素(阅读、习作)同步落实。

### 活动一:品语言,感形象

师:请同学们快速读课文,画出描写蔺相如语言的句子,分析他的性格特点。

品读语言:

(1)他理直气壮地说:"我看您并不想交付十五座城。现在璧在我手里,您要是强逼我,我的脑袋和璧就一块撞碎在这柱子上!"

(2)蔺相如想了一会儿,说:"我愿意带着和氏璧到秦国去。如果秦王真的拿十五座城来换,我就把璧交给他;如果他不肯交出十五座城,我一定把璧送回来。那时候秦国理屈,就没有动兵的理由。"

(3)到了举行典礼那一天,蔺相如进宫见了秦王,大大方方地说:"和氏璧已经送回赵国去了。您如果有诚意的话,先把十五座城交给我国,我国马上派人把璧送来,绝不失信。不然,您杀了我也没用,天下的人都知道秦国是从来不讲信用的!"

师:读第一句话,你有什么感受?

生:感觉蔺相如说话时态度很坚定,没有商量的余地。

师:你从哪个词语可以看出?

生:"理直气壮"。

师:没错,"他理直气壮地说"属于人物对话描写中的提示语,我们在品读人物语言时,一定要注意提示语。提示语出现的地方不同,使用的标点也不同,比如提示语在前面就要用冒号,提示语在中间要用逗号,提示语在后面用句号。我们在习作中也要尝试运用这三种方式,并注意标点符号的不同。

师:谁能读出蔺相如说话时的态度?(指名读)

…………

师:真是一个意志坚定的蔺相如。从第二句和第三句表示假设关系的句式中,大家又能感受到什么?

生:蔺相如很聪明,有勇有谋。

教师引导:抓住人物的语言,我们就能感受到人物的形象,揣摩到人物的内心想法,难怪古人说"言为心声"。

### 活动二:写对话,表内心

师:经过刚才的分析,我们知道了语言描写可以表现人物的形象特点。请你拿起手中的笔,写写你身边的人说的话,随后分享。

生1:爸爸笑眯眯地拍着我的肩说:"好样的!又闯过一个难关!"我望着爸爸,感到他的笑容包含着丰富的内涵,有赞许,有鼓励,也有喜悦。

师:从练笔中我们看到了这位爸爸在说这句话的时候是笑眯眯的,这是一位慈祥的父亲,对孩子有着满满的鼓励。

生2:妈妈指着我大骂:"像你这样的成绩,还考什么重点中学?恐怕连普通中学都不肯要你。"

师:从提示语可以想象到这位母亲当时的动作,结合语言可以体会到她的严厉,体会到她恨铁不成钢的心情。

### 活动三:演人物,展性格

请同学们速读课文,画出描写蔺相如动作的句子,表演给自己的同桌看,并分析蔺相如的性格特点。

(1)当满朝文武为难时,蔺相如挺身而出……(勇敢)

（2）当蔺相如觉察到秦王没有诚意换璧时，就上前一步，故意指出璧上有毛病，把和氏璧要回手中……（机智）

（3）捧着璧，往后退了几步，靠着柱子站定，举起和氏璧就要向柱子上撞……（不畏强暴、机智勇敢）

**活动四：写动作，显特点**

师：同学们，请你写写身边某个人的动作，凸显他/她的特点。

学生练笔片段：

妈妈熟练地打开燃气阀门，等锅热了倒入油，油热之后放入调料，加大火力后立即倒进菜花，并用铲子快速翻炒。几分钟后，厨房里飘来菜香，妈妈掂起锅，将炒好的菜花倒入盘中。

…………

（教师现场点评指导）

通过以上四项活动，学生掌握了抓住语言、动作等语段快速阅读的方法策略，就能深入人物的内心世界，感受人物的形象特点。借助随文"读写一体"的活动练笔训练，学生已经初步掌握描写人物的方法，为本单元的习作活动做好了铺垫。

（四）六年级上册第三单元——有目的地阅读

有目的地阅读是指让学生根据阅读目的选择不同的阅读方式，根据任务选择恰当的阅读材料，对阅读材料进行适当取舍或做进一步拓展。本单元围绕"有目的地阅读策略"安排了三篇课文：通过《竹节人》学习根据不同的阅读目的，关注不同的内容，采取不同的阅读方法；通过《宇宙生命之谜》学习并练习根据阅读目的，筛选重要信息，判断信息的准确性；通过《故宫博物院》练习根据不同的阅读目的，关注不同的内容，筛选重要信息。根据单元阅读策略和课文内容，在课堂融入随文活动练笔，为单元习作主题"让生活更美好"做好铺垫。以下是工作室的一个教学片段。

**【案例：《竹节人》随文活动练笔教学片段——借助文本、表演促写】**

阅读策略："有目的地阅读"

指向习作的语文要素：写生活体验，试着表达自己的看法

教材位置：六年级上册第三单元第一课

随文活动练笔支架："介绍竹节人—玩转竹节人—留住竹节人"

《竹节人》是本单元第一课，作者回忆了童年时代做竹节人、玩竹节人、迷竹节人以及老师没收竹节人却自己偷偷玩竹节人的情景，童真、童趣跃然纸上。在本课教学中，第一课时引导学生聚焦课文导语，明确三项阅读任务，通过"任务驱动式"阅读和分享，掌握竹节人的做法，回家制作竹节人。第二课时通过活动支架"介绍竹节人—玩转竹节人—留住竹节人"巩固"有目的地阅读策略"的成果，让学生的身体动起来，思维动起来，表达动起来。对于单元习作"_____让生活更美好"，本课从三个角度汲取营养：一是从内容上获得写作素材，竹节人让生活更美好，自制玩具让生活更美好，童年趣事让生活更美好；二是从写作方法上获得技巧，首先按一定顺序来写，其次启示学生通过正面描写、侧面描写与动作描写来展示活动的魅力；三是从表情达意的角度，通过做竹节人、玩竹节人，体会作者如何表现传统玩具给他带来的乐趣。下面是第二课时的教学片段。

### 活动一：介绍竹节人

（1）为"竹节人"冠名。

师：老师看到大家手中的"竹节人"，体格不同，兵器不同。同学们可以给它起个响亮的名字，让我们记住它。

生1：这是威风凛凛的"孙小圣"，此乃"齐天大圣"的双胞胎弟弟。

生2：红孩儿来也！（一根塑料红管的杰作登场了）

生3："哼哈"二将，所向披靡！

……

（2）讲述"竹节人"的制作。

师：从"竹节人"响亮的名字中，老师听出了同学们对它的喜爱。竹节人是怎么制作的呢？

生1：我找来了一根线和两根毛笔杆。先把一根毛笔杆平均分成八个寸

把长的小节，做竹节人的胳膊和腿；再在另一根上截取较长的一段做竹节人的头和身体，用铁钉在上面钻了两个眼，方便穿线；然后用一根线把竹节人的身体连起来；画上眼睛，再用橡皮泥做成青龙偃月刀粘在他的"手"上，一个战将就出现在我们的眼前。

生2：我在家做了一个竹节人……没想到"穿线"这一步我捣鼓了半天也做不好。妈妈提醒我："绳子宁长勿短，竹节人的手脚才方便活动。"听了妈妈的建议，我换了一根长一点的绳子，终于穿好了。为了美观，我还给它配了各种各样的兵器。比如，以用完的笔芯当长矛，用别针做虎头双钩……我给他起了一个响亮的名字——战神。你们喜欢我的竹节人吗？

师：第一位同学叙述时根据原文的描述，用上了"先、然后、再"，关注到了《竹节人指南》中的步骤，条分缕析地介绍。第二位同学写了自己制作竹节人过程中遇到的小挫折，让大家真实地看到了有血有肉的生活体验，竹节人制作之乐也跃然纸上。

### 活动二：玩转竹节人

（1）制定擂台赛规则：全班四个小组各派出一名挑战者，按抽签排序，挑战"原定擂主"，三局两胜，若挑战者失败，则退出比赛；若挑战者获胜，则成为新的擂主，最后守住擂台者获胜。教师做裁判，指定一名同学做"摄影师"。

（2）教师组织选手依次"攻擂"，指导其他学生调动多个感官进行观察。

（3）宣布比赛结果，采访"擂主"，采访观众。

擂主：真是九死一生，不容易呀！

生1：最激烈的是我们组的"红孩儿"大战"齐天大圣"……可惜败了，不甘心呀！

师：台上比，台下看，真实感受自然流露，真是一次"走心"的比赛呀！除了感言外，还可以说说你眼里看到的、耳中听到的最难忘的几个细节。

生2：我们组"大侠"摔倒后，我似乎能感受到他的疼，只见他一个挺身就起来了，而他的主人紧咬嘴唇，一副士可杀不可辱的架势，让我感动。

生3:"大侠,加油!""小圣,加油!"教室里啦啦队的呼声此起彼伏,激烈的场面让人难忘。

### 活动三:留住竹节人

(1)师生梳理练笔思路:

方法一:整体入手,理清顺序。可以以"赛前、赛中、赛后"为线索练笔。

方法二:点面结合,锁住精彩。锁定玩转"竹节人"的精彩场景,写清打斗过程,注意点面结合,高潮部分要详写。

方法三:电影回放法,留住记忆。记录自己在活动中的想法、做法、感受,记录学习足迹。

(2)为练笔拟题:

生1:我要写《观"竹节人"之战》。

生2:我想写《"竹节人"小迷妹》。

(3)分享片段,评价指导:

生1:只见两个竹节人随着线的一松一紧,叉腿、张胳膊,威风凛凛,没头没脑地对打了起来。岂料,没几下,"大侠"就倒下了,同学们唏嘘声不断。

生2:第二回合开场之前,小张同学忍痛割爱,缝合"大侠"大腿的伤口,绑紧线再战。只见这位瘸腿战士身残志坚、越战越勇,比赛越来越激烈……

教师相机评价:"叉腿、张胳膊"源自课文,这位同学活学活用,让竹节人活灵活现地展现在眼前。"大侠倒下了""越战越勇"让人感受到了战斗的进程。如何体现战斗的有趣、激烈呢?(随堂慢镜头播放手机录像,引导学生听其声、观其行)

生3:下一位选手是"红孩儿",只见他穿着一身红衣,手拿长缨枪,一副唯我独尊的样子。战斗刚一开始,"红孩儿"便挺起红缨枪,一个猛刺,"齐天大圣"立刻移步换位,躲过了这致命一击。"红孩儿"连忙拿着红缨枪直刺"齐天大圣",眼看就要刺中了,在这千钧一发的时刻,"齐天大圣"抡起金箍棒一扫、一顿,"红孩儿"立马四脚朝天!

教师指名学生读出精彩之处：

生4：只见"大侠"一个老汉推车，吓得"小圣"连退几步。他站稳之后便使出"泰山压顶"的招式，"大侠"手持长矛，直插而来，"小圣"一个"观音坐莲"，一虚一实，竟重重地把"大侠"给压了下去。"大侠"强忍着疼痛，直起身来，谁料他像失了魂一样，直挺着肚子挨打，看来是线被卡住了。两三下后，"大侠"的腿便应声断了。

教师继续评价指导：这位同学的招牌"招式"描写精彩。其中，"泰山压顶"来自课文，"观音坐莲"来自联想，着实传神！还有谁描写了"招式"？

生5：黑虎掏心，扫堂腿，白鹤亮翅，力劈华山……决斗声、助威声……大家都成了两位竹节将军的小兵，各自摇旗呐喊，擂鼓助威。

生6："刀都架到你的脖子上了，我劝你识相点。"不知谁应了一句："士可杀，不可辱……不是你死，便是我活。"大家你一句我一句，唇枪舌剑，好不激烈。

这节课设计了"制作竹节人""玩转竹节人""留住竹节人"三个活动，学生全程参与，竹节人的形象必定永驻心中。聚焦到本单元"＿＿＿＿让生活更美好"这一半命题习作，学生更会获得"阅读、制作竹节人、习作，都能让生活更美好"的美妙体验。

### 三、巩固练笔成果，提高习作质量

在阅读策略单元，我们紧扣语文要素设计活动，在阅读教学中进行随文活动练笔，在单元习作教学中巩固练笔成果，提高习作质量。

回到三年级上册第四单元"预测单元"，本单元习作是"续写故事"，要求学生根据插图和提示续写故事，把故事写完整，并运用改正、增补、删除等修改符号，修改有明显错误的内容。习作要求承接第四单元课文体裁和阅读策略续写故事，意在引导学生依据插图和泡泡提示的线索，结合自己的生活经验，对故事的发展做出合理、多元的推想，从而延续和丰富故事内容，围绕单元阅读策略深入实践，在写作中感受预测的乐趣。

在本单元的阅读教学中，我们对学生的"预测"能力分三个层次培养：一是"一边读一边预测，顺着故事情节去猜想"，培养预测的意识和习惯；二是"学习预测的一些基本方法"，也就是有依据地开展"预测"；三是"尝试续编故事"，能在原文基础上创造性地"预测"。在三篇课文的教学中适当融入随文活动练笔，为单元习作积累素材、习得方法。在习作前，按照单元活动设计，开展"寻找过生日的素材"活动，如录视频、找生日图片、生日礼物等。有了素材之后，我们再从学生的兴趣入手，设计了五个教学活动：一是"联系生活话生日"；二是"根据要求审题意"；三是"指导看图选方法"；四是"运用方法续故事"；五是"借助导图写故事"。五个活动环环相扣，引导学生运用从文章中习得的方法，服务于单元习作。下面节选工作室一个案例中的教学片段。

**【案例：《续写故事》习作教学片段——看图想象、预测续写】**
执教老师：何晓会

**活动四：运用方法续故事**

师：三幅图讲述完了，但是这个故事并没有结束，第四幅图会讲什么呢？课本上只给我们画了一个问号，这就需要我们大胆地想象和预测。请同学们回忆一下第四单元学到的预测方法有哪些？

（学生总结预测方法：根据插图、题目、内容、联系生活经验等进行预测。）

师：下面我们主要运用借助插图、联系生活实际这两种方法展开想象，大胆预测。（板书：大胆预测）

师：同学们依据前三幅图的内容，预测一下第四幅图讲的是什么？

生：大家给李晓明过生日。

师：这也是故事的经过。（板书：经过——过生日）

师：（出示思维导图）下面我们来预测给李晓明过生日的经过。这是老师做的一个思维导图，大家一边听老师说，一边在头脑中构思，你准备将庆祝时间选在哪一天？

## 活动习作——让成长出彩

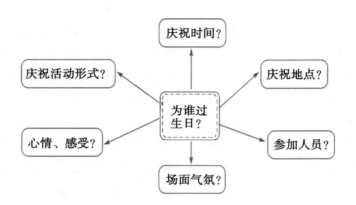

生1：李晓明过生日的那一天。

师：生日当天是李晓明最开心的一天，选得好！还可以选在哪一天？

生2：周末！

师：也不错，庆祝地点大家想选在哪里？

生1：学校或者家里。

师：好，如果是家里，到谁的家里？

生1：李晓明的家里。

生2：可以去餐厅！

师：去餐厅吃一顿大餐，给李晓明解解馋。

生3：游乐园。

生4：海洋馆。

…………

师：越跑越远，李晓明肯定可高兴了，因为他平时可能去不了这些地方。那参加的人员有谁？

生1：老师。

生2：同学们。

生3：李晓明的爷爷奶奶和爸爸妈妈。

师：有老师、同学，或者李晓明的一家人为他过生日，真幸福！如果再给这些人设计非常特别的出场方式，一定会给李晓明带来惊喜，说不定李晓明会感动得……

生接说：感动得流泪。

师：可以策划一个怎样的生日场面？李晓明当时是什么心情？有什么表现？……下面请大家参考这个思维导图自己策划，看谁设计的场面最有趣，能给李晓明一个大大的惊喜。把自己的策划写在习作纸上，一会儿请同学汇报交流。

（学生预测李晓明的生日会，并开始续写，教师巡视指导。）

师：好，同学们轻轻地放下笔。我看有的同学已经写好了，有的还是半成品，不要紧，相信你的策划已经在你的脑子里，前半部分可以读你写的，后半部分可以把你的策划讲给大家听。请注意：在别人发言时，要认真听，听听他/她的故事哪里最生动有趣，哪个词用得好，哪里还需要修改。等他/她讲完了，咱们再来评价，看看谁听得最认真。

生：第二天早晨，老师拿了一个大蛋糕走进教室，故意问今天是谁的生日，大家异口同声地回答："李晓明！"李晓明惊呆了。老师对李晓明说："李晓明，你的父母不能和你过生日，我们可以。"老师为他插上蜡烛，班长为他点燃蜡烛，教室里的灯突然黑了，老师和同学们为他唱生日歌。唱完生日歌后，老师为他切了一块蛋糕，剩下三十块给同学们。李晓明对老师和同学们说："谢谢老师和同学们陪我过生日！"

（学生鼓掌）

师：同学们说说他的续写好在哪里？要善于发现同学的闪光点。

生1：他用上了富有新鲜感的词语。

师：哪个词语有新鲜感？

生2：异口同声。

师：这个词语用得恰到好处！这段话中哪里还需要修改？

生3：他说过生日时把灯关了，白天还关什么灯呀！

师：是呀，这一部分可以删掉。我知道何浩然同学想给李晓明营造一种过生日的氛围，可这是白天，要是在晚上意境就美了。谁再来读一下自己的作品？

生：同学们和老师商量好了之后，大家就开始准备。班里的"富二代"小金拿出自己的零花钱买票和蛋糕，老师也把车准备好了，就等李晓明生日

## 活动习作——让成长出彩

那天到来。到了李晓明生日这天，老师开车去接李晓明，小金带上了蛋糕，把它放在了车子的后备厢，准备在去海洋馆的路上给他一个惊喜。然后在去海洋馆的路上，路程刚走了一半，同学们就异口同声地说："李晓明生日快乐。"李晓明惊呆了。然后小金拿出蛋糕，在上面插上了蜡烛，并把蜡烛点燃，然后给李晓明过生日。李晓明许了愿之后，同学们给李晓明唱生日歌。等车到海洋馆的时候，李晓明一下车就看到他的爸爸妈妈在海洋馆门口等着他，李晓明大吃一惊，激动得都说不出话来了。原来老师早就给李晓明的爸爸妈妈打了电话，问他们能否在李晓明生日这天回来给他过生日。然后在早晨时老师让李晓明的爸爸妈妈在海洋馆门口等着。李晓明激动地对同学们说："谢谢你们，这是我最开心、最难忘的一次生日了。"

（学生鼓掌）

师：谁来点评？你觉得邓甜甜同学为李晓明设计的生日会好在哪里？

生1：我觉得她设计得很好，但是我想让她把"富二代"这个词语删掉。

师：为什么？

生1：因为我觉得我们小学生不适合用这个词语。

师：你真会听，老师也觉得这个词语不合适。"富二代"这个词语如今常常带有贬义，而这位同学家里经济条件好，但他却心地善良，知道帮助同学，所以邓甜甜把这个词改掉，好吗？

生2：我觉得她用的"然后"有一箩筐，应该改成"先、接着、再、最后"这样就好了。

师：你真厉害！改得真好。我们说话要有先后顺序，做事也要有先后顺序，如果用上这些词语，文章条理就清晰了。

师：这篇文章还有一大惊喜，你觉得是什么？

生：他们到海洋馆时，他的爸爸妈妈都来了，还有他的生日是在车上过的。

师：是的，这个场景设计得好，生日是在车上过的，因为他们要去海洋馆玩。在海洋馆门前看到了李晓明的爸爸妈妈，你们说李晓明当时是什么感受？

生1：特别激动。

生2：大吃一惊。

师：他的心里暖暖的，这都是谁安排的？

生：老师。

师：在文章的最后，李晓明说自己过了一个难忘的生日，这是结果，写出了李晓明的感受，也点明了主题。

师：你们真了不起！好文章就是一点一点改出来的。我们在写文章时除了要大胆预测，还要抓住人物的动作、神态、语言，也就是抓住细节（板书：抓住细节）。听了你们的故事，老师的心里暖暖的，因为同学们的一举一动都体现了对李晓明的……

生1：关心。

生2：对李晓明的爱。

师：对，大大的爱都在同学们的心里，这就是我们写文章时要做到的立意准确（板书：立意准确）。没有人嘲笑李晓明，而是想方设法给他带来快乐，这就是正能量。

## 活动五：借助导图写故事

师：同学们，这只是我们预测故事的第四幅图，要把文章写完整，还需要一个题目。咱们干脆用"续写故事"做题目行不行？（板书：续写故事）

生齐说：不行。

师：那可以拟一个什么题目？

生1：难忘的生日。

师：难忘的生日是针对谁的感受起的？

生齐说：李晓明。

生2：快乐的生日。

生3：开心的生日。

师：（出示图）同学们的题目是根据李晓明的感受拟定的，也可以站在同学们的角度拟题目，请大家自拟题目。

师：故事有起因、经过、结果，三年级的学生还要学会给文章分段。看

**活动习作**——让成长出彩

看课本上一共有几幅图？

生：加上我们想象的画面共有四幅。

师：是的，第四幅图我们已经解决了，所以同学们可以这样按事情的发展顺序写（展示思维导图）：先写同学们讨论过生日的事，接着写李晓明的想法，再写同学们商量给李晓明过生日，这些都是故事的起因；故事的经过就是同学们为李晓明的生日做准备以及给他过生日的场面；故事的结果就是写出李晓明的感受，点明主题。这样，文章条理就会清晰。

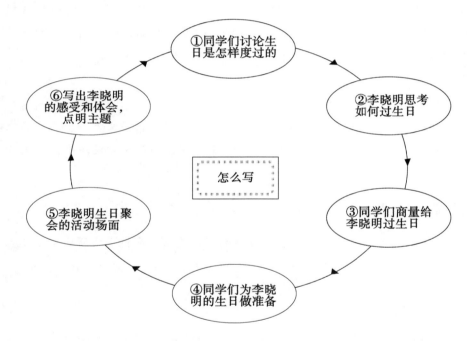

（随后布置作业：课后结合插图和思维导图把故事续写完整，写好后多读几遍，发现有明显错误的地方，运用修改符号修改。）

仅从上面何晓会老师课堂中师生互动及学生口述的习作片段来看，本单元在阅读教学中"紧扣语文要素设计活动"和"读写一体推进随文活动练笔"的效果可见一斑，学生的想象能力、预测能力、表达能力、续写能力在这节单元习作课上得以彰显，也极为出彩。

## 第三节　习作单元——方法迁移中触类旁通

统编语文教科书三至六年级安排了八个专门的习作单元，这八个单元训练的内容虽然各有侧重，但是编排体例完全一致，均由"两篇精读课文""交流平台""初试身手""两篇习作例文"和"习作"五个板块组成。这种编排顺序，遵循了"观察（信息输入）—分析（信息解读）—模仿（实践尝试）"的基本学习路径。根据这类单元的共性特点，我们从三个方面贯穿活动习作的理念，提升学生的写作能力：首先，根据单元习作主题设计活动，让学生有更多、更深入、更独特的体验；其次，通过以"读、说、仿、写"为主线的系统训练让学生掌握写作方法；最后，将所学方法迁移运用到单元习作中，从而全面提升学生的写作能力。

### 一、根据单元习作设计活动

习作单元的五个板块分别承载着不同的学习任务，如果整合到位，运用得当，就可形成单元习作训练系统：从单元导读页的语文要素中明确习作训练主线；从"精读课文"中学习表达方法；通过"交流平台"和"初试身手"打开思路，梳理写法；从"习作例文"中汲取写作方法；在"习作"中运用方法，呈现单元学习的成果。在习作单元，我们针对教材编排"体例清晰，步步为营"的特点，根据习作要求的文体类型和具体内容，循序渐进，设计高度契合又有所拓展的活动，让学生在文本学习和活动体验之后再进行习作。表2-4是我们在实践中根据单元习作主题设计出的系列活动。

表 2-4 活动习作"习作单元"活动设计

| 单元位置 | 编排体例 | 指向习作的语文要素 | 习作主题 | 活动设计 |
| --- | --- | --- | --- | --- |
| 三年级上册第五单元 | 精读课文<br>↓<br>交流平台<br>↓<br>初试身手<br>↓<br>习作例文<br>↓<br>习作 | 仔细观察，把观察所得写下来 | 我们眼中的缤纷世界（观察） | 观察事物，发现变化 |
| 三年级下册第五单元 | | 发挥想象写故事，创造自己的想象世界 | 奇妙的想象（想象） | 创编童话故事：<br>1. 化身角色；<br>2. 表演童话；<br>3. 创编童话 |
| 四年级上册第五单元 | | 写一件事，把事情写清楚 | 生活万花筒（写事） | 今日说事：<br>找事——说事 |
| 四年级下册第五单元 | | 学习按游览顺序写景物 | 游_____<br>（写景） | 最美"小导游"：<br>1. 锁定景点；<br>2. 寻找素材；<br>3. 写解说词 |
| 五年级上册第五单元 | | 搜集资料，用恰当的说明方法，把某一事物介绍清楚 | 介绍一种事物（写物） | 个性说明书：<br>1. 研究说明书；<br>2. 观察一种事物；<br>3. 创编个性说明书 |
| 五年级下册第五单元 | | 初步运用描写人物的基本方法，具体地表现一个人的特点 | 形形色色的人（写人） | 人物素描：<br>1. 为自己制作名片；<br>2. 为他人制作名片 |
| 六年级上册第五单元 | | 从不同方面或选取不同事例，表达中心意思 | 围绕中心意思写 | 选字—选材—润色—赏析 |
| 六年级下册第三单元 | | 选择合适的内容写出真情实感 | 让真情自然流露 | 真情告白：<br>写、读、猜→告白 |

## 二、"读、说、仿、写"掌握方法

鉴于统编语文教科书习作单元的编排特点，紧扣单元习作内容，我们以活动为依托，依照"读、说、仿、写"的基本线索和策略展开教学。

读：从精读课文中学习表达方法。

说：通过"交流平台"和"初试身手"打开思路，梳理写法。

仿：研读例文，从中汲取写作方法。

写：基于单元活动体验，基于"读、说、仿"的系统化训练，围绕单元要求完成习作。

下面以工作室的整单元教学为例，分别节选"读、说、仿、写"实践的教学片段呈现学生在习作单元掌握习作方法的过程。

**【案例：六年级上册第五单元活动习作教学片段——依托教材、循序习作】**

习作主题："围绕中心意思写"

指向习作的语文要素：从不同方面或选取不同事例，表达中心意思

随文活动练笔支架："读—说—仿—写"

执教老师：罗晓娟

**教学片段一：读——类比阅读学方法（从精读课文中学习表达方法）**

（1）阅读《夏天里的成长》和《盼》两篇课文，说说这两篇课文在写法上的特点，以小组为单位交流讨论。

（2）汇报交流。

生：两篇课文都是围绕中心意思去写，《夏天里的成长》这篇课文的第一句话就揭示了文章的中心意思。《盼》这篇课文，作者紧扣"盼"字，通过具体生动的描写表达了作者"盼"的心情。

师：是的，这是这两篇文章的相同之处，都是围绕中心意思去写。

生：《夏天里的成长》一文，作者列举了很多事物，有各种植物、动物，

## 活动习作——让成长出彩

有山、水、地、铁轨、马路，还有人。作者是从不同方面来体现中心意思的。

生：《盼》这篇文章为了突出"盼"的心情、过程，列举了几个具体的事例来表达情感。

（3）小结方法。

师：对了，这又是两篇文章的不同之处。不管是从不同方面去写，还是列举不同的事例，这种写法都是为了使中心意思表达得更全面、更充分。

**教学片段二：说——畅所欲言拓思路（通过"交流平台"和"初试身手"梳理写法）**

（1）选择恰当的事例。

1）教师引导：

对于一篇好的文章来说，中心的确立非常重要。在确立中心后，材料的选择也是有讲究的。请同学们阅读"初试身手"的第一部分内容，判断哪些材料可以用来表达中心。

2）学生先阅读，再选择，最后交流。

（2）选定合适的材料。

1）教师引导：

请大家阅读"初试身手"的第二部分内容，从所给的题目中，先确立一个中心，然后想一想为了表达这个中心，你准备选择哪些材料进行描写。

2）小组内交流、讨论。

（3）全班交流，教师有针对性地指导。

中心：忙碌的早晨

生1：早晨七点半，一趟一趟的公交车已经运营，公交站牌前、公交车上的乘客越来越多，司机不断提醒刚上车的乘客往车厢后头走，提醒大家站稳扶好。

师：通过公交车及乘客来表现早晨的"忙碌"，很好！

生2：闹钟一响，我们家就"热闹"起来了，全家快速穿衣、洗漱、吃早餐，准备出门。妈妈每天要早早起床，整理房间，做早餐。

师：挺好！形象地描述了"我们"家早晨的"忙碌"。

生3：邻居李奶奶一大早就牵着狗去湖边散步。（学生哄笑）

师：这显然不是忙碌，而是悠闲。大家再想想，早晨还有哪些地方最忙碌？

生4：学校门口，还有医院。

生5：菜市场人多，经常水泄不通，叫卖声、砍价声此起彼伏。

师：你表述得太准确了！抓住了菜市场人多、声音响的特点，了不起！刚才大家围绕"忙碌的早晨"这一中心，选择了有代表性的场所或有代表性的职业群体的活动，从不同方面展现了新的一天人们各种各样的"忙碌"。

**教学片段三：仿——赏析例文学写法（研读习作例文，汲取表达方法）**

（1）引出话题，指导阅读。

1）教师导语：

前面通过学习两篇精读课文，我们知道了写文章要围绕中心去写。从"交流平台"和"初试身手"中，我们也明白为了突出中心，要合理恰当地选材。下面大家从两篇习作例文中将会学到更多的写作方法。

2）带着问题自由阅读习作例文。

在《爸爸的计划》和《小站》两篇文章中，作者要表达的中心是什么？围绕中心，作者写了哪些事？你还发现了什么？

（2）借助批注和表格，以小组为单位梳理例文写作思路。

| 题目 | 中心意思 | 列举的事例 | 写作特点 |
| --- | --- | --- | --- |
| 《爸爸的计划》 |  |  |  |
| 《小站》 |  |  |  |

（3）汇报展示：学生展示，教师补充，完善表格。

| 题目 | 中心意思 | 列举的事例 | 写作特点 |
| --- | --- | --- | --- |
| 《爸爸的计划》 | 爸爸是一个工厂的计划科科长，擅长制订计划。 | 1. 爸爸执行计划一丝不苟；<br>2. 爸爸为"我"制订暑假计划。 | 详略得当：<br>爸爸为"我"制订暑假计划详写，其他部分略写。 |

续上表

| 题目 | 中心意思 | 列举的事例 | 写作特点 |
|---|---|---|---|
| 《小站》 | 小站虽小，却给旅客们带来了温暖的春意。 | 1. 停车时间短；<br>2. 建筑少；<br>3. 来往人员少；<br>4. 设备简陋；<br>5. 宣传布置精心；<br>6. 喷水池有趣；<br>7. 盛开的杏花美丽。 | 从不同方面去写：<br>　　前四点突出小站的"小"，后三点写出了小站的"美"和给旅客带来的温暖。 |

（4）教师归纳总结：

这两篇文章的写作特点非常突出。通过阅读我们不难发现，围绕中心意思，选择恰如其分的材料，会让中心表达得更加充分，这些方法大家会在单元习作中用到。

**教学片段四：写——方法迁移创佳作（基于单元系统训练完成习作）**

师：大家读了这么多，学了这么多，下面我们就来一展风采，试着写一写。

**活动一：选字定中心**

（1）弄清习作要求：带领学生吃透在习作要求下可供拓宽的方面。

1）以一个字为题或者另拟题目。

2）围绕一个中心意思从不同方面或者选择不同的事例来写。

3）可以写生活中的事或者想象中的事。

（2）选择印象最深的一个汉字展开联想。

生1：由"甜"字我能想到甜味、甜蜜，我还能想到幸福，因为幸福是甜蜜的。

生2：从"迷"字中我想到了"入迷"，也想到了"迷茫"，这是两种完全不同的情感。

……

## 活动二：选材列提纲

（1）根据表格列提纲。

| 所选汉字 | 分析含义 | 确定中心 | 拟用材料 |
| --- | --- | --- | --- |
| 甜 | 1. 表示甜味；<br>2. 表示甜蜜<br>…… | 甜蜜 | 1. 跳绳得了全班第一名；<br>2. 吃团圆饭；<br>3. 通过不懈努力攀登上了山顶<br>…… |
| 望 | 1. 表示动作；<br>2. 表示愿望<br>…… | 望的动作 | 1. 小时候父母望着我蹒跚学步；<br>2. 中秋节的晚上一家人望着明月；<br>3. 一大早，我望着街道的环卫工人<br>…… |
| …… | …… | …… | …… |

（2）交流分享，拓展思路，筛选能表达中心意思的材料。

## 活动三：方法巧润色

讨论写作方法：

师：同学们，结合前面对习作要求的分析，大家说说这次习作还要注意什么？

生1：要把事例记叙清楚，做到详略得当很重要。

生2：开动大脑，发挥想象很重要。

生3：围绕一个意思写，要特别注意前后呼应。

师：这一点很重要，不但要前后呼应，还要时时和主题呼应，就好比我们留恋一个人或者一个地方，离开的时候一步三回头一样，对吗？

生3：是的，唱歌也经常这样。

师：啊？唱歌？你说的是歌词吗？

生：是的！

师：你很会发现！歌词里呼应或者反复的地方特别多。大家再说说，这

# 活动习作 ——让成长出彩

次习作还要注意什么呢？

生4：写人的时候，动作、神态、语言、心理活动等方面要细致描写。

生5：还可以准确、灵活地运用优美词句和修辞手法，把句子写生动。

师：说得好！那我们现在就"大显身手"，动笔去写吧！

**活动四：佳作共赏析**

（1）出示评价标准。

中心意思是否明确，是否围绕中心意思来安排材料；重点是否突出，是否做到了详略得当；语言是否流畅、有感染力；可以借鉴的优点有哪些。

（2）师生评价并完善习作。

## 三、迁移运用提升写作能力

统编语文教科书的习作单元是针对学生习作的系统训练而编写的，教师只要吃透教材，按照教科书的编写体例和活动安排教学即可。在活动习作的探索中，我们对学生的训练既依托教材，又有所"加码"，通过两个渠道将学生的写作技巧转换为写作能力：一是加强单元统整的习作教学衔接和层进，通过"一课一得"的过程练笔，掌握单元习作的核心策略；二是增加"评改"的权重，即"以评促写，以改提质，在评改中赋能"。以评促写，就是注重习作讲评课，调动学生参与到形式多样的评价方式中，使他们感受到"评"既是逐步完善的过程，又是分享的过程，体会"分享式习作"的乐趣，激发习作内驱力。以改提质，就是让学生亲身经历一篇文章从初稿的不完善经过一遍又一遍修改后到完善的过程，真正领会"文章不厌百回改"的含义，学会修改习作的方法，提高习作质量。在评改中赋能，就是采用"自我评改、生生评改、教师评改"三结合的方式，让学生在自改、互改的过程中，既能"平视式"地阅读，又会"审视式"地阅读，提高对习作的审美力和评判力。

为了让学生重视评改，我常常用作家的话启迪学生。比如，为什么要学会评改的本领？叶圣陶先生这样说过："文章要自己改，学生只有学会了自己改的本领，才能把文章写好。"修改的方法有哪些？鲁迅有这样的方法："写完至少看两遍，竭力将可有可无的字、句、段删去，毫不可惜。"

针对习作评改，我为学生提供了两种路径，即"五看""五审"。"五看"：一看书面，二看格式，三看错别字，四看标点符号，五看语句。"五审"：一审中心立意，二审选用素材，三审文章结构，四审写作方法，五审语言表达。"五看"为初级路径，学生经过三四篇文章的评改实践就可以掌握。"五审"为高级路径，要求高，充满挑战。在"五审"中，我配套"增、删、调、改"等操作方法，指导学生使用规范的修改符号，做名副其实的"小老师"。

同时，我指导学生"别出心裁写评语"。在学生习作本的评语中，最上面是小作者发自内心的"自评"，中间是小组内伙伴修改之后的"他评"，最下面是老师用红笔楷书所写的"师评"。我称这样的评语为"三阶评语"。多年来，"三阶评语"深受学生喜欢，学生尤其对"他评"环节充满期待，期待评改同伴的习作，也期待阅读同伴对自己习作的评语。评改过程实际上是学生反复阅读和推敲文字的过程，是一种互动式的深度学习，体现了活动习作教学所倡导的"习作即学习、习作即分享、习作即运用"等理念。

## 第四节 综合单元——实践练笔中爱上习作

统编语文教科书注重语文学习与生活实际的联系，注重在生活情境中运用语文，突出实践性，设置"综合性学习"单元就是一个重要体现。综合性学习单元（以下简称"综合单元"）凸显了"综合"的特点和特色。

对于这类单元，我们从三个方面贯穿活动习作理念：首先，围绕综合单元的实践要求设计活动；其次，让学生在多元化、持续性的活动中习作，充分体验活动习作的乐趣；最后，多场域分享、展示习作成果，让学生体验习作成功的快乐。教学中，只要老师敢于综合，善于整合，习作教学就会呈现出别具活力、精彩灵动的模样。

## 一、围绕综合实践设计活动

统编语文教科书中与"综合性学习"相关的单元有四个,分别是三年级下册第三单元"中华传统节日",四年级下册第三单元"轻叩诗歌大门",五年级下册第三单元"遨游汉字王国",六年级下册第六单元"难忘的小学生活"。三、四年级的两个"综合性学习"都是作为单元中的一个栏目,安排在课文之后、语文园地之前,而五、六年级的两个"综合性学习"都是整组设置,自成体系编排。根据各单元的主题,我们设计了极富教育实践性的活动(见表2-5)。

表2-5 活动习作"综合单元"活动设计

| 单元位置 | 编排特点 | 主题 | 语文要素 | 活动设计 |
| --- | --- | --- | --- | --- |
| 三年级下册第三单元 | 单元中穿插两个活动提示和一个综合性学习栏目 | 中华传统节日 | 了解课文是怎么围绕一个意思把一段话写清楚的;搜集传统节日的资料,交流节日的风俗习惯,写一写过节的过程。 | 1. 话节日;<br>2. 过节日;<br>3. 写节日。 |
| 四年级下册第三单元 | | 轻叩诗歌大门 | 初步了解现代诗的一些特点,体会诗歌表达的情感;根据需要搜集资料,初步学习整理资料的方法;合作编小诗集,举办诗歌朗诵会。 | 1. 筛选诗歌;<br>2. 合编诗集;<br>3. 创作诗歌;<br>4. 朗诵展示。 |
| 五年级下册第三单元 | 1. 任务驱动;<br>2. 活动贯穿;<br>3. 自成体系 | 遨游汉字王国 | 感受汉字的趣味,了解汉字文化;学习搜集资料的基本方法。学写简单的研究报告。 | 1. 猜字谜;<br>2. 做调查;<br>3. 写报告。 |
| 六年级下册第六单元 | | 难忘的小学生活 | 运用学过的方法整理资料;策划简单的校园活动,学写策划书。 | 1. 成长纪念册;<br>2. 毕业联欢会;<br>3. 活动策划书。 |

"中华传统节日"要求学生小组分工，搜集并记录我国传统节日的资料、风俗，写一篇关于一个传统节日的文章，比如，写清过节的过程，选择适当的方式展示综合性学习的成果，并对其他小组的展示活动做出评价，提出改进建议。"轻叩诗歌大门"要求学生初步学习整理资料的方法，合编小诗集，举办诗歌朗诵会。"遨游汉字王国"要求学生感受汉字的趣味，了解汉字文化，学习搜集资料的基本方法，学会写简单的研究报告。"难忘的小学生活"要求学生运用学过的方法整理资料，策划简单的校园活动，学写策划书。

综合单元尤为突出实践性、过程性、长效性。在教学中，需要坚持"整体把握、提前安排、过程指导、放大展示"的原则，以"长线活动"为明线，以"即兴习作"为暗线，细化活动的安排、实施和展示三个阶段。

例如"中华传统节日"单元：

活动安排：自由组建小组，自主选择了解传统节日的方式和记录方式，各自开展活动。

活动实施：小组内补充、整理搜集到的资料，讨论展示成果的方式。

活动展示：写一写过节的过程，分组展示活动成果。

再如"轻叩诗歌大门"单元：

活动安排：做好阅读、搜集、摘抄现代诗的准备。

活动实施：交流摘抄的诗歌，尝试写诗歌。

活动展示：合编小诗集，举办诗歌朗诵会。

充分关注学生课余分组活动的进展和效果，及时点拨指导，并在学生活动中安排习作表达，使得活动和习作相得益彰，习作训练事半功倍。

## 二、多元活动体验习作乐趣

五年级下册的"综合单元"是第三单元"遨游汉字王国"。这一单元是继第二学段在单元内安排"综合性学习"之后设置的整单元综合性学习，编排自成体系，以任务驱动学习，呈现出实践性、开放性和活动性的特征。单元主题是"遨游汉字王国"，旨在进一步培养学生学习汉字的兴趣，增强对汉字的情感，了解汉字文化，从小树立规范使用国家通用语言文字的意识。

## 活动习作——让成长出彩

教材安排了"汉字真有趣""我爱你，汉字"两个活动板块。"汉字真有趣"重在感受汉字的趣味，了解汉字文化，学习搜集资料的基本方法；"我爱你，汉字"让学生进一步了解汉字的历史与现状，围绕汉字展开相关研究，学习撰写简单的研究报告。

在本单元，我们将活动习作的目标锁定在单元语文要素"学写简单的研究报告"上。根据"综合性学习"单元的特点，依据教材，结合学情、校情、社情，设计出超越教材的活动，在系列活动中加入过程性、创新性的多频次练笔，让学生在多元活动中体验习作的乐趣。

### 【综合学习一：《汉字真有趣》综合性学习活动练笔】

执教老师：杨莹

#### 活动一：布置教室，制定学习方案

中国春秋时期著名的军事家孙武曾说："用兵之道，以计为首。"为了提高活动实效，我们采用任务驱动的方式，课前指导学生浏览单元内容，自主布置教室：前方黑板由书法爱好者书写主题，后方黑板制订《"遨游汉字王国"学习计划》（见表2-6）；教室里悬挂或张贴字谜、对联、歇后语，以及有关汉字的趣闻、笑话等，并轮流安排小组及时更新或增加内容，创设学习汉字的氛围。

表2-6　"遨游汉字王国"学习计划

| 学习板块 | 目标任务 | 学习阶段 | 具体内容 |
| --- | --- | --- | --- |
| 汉字真有趣 | 1. 感受汉字的魅力，热爱祖国语言文字；<br>2. 学习搜集和整理资料的基本方法；<br>3. 学会小组合作学习 | 制订计划 | 1. 布置教室；<br>2. 选择活动内容；<br>3. 制订学习计划 |
| | | 搜集资料 | 1. 搜集字谜，自创字谜；<br>2. 搜集趣味汉字的资料（谐音对联、谐音笑话、歇后语、汉字的由来、书法欣赏等） |
| | | 展示交流 | 1. 开展猜字谜活动；<br>2. 举办趣味汉字交流会；<br>3. 总结：自评、互评、师评 |

续上表

| 学习板块 | 目标任务 | 学习阶段 | 具体内容 |
|---|---|---|---|
| 我爱你，汉字 | 1. 了解汉字的历史和现状，树立规范使用国家通用语言文字的意识，增强自豪感；<br>2. 围绕有关汉字的内容开展实践活动（街头寻找错别字、脑筋急转弯、学写研究报告等） | 制订计划 | 1. 选择活动内容；<br>2. 学习开展研究的方法；<br>3. 制订计划 |
| | | 开展活动 | 1. 搜集资料；<br>2. 调查；<br>3. 撰写研究报告 |
| | | 展示交流 | 1. 展示交流；<br>2. 总结：自评、互评、师评、家长评 |

## 活动二：自由组建学习小组

（1）讨论组名、组徽、口号，记录并修改。

课堂上，将选择相同活动的学生六人分为一个学习小组，推选组长，讨论组名、口号，设计组徽，写出组徽的寓意及组员简介，为合作学习打好基础，达到在活动中练笔的目的。

由于充分发挥了集体智慧，各组的组名都极富个性，如"个性水果""森林精灵""蓝色梦幻""帆阳组合""开心一族""闪亮七彩""风雨彩虹""诗幻组合""学习之舰""水晶组合"等。组徽及口号都体现了各组的精神及理念，而组徽说明及组员简介都极富文采。如"诗幻组合"呈现的内容如下：

组名：诗幻组合

组徽说明：

黑色代表重重困难与挫折。在重重困难与挫折中，我们组的每一位成员都是这个环境中的闪光点。

组长：王靓珂

组员：张意东、梁笑岩、高远、吴穹、巩思越

组员简介：

想象力丰富的爱美女生王靓珂,逻辑思维超强的象棋爱好者巩思越,组内"海拔"最高的业余五子棋高手梁笑岩,超级搞笑可爱的网虫张意东,恬雅文静的内向女生高远,加上酷爱运动、乐观开朗的吴穹,这就是与众不同的诗幻组!

口号:诗幻诗幻,勇往直前!

(2)讨论搜集的内容:字谜、古诗、歇后语、对联、笑话、故事等。

(3)讨论搜集的方式:查找图书、网络搜寻、请教他人。

(4)指导学生选择一个方面,当堂练笔。

1)写讨论的过程,留意组员的语言、动作等。

2)记录讨论的结果,重点写组员讨论达成共识的部分。

3)完成活动简案,写清楚活动时间、方式、任务、分工等。

### 活动三:分组搜集资料、开展交流

(1)猜字谜活动。

通过搜集字谜、猜字谜,学生发现了字谜的一些规律,纷纷创编字谜。这些根据字义创作的字谜,无不闪烁着智慧的火花和学生对汉字的热爱之情。

九点——丸;二小姐 ——姿;一加一——王;

九日——旭;上下难分 ——卡;十八乘六——校;

一日复一日——昌;土上是竹林,土下是寸金——等。

——闫锦香同学创作

(2)趣味汉字交流活动。

学生兴致高涨,单以"趣味汉字对话"的形式,有的查阅资料,有的小组自创,呈现出了许多有趣的对话:

"巾"对"币"说:"儿啊,你戴了博士帽身价百倍!"

"晶"对"品"说:"你家难道没装修?"

"兵"对"丘"说:"看看战争多残酷,两条腿都炸飞了。"

"尺"对"尽"说:"大姐,检查出来了,你怀的是双胞胎。"

"叉"对"又"说:"什么时候整的容啊?脸上那颗痣呢?"

"比"对"北"说:"夫妻一场,何必闹离婚?"

"人"对"丛"说:"喂,那对谈恋爱的,不能践踏草坪!"

"熊"对"能"说:"穷成这样啦,四个熊掌全卖了?"

**活动四:课堂分享学习成果**

(1)各组展示搜集到的最有价值的资料。

在展示环节,学生们热情高涨,展示形式多样,内容丰富:有的同学搜集了古代书法家的书法作品图片,配上文字展示,图文并茂,给人留下深刻的印象;有的同学分享了和家人一起去宝鸡青铜器博物馆拍摄的青铜器上的文字照片,直观形象;有的同学用表格的形式记录了农村 60 岁以上老人识字的调查情况等。学生在实践中汲取知识,在实践中感受汉字的博大精深。

(2)相互补充、评价。

"水尝无华,相荡乃生涟漪,石本无火,相击而生灵光。"学生展示成果,汇报收获,畅谈感受,在思想碰撞中不断提升习作水平。

(3)指导随堂练笔。

1)可以侧重记录活动过程。

2)可以侧重描写小组活动或课堂讨论的场面。

3)可以侧重记叙自己与汉字的故事。

4)可以侧重抒发自己的所思所得。

**【附屈子涵同学《我与书法的故事》习作片段】**

起初去书法班上课,别人拿着毛笔,左一笔右一笔就构成了一个完美的字。而我呢?毛笔就像一个小淘气在我手里左一扭右一扭,还弄脏了我的手、衣服……我太难了,每次放学别人干干净净地回家,而我却像一只黑白相间的小花猫。课后我问老师怎样才能练好字,老师说了七个字:多看字帖,多练习。

在这之后,我每天都会练习两至三张毛笔字,每天都会揣摩书法字帖二十到三十分钟。日复一日,年复一年,我的书法作品终于有了大进步。这不,老师还选了我参加书法比赛呢!

**【综合学习二：《我爱你，汉字》综合性学习活动练笔】**

执教老师：杨莹

五年级学生的识字量已经达到3000字，对汉字有了丰富的感性认识。通过本单元第一板块的学习，学生积累了搜集和整理资料的经验，开展了猜字谜活动，举办了趣味汉字交流会。在第二板块，我们设计了三个环节：前期，搜集资料，调查研究；中期，在课堂上指导习作；后期，展示交流，总结收获。调查研究的内容和方式结合校情、学情，避免过于宏大、过于艰深，超出学生的能力。为此，建议学生选择难度合宜、深浅适度的《楷书的艺术特点》《社会不规范用字》《颜真卿早、中、晚期书法风格的变化》等作为研究对象，最终写出简单的研究报告，提高学生理性思考和书面表达能力。

### 活动一：制订活动计划，走访调查，搜集资料

（1）分组讨论，制订调查研究活动计划。

| 项目 | 具体安排 |
| --- | --- |
| 调查时间 | |
| 调查内容 | |
| 调查过程 | |
| 参与人员 | |
| 人员分工 | |

（2）教师给予学生活动建议：

1）可以查阅书籍、查找网站、请教他人，了解书法名家的书法风格及变化；可以调查同学的作业本、街头招牌、电子屏、横幅、标语或宣传语，发现不规范使用汉字的现象。

2）注意做好调查时间安排、出行路线，注意使用文明用语，掌握调查技巧、记录过程、分析调查结果的方法。

3）学生结伴或在老师、家长的陪同下进行调查，做好相关预案，保障出行安全。

## 活动二：课堂指导完成习作

（1）"话"内容，激发兴趣。

1）谈话：

师：同学们，汉字历史悠久，独树一帜，融合了视觉艺术与图形艺术，是我们民族文化的集中体现。因为汉字，我们祖先的思想和智慧才得以传承。课前围绕汉字，大家都研究了哪些内容？

生：有趣的形声字。

师：这个内容有价值！

生：社会不规范用字情况。

师：你在为规范汉字做贡献啊！

生：汉字与色彩的关系。

师：这个研究有新意！

…………

2）小结：同学们调查研究的内容广泛多样，我们要尝试写成研究报告。

3）板书：学写研究报告。

（通过交流，了解学生的调查研究方向和记录情况，捕捉独特的调查视角，为撰写研究报告的教学找到"切口"。）

（2）"忆"过程，引发思考。

1）请调查"不规范使用汉字"的小组汇报调查情况。

问题：错别字、不规范书写、刻意使用谐音等。

剖析问题：对待汉字的态度、个人文化水平、对汉字规范使用无监管等。

建议：做规范使用汉字的宣传，开展汉字"啄木鸟"活动，成立规范使用汉字监管部门等。

2）请调查姓氏的小组汇报调查情况。

生：我姓"许"，属于"许"氏家族中的一员。"许"姓，在我们老家武功县大庄镇孟王村是第一大姓。"许"姓的源头在哪里？"许"姓历史上出现过哪些有影响的人？"许"姓的现状是什么？带着这些问题，我们对"许"姓的历史和现状进行了一次研究。相传，"许"姓出自姬姓，为颛顼后裔吴回生陆终，陆终生子六人：长子曰樊，樊为己姓，封于昆吾，即古帝丘颛顼之虚，为昆吾氏，尧舜时期昆吾氏首领许由为当世大贤，死后葬于箕山，后人多以许由为许氏始祖。

……

总之，"许"姓是中华姓氏之一，在历史上有很多姓"许"的名人：许行、许慎、许敬宗、许浑、许衡……当前，中国姓"许"的人口已经接近900万，他们成为祖国建设不可缺少的重要力量。（许丹妮）

3）教师适时点评，因势利导，指导学生后期按照研究报告的格式整理优化。

（3）"明"格式，自主习作。

1）指导学生阅读课本中《关于"李"姓的历史和现状的研究报告》一文。

2）调查报告是应用文体，师生理清一般格式：

标题：规范的格式为"关于×××的研究报告"。

正文：

第一部分：调查目的。要起到画龙点睛的作用，精练概括，直切主题。

第二部分：调查过程。这是调查报告中最主要的部分，详述调查研究的做法，以及通过分析、统计所得出的基本结论。

第三部分：调查分析。可以剖析结果产生的原因，提出解决问题的办法或改进的建议；可以总结调查者的主要观点，进一步深化主题；也可以围绕调查研究的主题展望前景，发出号召。

3）学生完善构思，自主习作，教师巡回释疑。

4）引导学生修改。

①投示学生习作。

②读一读，议一议：

一看格式是否正确；二看调查目的是否明确；三看过程是否清晰、内容是否具体；四看观点是否鲜明。

**【附板书设计】**

学写研究报告

目的：精练明确

过程：清晰具体

分析：观点鲜明

"综合单元"内容看似简单，实际操作却并不容易，需要老师统筹安排时间，把"实践"落到实处。在这个单元，因为研究报告在小学阶段涉及较少，所以关于研究报告的撰写，教师要做好三方面的引导：一是在调查前引导学生明确为什么要去调查，即明确调查的原因；二是让学生明白为什么要写，即明白撰写研究报告的现实意义，成功的研究报告往往能在改善生存环境，提高学习、生活和工作质量，解决社会问题等方面为人们提供依据；三是学会写研究报告，格式简单易学，内容则需要建立在调查的基础上，把问题了解得更清楚，把原因分析得更透彻，把改进措施拟定得更科学。这样不仅可以树立学生调查研究的意识，激发写作的责任感、成就感，还可以帮助他们养成良好的思维习惯，逐步掌握研究问题的方法，提高分析问题、解决问题的能力。

## 三、多场域分享展示习作成果

语文课程标准对综合性学习的重视程度，在统编语文教科书中得到了充分体现。我们借鉴项目式学习的做法，通过科学规划、稳步实施、发展性评价、多场域分享，将活动习作融入"综合单元"的实践性学习中。

教室、校园是分享与展示的最直接场域。关于分享，一方面，是学生的分组口头交流；另一方面，是对搜集到的资料和作品进行展示。我们利用教室的墙面、黑板报、电子班牌、校园的橱窗、广播、班级群、微信公众号等媒介对学生的调查过程及作品进行分享，全面调动学生学习的积极性，让综合性学习贯穿活动习作的始终，开展得更综合，推进得更深入。下面继续以五年级下册第三单元"遨游汉字王国"综合性学习为例进行说明。

## （一）开放设计，保障分享中拓展的广度

在活动前期，学生根据自己感兴趣的调查内容自由组成小组，制订调查研究活动计划，或者通过书籍、报纸杂志等传统媒介和网络等新媒介，或者走上街头，走访他人，搜集整理有关汉字的资料。搜集资料的过程是学生面向新媒体、面向社会、面向生活，凭借已有经验，在第三课堂开放的时空场域中学习知识、提升能力、发展素养的过程。学生从中掌握了搜集资料的渠道和方法，也了解了每一个渠道的特点和适用范围，例如，网络检索虽然方便快捷，但是必须甄别和筛选，而查找图书可以获得更全面、更权威的资料。

在活动中期展示交流时，学生采用文字、表格、图示、PPT等方式，分享了汉字演变过程研究、书法艺术研究、姓氏研究等丰富多样的内容，涉及面广，学生的思辨能力和多媒体使用能力得到了提升。

在活动后期，两份评价表的应用让学生树立了信心，正确地认识了自我，有效调动了学生学习的主动性和内驱力。黑板报、学习园地、钉钉群的应用，使家庭和学校发展为一种新型的伙伴关系，改善了家庭、社会和学校相互协作的教育生态。因此，开放地设计综合性学习，将分享贯穿活动始终，保障了拓展的广度。

## （二）精准指导，保障分享中学习的深度

在语文教学中，教师在发展学生语言的同时，还要发展学生的思维，教给学生科学的思维方法，帮助他们养成实事求是、崇尚真知的科学态度。在这一单元的综合实践学习中，教师以《关于"李"姓的历史和现状的研究报告》一文为例，引导学生针对本组调查结果进行多角度的分析，发现问题，得出结论，提出建议。让学生明白一份简单的调查研究包括问题的提出、研究方法、整理资料、研究结论四部分内容。完成一份调查研究报告，要经历发现问题、研究问题、形成结论的思维过程，从而形成科学、客观的结论。而教师做到精准高效指导，是使学生在分享中能够进行

深度学习的保障。

### （三）合作学习，保障分享中习作的质量

小组合作学习的组织和指导，是保障综合性学习效果的关键，甚至起决定作用。在"遨游汉字王国"单元中，学会调查研究报告这种应用文体的写法，对学生的挑战性很强。通过小组合作学习，从讨论计划、明确分工到持续调查、分享成果，再到形成研究报告，学生之间形成了一个学习者共同体，不断修改、优化调查研究报告，保障了习作的高质量。

学生撰写的调查研究报告格式规范、主题突出、语言流畅、逻辑清楚、结论客观。例如在《不规范用字调查研究报告》一文中，学生用简洁的语言表明了调查的目的："写作业时，老师会批评一些同学总写错别字；生活中，我们在报纸杂志上、商业牌匾上也发现了错别字，这些用字不规范的行为，给少年儿童正确学习祖国语言文字带来了极大的危害，所以，我们针对社会中不规范用字情况展开调查，正确引导并劝其改正，为'规范社会用字，共创大美家乡'贡献一份力量。"而在《颜真卿早、中、晚期书法风格特点的调查报告》一文的结论部分，学生在习作本上张贴小幅从网络搜集而来的图片，图文对照，直观形象地呈现颜真卿早、中、晚期书法的风格特点，让读者对颜真卿的书法有了更直观的认识。

综合性实践活动之后，我们评选出"优秀信息员""优秀研究员""互助好搭档""优秀调查报告之星"，进行表彰奖励；完成了一期"遨游汉字王国"的黑板报，在学习园地张贴优秀研究报告，课前5分钟分享优秀习作，利用班会课总结活动收获。此外，我们还把学生的调查报告分享在班级钉钉群，与家长交流，让家长谈谈孩子在实践活动中的成长与发展。家长的参与极大地拓宽和增强了学习和教育的宽度与温度，使得为期两周的综合性学习并未因教学内容的结束而止步，课余时间还有学生对对联，猜字谜，遇到不规范的汉字立即纠错。

苏霍姆林斯基把学校和家庭比作两个"教育者"，认为这两者"不仅要一致行动，要向儿童提出同样的要求，而且要志同道合，抱着一致的信念"。在"综合单元"活动习作中，开放设计、精准指导、合作学习加上

多场域分享，让教育产生合力，让教学走向纵深，实现了"三个课堂"的和合共生。

**【附雷清怡同学作品】**

## 关于"人名"演变的历史和意义的研究报告

（1）问题的提出。

我们班每一个同学都有自己独特的名字，每一个名字都有不同的意义，都蕴含着父母对我们无限的爱和期望。祖辈们、父辈们和我们的名字有什么不同？难道名字仅仅是为了好区分吗？带着这些问题，我对"人名"演变的历史和意义做了一次研究。

（2）研究方法。

1）了解家谱。

2）询问长辈。

3）查阅资料。

（3）资料整理与提炼。

| 演变历程 | 具体内容 |
| --- | --- |
| 传说名字的来源 | 　　传说盘古开天辟地后，他的元神化为两人，男的叫伏羲，女的叫女娲。后来女娲在黄河边造人，为了区别不同的人，女娲给每一个人都取一个不同的名字。 |
| 历史上的名字 | 　　人类有了文字后，有多少人的名字被载入史册？<br>　　孔子为儿子取名为"鲤"，是因为鲁昭公刚好赐他一条鲤鱼，这就是运用了取名原则之"取于物为假"。<br>　　到了汉代，取名开始流行用单字，一些代表美德、身份、尊老这样的词成为取名的首选。在汉代，从皇家到百姓，都喜爱用单字取名。在东汉与西汉，只有汉昭帝刘弗陵是双字名，在登基时他改名为刘弗。<br>　　唐代文学家韩愈的名字，"愈"的意义是超过，所以韩愈的字为"退之"，意思是我不比别人强。 |

续上表

| 演变历程 | 具体内容 |
| --- | --- |
| 祖辈们的名字 | 我们祖辈们的名字都蕴含着中国传统文化"仁、义、礼、智、信"的气息。如"怀仁""智勇""志鹏""贤惠"等，人与人之间注重真诚相待。<br>然而在农村，还有给孩子取与动物相关的名字，像"猫娃""狗娃""猪娃""老虎""狮子""骆驼"，父母大概是为了让孩子像动物一样可爱、好养活，而多数人长大后会给自己重取一个"官名"，父母取的名字就成了小名或称乳名。 |
| 父辈们的名字 | 父辈们出生于20世纪七八十年代，正是中国改革开放时期，人们的名字相对多元化，两个字的名字多了起来，单以"国"字打头的就数不胜数，如"国庆""国栋""国辉""国鹏""国涛"等。 |
| 现代人的名字 | 曾经一时流行单字取名风，出现了大量的"李刚""王勇""张伟"等名字。人们一心追求简单、宁静、朴实无华、健康向上的生活。随着信息化时代的到来，因为单字名容易"撞衫"，所以又回到了最常见的两字名，有的独生子女的父母给他们的名字前面加上父母双方的姓氏。人们的小名更是五花八门，可爱至极，如"菠萝""柠檬""果果""汉堡""月牙""毛豆"等。 |

（4）研究结论。

1）人名具有历史意义和时代性，寄托了父母对孩子未来的殷切希望，父母都希望孩子前程似锦、生活美好、永生幸福。

2）人名的原本意义应该比较纯粹，就是为了与他人区别开来。我国优秀的传统文化和厚重的历史积淀，使得每一个中国人都有自己独特的名字。

# 第三章  学科融合的活动习作

郭沫若先生对读书和创作有过这样形象而深刻的比喻："蚕食桑而吐丝，蜂采花而酿蜜。牛吃草而出奶，树吸壤而生漆。破其卷而取神，吮其精而去粕。融宇宙之万有，凭呕心之创作。"写作过程要经历信息输入、信息加工、信息输出三个阶段，而信息输入就像"蚕食桑""蜂采花""牛吃草""树吸壤"一样，要先做到广泛涉猎，才能"吮其精而去粕"，才能"融宇宙之万有，凭呕心之创作"。

学科融合的活动习作，就是以"融宇宙之万有，凭呕心之创作"的定位，以"多元课程"为载体，以学科知识、学习收获为内容，将这些课程的典型活动融进习作教学，让学生用文字自由表达他们在活动中的见闻、体验、心得，促进其文化自信、语言运用、思维能力、审美创造等核心素养的发展。学科融合的活动与语文单学科的活动相比，可谓一种"大活动"，无论对学生心智的成长，还是对教师素质的提高，都具有极其重要的意义。多元课程中的显性课程就是现行的小学课程体系，从 2020 年起，我带领工作室成员与西藏民族大学教育学院的硕士研究生黄娇、高文扬、马薇薇、彭鲜、尹思琴等在实践中摸索，按照道德公益、劳动健康、数学科学、艺术审美予以分类整合，推进活动习作的研究与实践。学科融合的活动习作主要有两种形式：一种是依托语文以外的学科的相关活动展开习作；另一种是将语文以外的学科的课堂和习作融合，可以一人执教，也可以由不同学科的两位老师联袂执教。我认为探索学科融合的活动习作具有三个方面的时代意义。

**1. 有助于提高学生的核心素养**

党的十八大报告提出将"立德树人"作为我国教育的根本任务，党的十九大报告又进一步强调"要全面贯彻党的教育方针，落实立德树人根本任务"。那么，到底立什么德？树什么人？《21 世纪中国学生发展核心素养》给我们指出了明确的方向。"学生核心素养"是什么？它是指学生应具备的、能够适应终身发展和社会发展需要的必备品格和关键能力。① 这是党的教育方针的具体化，是连接宏观教育理念、培养目标与具体教育教学实践的中间环节。② 它强调教育要培养具有独立人格、完善个性、全面发展的人。学生唯有综合运用由特定教学方式所培养出来的跨学科的思维方式、知识和技能，才能解决终身发展和在社会发展中面临的复杂问题。③ 而我们探索的以习作为主线的跨学科融合教学恰恰能使学校的教育功能与核心素养所承载的育人目标高度契合，能够很好地促进学生在文化基础、自主发展和社会参与这三大领域全面和谐发展。例如在科学小实验、绘画、心理体验、音乐赏析的活动习作中，学生仅靠"习作技巧"是不够的，必须依靠亲身参与、具身体验、合作探究才能有感而发。这样的习作记录的是真实发生的事情，行文间流露的是饱满的情感。如此，习作教学的"大容量"就会汇聚多个学科的"小智慧"，在不断延展中提高学生的核心素养。

**2. 有助于聚合教师团队的力量**

要实施学科融合的活动习作教学，不能单靠某一位语文教师，也不能单靠某一个语文学科团队去完成，它需要的是一所学校甚至一个教育区域，以语文学科为主轴，联合其他学科教师共同推进。因此，学科融合的活动习作一旦开展，就会建立很多跨学科的"学习者共同体"，在校园里演奏出如教育学者佐藤学所倡导的"学习的交响"和"生命成长的交响"。

在这种"学习的交响"中，教师不仅需要掌握自己所任学科的专业知识，也必须具有其他学科的专业知识，还需要有较强的学科整合思维能力和教学设计能力。跨学科教学对教师来说存在一定难度，而有难度的教学恰恰会倒逼教师在实践中再学习、再提高。

在这种"学习的交响"中，不同学科的教师需要合作教研。具体来讲，就是多学科教师一起设计教学，一起改进教学，打破单一学科教研的传统模式，衍生出一种新型的跨学科教研模式。这种教研模式有助于教师之间的交

---

① 参见林崇德《中国学生核心素养研究》，载《心理与行为研究》2017 年第 2 期，第 145 页 – 154 页。

② 参见杨孝芳《基于学生核心素养发展之教师作用》，载《中学课程辅导（教师教育）》2019 年第 20 期，第 127 页。

③ 曾婷：《跨学科读写教学的价值和实现路径》，载《林区教学》2018 年第 12 期。

流与合作，改变教师单科思维强、跨学科思维弱的现状，也有助于凝聚教师集体智慧，改变师资结构，将教师团队发展推向快车道。

3. 有助于培养复合型创新人才

2019年3月，习近平总书记在学校思想政治理论课教师座谈会上指出，要"努力培养担当民族复兴大任的时代新人，培养德智体美劳全面发展的社会主义建设者和接班人"[①]。在21世纪急剧变化的知识经济时代，我国社会主义建设者和接班人必然是"德智体美劳全面发展"的人才，不只是"五育并举"的复合型人才，还是"五育融合"的具有跨学科思维与能力的创新型人才。学科融合的活动习作教学有助于学生构建全面、扎实、结构化的知识体系，培养客观分析问题、科学解决问题的能力；有助于提高学生自主参与学习的积极性，提高交往、合作、交流能力；有助于促进学生智力因素与非智力因素的协同发展，铸就良好的个性品质，成为全面发展的人。而兼备实践能力、综合素质和创新精神的跨学科复合型创新人才，才是推动社会快速发展、实现中华民族伟大复兴中国梦的核心力量。

# 第一节 道德公益类——公益活动中塑品行

"道德公益类"活动习作，就是将学校德育教育、道德与法治课程及公益活动与习作教学融为一体的活动习作。它力图让学生在丰富的德育活动中明"知"化"行"，在习作过程中理"思"习"德"，形成正确的人生观、世界观和价值观，促使学生形成和发展社会责任、国家认同甚至国际理解等核心素养。

---

① 张烁：《用新时代中国特色社会主义思想铸魂育人 贯彻党的教育方针落实立德树人根本任务》，载《人民日报》2019年3月19日。

## 一、从道法课到公益活动

良好的思想道德品质和法治素养是社会主义时代新人必须具备的基本素质。教育部从2016年起将义务教育小学《品德与生活》《品德与社会》教材和初中《思想品德》教材更名为"道德与法治"(以下简称"道法"),目的是让儿童和青少年拥有良好的道德情操,具备应有的法律常识,成为社会主义法治国家的坚定捍卫者。小学道法课是以儿童的生活为基础,以培养品德良好、乐于探究、热爱生活的儿童为目标的活动型综合课程。① 活动性是这门课程的基本特征之一。我们在设计道德活动时,以教科书为依托,大胆拓展,让学生参与力所能及的公益活动,从小在学生的心灵中播下一颗公益的种子。

从道法课走向公益活动,教师在有限的课堂里能做什么?首先,让学生知道每年的9月20日是"公民道德日",了解每两年评选一次的全国道德模范人物的典型事迹。其次,带领学生学习长期投入公益事业的慈善家的事迹,例如,多次荣登全球十大慈善家榜首的比尔·盖茨和他的妻子梅琳达·盖茨;共捐助社会100多亿港元、连年捐赠巨款建设国家教育教学设施的邵逸夫先生;等等。最后,引导学生参与身边力所能及的公益活动,这些公益活动涉及环境保护、社会治安、社区服务、紧急援助、知识传播、慈善事业、公益演出等方方面面。

走近这些人和事,用公益的实际贡献值和奉献者的初衷引导学生树立正确的价值观,将道法课程的内容拓展到社会公益活动,并渗透随记随写的习作训练。这是培养学生公益意识的一条重要途径,有利于学生从小树立社会主义核心价值观;有利于学生树立"我为人人,人人为我"的积极人生观;有利于学生将社会公益内化于心、外化于行,使他们成年后在社会中肩负更多的责任,贡献更多的力量,将奉献精神继承和发扬。作为教师,这也是我们为推动社会和谐、提高国民素质应尽的责任和义务。

---

① 参见钟传祎《学科作文教学的理论与实践》,语文出版社2010年版,第6页。

## 二、在习作中习"德"

就学生道德与法治素养发展的阶段性和长效性来看,单靠学校德育教育和道法课程教学是远远不够的。道法课程本身具有生活性、开放性、活动性等显著特点,而课堂教学往往因为知识信息密度大、时间受限,致使实践不够充分。如果与活动习作融合就不一样了,教师带领学生先将道法课上所学的道理、规则、方法进行实践,积累习作素材,再通过习作来反思鞭策自己,从而将这些道理、规则和方法深化、内化为自觉行为。习作教学不仅是语言文字和写作方法的训练,也是对学生进行思想认识和道德品格的训练。"道德公益类"活动习作的实施,恰恰能促使学生在习作中建立道德观念,产生道德情感,规范道德行为,训练语言能力,提升思维品质。

作文就是做人,习作就是习"德",活动习作应该将"人"与"文"有机统一起来。学科作文教学倡导者钟传祎先生在《学科作文教学的理论与实践》一书中提到作文对做人的促进主要体现在三个方面:一是作文的过程是认识自我的过程;二是作文的过程是认识社会生活的过程;三是作文的过程是树立正确价值观的过程。"道德公益类"活动习作能深化和凸显学生认识自我、认识社会生活、形成正确价值观的过程,将立德树人、学科育人的任务落实得更彻底。

平常,小学生碰到的与道法有关的习作,要求对一些人的言行和一些社会现象做出判断,写出自己的认识和看法。多数学生仅凭已有的经验做出浅层的感性叙述,价值导向一般没问题,但人云亦云者多,打破常规、有独到见地的文章凤毛麟角。

"道德公益类"活动习作素材丰富鲜活,容易引起学生共鸣或者产生认识上的冲击,引起反思。课堂增加"说"的频率,在师生互动、生生互动中,促使学生的口语表达能力得到锻炼。同时,教师在习作批阅中可以了解学生对知识的掌握情况和思想动态,对有道德差异的学生及时关注,采取持续跟踪式的引导教育,促进学生健康、快乐成长。

那么,如何在"道德公益类"活动习作中习"德"?下面介绍五条途径。

## （一）观看案例活动习作

用心搜集典型案例视频作为活动习作的素材。对于第二学段的学生，可以选择时事政治中出现的一些道德模范或与小学生实际生活贴近的道德榜样案例。对于第三学段的学生，则可以选择反面案例或者有思辨价值的案例。语文教师和道法教师可以共同备课，设计关注点、问题链，在课堂上带领学生观看相关主题案例的视频，引导学生发表观点，学习案例中正面的人和事，剖析案例中反面行为带给他人和社会的危害。讨论活动结束后，设计习作训练点，可以就讨论的过程或案例带给自己的思考去写，让练笔发生在课堂场域、教学情境之中，用时20分钟左右即可。随后，学生分享，教师点拨，尤其要对正确的价值导向进行重点强调，使学生获得内心的启迪，达到学科育人和习作育人的复合效果。

## （二）现场辩论活动习作

用心设计并组织学生辩论。小学生极其喜欢充满惊喜或"矛盾"等偶发情境的课堂。辩论恰恰蕴含着"矛盾"，它会让寂静的课堂瞬间沸腾。而活动习作中的课堂辩论，不是教师单方面随心所欲地操办，而是根据教学内容、课堂情境和学生发展期待精心设计，其成功的关键在于教师的引导。辩论可以分为即兴辩论和组织辩论比赛两种形式。即兴辩论就是在课堂出现两种观点的情况下，教师现场组织、串联、引导，使得持两种观点的学生不断寻找支撑各自观点的论据，在教师的主持下，学生补充或者反驳。这时，教师的"煽风点火"往往决定着辩论持续的时间和激烈程度。教师要有意识地帮助持正、反观点的学生树立自信心，点燃学生发言的激情，并指导他们理性陈述观点，机智反驳对方的观点。

说到辩论活动习作，我想到了全国青年教师阅读教学大赛一等奖获得者、西北工业大学附属小学的王谦老师。他教学睿智灵动，课堂上常常因为学生的辩论而迸发语言、思维和智慧的火花。《两小儿辩日》一课，他以"辩"为主线，通过"辩读、辩演、辩写"三个活动，带领学生在"辩读"

## 活动习作——让成长出彩

中学习文言文故事,在"辩演"中体验故事情节,在"辩写"中明理养德,学生学得有滋有味。下面节选其课堂片段。

### 活动一:辩读

(1)同桌读文辩论。

师:现在大家明白了两个小孩的观点和理由。同桌之间能不能用课本上的话像两个小孩那样辩一辩呢?(同学们瞬间开辩,场面热烈。)

(2)分组读文辩论。

师:现在大家分为两大组,楚河汉界,分开读。看看能不能读出辩论的感觉。(第一大组齐读第一个小孩的观点和理由。)

师:观点鲜明,立场坚定!

(第二大组齐读第二个小孩的观点和理由。)

师:好!老师看到有的同学眉毛都竖了起来,有一种不容辩驳的气势。现在,让我们把理由和观点分开读,再辩一辩。(两个大组的学生昂首挺胸,目视彼此,针锋相对。)

(3)代表读文辩论。

师:双方的辩论都很精彩,难分高下。我建议进行第二轮辩论,请两个小组各推荐一名能言善辩者,进行一对一的辩论,好吗?(学生推选出代表。)

师:真正的辩论要看着对方,这样目光的交流也是一种争辩。好,大家来看这"两小儿"的辩论。(两名学生语速、语调颇有辩论的感觉,也有了目光的交流。其他学生为他们鼓掌。)

### 活动二:辩演

(1)学生代表表演《两小儿辩日》。

师:两位同学果然厉害,但老师觉得还有点读课文的感觉,这和"两小儿"当时辩论的情形不相符。这样,请大家给选出的代表出出主意,说说在语气、神态、动作方面都应该注意什么。(学生纷纷献计献策,有的还亲自示范,老师也融入其中。)

师:好了,现在有请"两小儿辩日"。

生1：（微笑着、语速较慢，手势夸张表示远近）我以日始出时去人近，而日中时远也。

生2：（连连摇手）非也，非也。日初出远，而日中时近也。（句末语调上扬，其他学生笑，并鼓掌。）

生1：（边说边用手比画，语气坚定）日初出大如车盖，及其日中如盘盂。此不为远者小，而近者大乎？（先看着对方，说完，仰起头笑了笑。）

生2：（双手叉腰，语速急切）日初出沧沧凉凉，及其日中如探汤。（做"探汤"的动作，其他同学大笑）此不为近者热，而远者凉乎？

师：（捋着胡须）两位童子为何争辩啊？

生1：（看着老师，先一愣，然后会心地笑着说）我以日始出时去人近，而日中时远也。

生2：（抢着）日初出远，而日中时近也！

师：这……这……

生1：孔先生，听说您博学多才，您来评评理。

师：（不好意思地）吾不能决也。

生1：哈哈，孰为汝多知乎？

生2：就是，就是，孰为汝多知乎？

（学生长时间鼓掌）

（2）"深读"孔子。

师：同学们，这篇课文主要讲的是两小儿辩日，写孔子的笔墨并不多。但从这些不多的介绍中，你对孔子有了哪些新的认识？

生1：我认为孔子"知之为知之，不知为不知"，自己不知道也敢于承认。

师：很好！你用孔子的话来评价孔子。谁再来谈谈看法。

生2：孔子虽然知道的东西很多，但他仍然不知道太阳离我们准确的距离。这也让我再一次认识到学无止境。

生3：我觉得孔子也是一个善于提问且有耐心的人，他看见两个小孩在辩论，就上前问个究竟。

师：对呀，孔子曾说，敏而好学——

生（齐）：不耻下问。

## 活动习作——让成长出彩

### 活动三：辩写

师：同学们，关于这节课，如果要用文字记录下最深刻的感受，你打算写什么？

生1：老师和两位同学表演的过程。

生2：我写对孔子的认识。

生3：我重点写自己的感悟。

生4：我想把这篇文言文改写成一篇现代文。

……（随后进入随堂习作）

以上案例是课堂即兴辩论活动习作。而正式组织辩论比赛活动习作则有所不同，需要提前公布辩论主题，明确正方和反方学生，挑选参加比赛的正反方代表，给学生一周以上的准备时间。辩论主题是激发学生辩论热情的基础，因此要选择有辩论价值、有挑战性，对学生成长有促进作用的话题，如"对犯罪的未成年人应不应该宽容""拒绝毒品，教育比惩治重要还是惩治比教育重要"。辩论时，按照正式比赛的立论发言、盘问、一对一攻辩、自由辩论、总结陈词五个阶段逐一推进，最好由教师担任辩论赛主持。辩论本身就是锻炼学生语言表达的准确性、逻辑性以及思维的发散性和活跃性的有效手段。辩论之后，让学生写一写辩论过程和随想，都是对语言和思维的梳理和升华。

有一次，课堂学习的是关于传统文化的内容，大家谈到了汉字，谈到了阅读，又谈到了纸质阅读和电子阅读的利弊，引发了一次即兴辩论活动习作。正方的观点是"未来需要报纸"，反方的观点是"未来不需要报纸"。

魏宇宏同学在习作中先对正、反方学生的表现做了描述和评价：

正方一辩语言流畅，陈述的观点很完整，二辩话语含糊，略显腼腆，三辩有时强词夺理，有时嬉皮笑脸。反方一辩态度坚决，自信满满，二辩自始至终拿"生产报纸会浪费地球资源"自圆其说，三辩体态语言丰富，时而手舞足蹈，时而张牙舞爪，时而一副得理不饶人的架势。

随后，他概括了双方摆出的理由和自己作为听者的感受和感悟：

正方的理由是：第一，报纸是中国较早的大众传播媒体，起源有"周朝说""汉朝说"和"唐朝说"；第二，对报纸的保护也体现了我们对祖先的尊重、对文化的传承；第三，阅读报纸使人精神集中，有助于修身养性。

反方的理由是：第一，报纸的信息量有限，传播速度慢；第二，手机阅读新闻可看视频，可听语音，可读文字，更适合未来人们快节奏的学习生活；第三，电子阅读存储信息大，方便携带，阅读快捷，而制造报纸浪费资源，也不利于环保。

我的观点和反方观点一样，因为大量制造报纸需要砍伐树木，大量造纸污染环境，而使用手机阅读新闻更方便快捷。

通过这次辩论赛，我感受到了科技在进步，社会在发展，在未来的世界里，高科技电子产品将会替代更多的传统产品。

何佳蕤同学写到了辩论之后的一个小插曲：

在第三环节总结时，耿偲茗同学表现突出，完美地回击了正方一些莫名其妙的质疑。她有条不紊、侃侃而谈，台下一片静默，大家都被她出众的口才和演说能力所震撼。可能是因为太投入和激动，在辩论赛结束之际，她竟然哭了，大家用热烈的掌声给予她鼓励和赞美。

康逸溪同学在《一场别开生面的辩论赛》一文中采用了正面描写和侧面烘托相结合的写法表现了辩论的紧张与激烈：

辩论赛开始了，正方的一号选手陈述了观点，反方选手扬起嘴角微笑了一下，虽然没有先发制人，但还是以一个后发制人的计策抢占了上风。台下的观众瞪大了眼睛，心紧张得怦怦直跳。

正方觉得不妙，赶紧拿出"备用计划"，以和对方同样的方式飞了一串"子弹"，双方火力相当，谁也不让谁。一时，场上的气氛异常激烈而紧张。反方同学拿出了"杀手锏"，支持反方的观众掌声不断，但正方仍然没有惧怕，反唇相讥。双方进入了你死我活的胶着状态，此时，正方亮出了王牌，而反方的一阵"连珠炮"，将正方的气势又压了下去……

从习作中可以看到学生作为观众，有自己认定和坚持的观点，虽在台下，内心也在和台上学生互动，为自己支持的一方暗自加油，为自己支持的辩手叫好。因为全身心地投入和参与，习作可选的角度比较多，也容易写出画面感和真情实感。

## （三）模拟案例活动习作

用心选择模拟案例并适时分享，会让活动习作更加鲜活。模拟道德法治方面的案例表演，可以设置七个基本步骤：一是根据教师提供的材料观看或研读案例；二是查阅资料，观察其言谈举止，揣摩人物的内心；三是配上适当的服装、道具；四是教师验收、挑选出优秀的小组在课堂上表演；五是学生讨论、分析案例；六是指导学生习作；七是当堂分享交流。这七个步骤，可以让全体学生参与活动的全过程。经过统筹安排，学生在课前已经经历了一次刻骨铭心的学习之旅，这为课堂表演、讨论、习作打牢了基础。课堂上，学生发表自己领悟到的观点，和其他同学的观点进行交织、碰撞、融合，进而把自己习得的观点和见解表达出来，让习作水到渠成。显然，这种"头脑风暴"式的学习优于常态道法课。

## （四）常规课堂活动习作

用心挖掘常规课堂活动，可以促进教学不断改进。统编《道德与法治》教科书内容与儿童生活紧密相连，围绕个人、家庭、学校、社会、国家、世界，由小到大、由近及远展开，都是活动习作的好素材。我们可以在传统道法课里融进习作训练，可长可短，旨在通过书面表达内化所学内容。

四年级上册四个单元分别是"与班级共成长""为父母分担""信息万花筒""让生活多一些绿色"，第一单元设置了三节课：《我们班四岁了》《我们的班规我们订》《我们班他们班》。围绕班级生活以及班级与班级之间的竞争与合作，学生一定有很多话可以说。比如班级之间的竞争，可以写篮球比赛、拔河比赛、歌咏比赛、汉字听写大赛，等等；比如班级之间的合作，可以写一起打扫校园公共区域的卫生、为学校诗歌朗诵比赛做准备，等等。班级与班级在一起会发生很多有趣而又温馨的事，当然在合作过程中也会遇到困难。关于大家是如何磨合、克服困难的，同学们会有很多想法，一一记下来，就是很好的文章，这也是记录校园成长故事的一种做法。

五年级上册四个单元分别是"面对成长中的新问题""我们是班级的主

人""我们的国土我们的家园""骄人祖先灿烂文化",其中第二单元的两节课为《选举产生班委会》《协商决定班级事务》。这些内容都是塑造学生品行、教会学生为人处事的"高钙片",将其整合成活动习作的素材,既能提升习作水平,又能保证学生精神"营养均衡",身心健康成长。

道法常规课活动习作的做法是先学教材,对学生道德观念不明确的想法做出指导,以课堂提问和自主讨论的方式从发言学生中获得正向道德反馈,以此引导全体学生。随后,进入15分钟的练笔环节,当堂进行片段习作分享、反馈和点拨,对学生的遣词造句予以指导,对习作中正面的心理和行为给予肯定和赞扬,找出意见分歧之处,正确引导,纠正错误的观念和观点。对个别认知水平和心理层次有差异的学生,则通过谈话等方式持续引导,填写道德心理监测档案,做好对学生成长情况的长效记录,促使教学不断改进。

### (五)参与公益活动习作

用心组织学生参与公益活动,并将美德教育融入习作中。学习《道德与法治》,可以让学生认识社会、参与社会、适应社会,成为有爱心、有责任心、有良好行为习惯和个性品质的社会主义合格公民。以统编教材《道德与法治》为载体,我们可以组织学生参加社会公益活动并开展习作教学。例如:三年级学生根据上册教材第三单元的课程安排,参加"小区秩序管理""争做文明志愿者"等活动,将第三单元的主题"安全护我成长"融入生活中。四年级学生可以参加"我来组织小区垃圾分类""变废为宝我有妙招"等活动,将四年级上册第四单元"让生活多一些绿色"的学习内容落到实处。五年级学生则可以参加"走进敬老院""我为环卫工人添份力"等活动,发扬中华民族的传统美德。六年级学生可以参加"法律知识我宣传""知法守法、我是国家好公民"等公益活动,让法律知识在学生心中、在家长心中、在每一个公民心中扎根。将习作融入公益活动中,对学生的"公益"意识、"公益"责任、"公益"行动都是无声的培植和有形的记忆。

2020年重阳节,我们带领五年级学生走进敬老院,为敬老院的老人们带去精心排练的节目,丰富了他们的节日生活。同学们表演了集体口风琴节目

## 活动习作——让成长出彩

《友谊地久天长》、快板节目《中国人》、歌伴舞节目《感恩的心》等，老人们看得津津有味，心里乐开了花。爱心表演结束后，大家陪老人聊天，给他们捶背揉肩。回校之后，学生激动的心情难以平静，针对这次活动，有的写出了自己的特别感受，有的写出了对重阳节的重新认识，有的写出了自己在祖国大家庭里感受到的大爱和温暖。通过组织这一公益活动并顺势进行习作教学，学生将"尊老、敬老、爱老"的传统美德内化于心。

下面展示由工作室的道法老师执教的一节道德公益类"常规课堂活动习作"课例。

## 我为家庭解难题

【活动设计】

《我为家庭解难题》这节课，是在统编教材《道德与法治》四年级上册第二单元第6课《我的家庭贡献与责任》的基础之上，将学生形成家庭责任观、解决家庭难题的行动与习作训练融合的一节道德公益类"常规课堂活动习作"研究课。课堂以"聆听父母'家作'，畅谈家庭贡献""勇当家庭'诸葛'，制定行动方案""实施'锦囊妙计'，解决家庭难题"三项活动层层推进，充分发挥教师的主导作用和学生的主体作用，让学生得法于课堂，得益于生活，在行动中获教受益，彰显责任和担当。

【执教年级】四年级

【执教老师】唐俪

【活动准备】

课前，请学生的父母完成"家作"并在微信群分享：录制一段30秒左右的语音，说说孩子对家里的贡献，可从家人之间的相互陪伴、相互支持、相互关心来说，也可以从孩子为家庭事务出主意，用自己的创意和行动为家庭做贡献来说。教师编辑合成语音，整理"家作"。

【教学时间】两课时

【课堂缩放】

**活动一：聆听父母"家作"，畅谈家庭贡献**

（1）谈话引入。

你觉得自己对家庭有贡献吗？（大多数学生回答对家庭没有贡献，认为自己在家里受呵护、索取得多。）

（2）聆听"家作"。

1）通过录音了解父母眼中的自己。

（当学生听说要播放父母的语音时，瞬间安静，特别期待。听完后，有的被父母夸赞得不好意思；有的被感动得眼眶泛红；有的被惊讶到了，笑得格外甜蜜……将父母眼中的孩子为家庭所做的贡献作为神秘礼物在课堂送给孩子，是父母与孩子建立信任感的一种特殊的沟通方式，会让孩子感受到自己在父母心目中的珍贵价值。家庭是孩子成长的重要场所，如果有意识地培养和凸显孩子家庭贡献，就能强化孩子的家庭责任感，进而实现真正意义上的成长。）

2）学生谈感受：说说自己还可以为家庭做哪些贡献？

（这时，学生说了很多还可以为家庭做的事，如为装修新房出主意，为爸爸买哪款车提建议，等等，学生瞬间感觉自己是个小大人，言谈中尽显自豪之感。）

### 活动二：勇当家庭"诸葛"，制定行动方案

（1）拟定"解决家庭难题行动方案"。

1）让学生找出自己家里近期或长期最需要解决的一个问题，分别完成"我为家庭解难题"行动记录单的第一、第二栏。

2）讨论"解决家庭难题行动方案"。

首先，六人一组，由组长组织组员轮流发言，说出自己的家庭难题以及个人制定的行动方案，其他成员分别提出修改、补充意见；接着，大家完善行动方案，记录在"小组完善"一栏；最后，各小组选出一份最具代表的"行动方案"，上台分享。

（2）小组代表轮流上台分享行动方案。

（让学生去发现家庭最需要解决的难题尤为重要，这是为家庭分担的第一步，为制定行动方案及通过实践解决问题做好铺垫。分组讨论是一个相互学习的过程，其他学生谈到的问题或多或少会在自己家中有所呈现，这让学生在共情中获得更多解决问题的办法，为充分发挥学生在家庭中的主导作用

奠定基础。学生之间的学习只是同一知识层面的互补及成长,在全班交流的过程中,教师及时点拨,可提高学生对家庭的认识及解决家庭问题的能力。)

**活动三:实施"锦囊妙计",解决家庭难题**

(1) 如何为家庭做贡献?

1)教师启发引导学生:这里的家庭贡献并不是说为家里挣得了财富,赢得了荣誉,或者说彻底地改变了家庭,而是做力所能及的事。有时是一句体贴的问候,有时是餐桌上一句简单的"真好吃",有时是进门时对亲人露出的一个微笑,有时是试卷上一次又一次的进步,有时是父母病床前的一杯温开水……

2)小结家庭贡献主要表现:
①家人之间的相互陪伴、相互支持、相互关心。
②为家庭事务出主意,用自己的创意和行动为家庭做贡献。

(2) 指导课后实践及习作。

1)回家后按照反复修改好的行动方案解决家庭难题。

2)完成记录单中"记录实施过程"及"抒发心得感悟"两栏。

①"实施过程"可以条框式记录,也可以用文字详细描述。

②"心得感悟"有所侧重,可以分享行动中成功的做法,可以反思行动失败的原因,可以写出这次活动对自己成长的意义。

(学生总结课堂所学后回家实践,并用"记录过程"和"抒发感悟"两种方式写出来。在"做"中"写",容易写出真正的经历和感悟;"写",又使得"做"得到内化和反思,达到以"写"促"做"的目的。)

**【课例启示】有步骤记录行动,彰显责任与担当**

将《道德与法治》融入活动习作教学,我们发现教育恢复了该有的样子:《道德与法治》不再板着面孔,而是展现出鲜活、动人、有趣的一面;习作不再枯燥、空洞、虚假,而是展现出它帮助学生解决问题的功能。事实证明,合理的设计加上巧妙的引导,学生的习作足以打动人心。这节课基于真情境和真问题,进行真实践和真记录,实现了"真教育"和"真习作"的相生相长。

(1) 聆听录音，将学生带入交流真情境。

起初，教师在微信群里让家长录制音频说说孩子对家庭的贡献时，家长们有的"扶额"，有的"流汗"（微信表情），表达对自家孩子的小小无奈，有的家长说自家孩子一天到晚不捣乱就好了，哪里做过什么贡献？采访学生本人对家庭能做哪些贡献时，能说出的也寥寥无几。这足以说明家长和学生平常对"为家庭做贡献"这一话题及行为的忽视。但是，当家长静下心来回忆生活中的点点滴滴时，真的能发现孩子对家庭所做的贡献。当孩子听到这些被忽视的点滴时，内心被触动了。因此，这种特殊的"家作"就成了增进父母和子女感情的润滑剂。

(2) 活动方案围绕真问题展开。

常言道：家家有本难念的经。的确，每个家庭的难题都是不一样的，学生提出的家庭难题有：

如何帮爷爷戒烟？父母因为家务事常常吵架，我应该怎么做？我缺少玩伴，该怎么办？雾霾天外出锻炼不方便，如何锻炼身体？家里进了老鼠，上蹿下跳偷吃东西，如何抓到狡猾的老鼠？父母出差不在家，我如何照顾好自己？装修新房，父母和我的意见不统一怎么办……

小组讨论时，同学们还将难题概括为：

爷爷戒烟难、父母吵架调节难、寻找玩伴难、雾霾天锻炼难……

虽然家庭中有这么多难题，但在大家齐心协力下，也就没有那么"难"了。学生中独生子女占多数，一部分学生父母同时上班，家里的冷清难免使学生产生孤独感。刘欣妍同学袒露了自己的心声，以下是她最初起草的"家庭难题"和"解决方案"。

家庭难题：

家里比较冷清。回到家，屋里屋外安静得没有一点声响，我感觉有点空虚。写完作业后，觉得家里空荡荡的，不知该做些什么；家里没有玩伴，觉得心里空落落的，怎样才能让家里热闹起来呢？

解决方案：

①动员爸爸妈妈再生一个弟弟或妹妹。我可以哄他（她），照顾他（她），带他（她）玩，做一个好姐姐，不过说服他们需要讲出特别充分的理由，我可以请班上家里有弟弟妹妹的同学帮我一起想办法。

## 活动习作——让成长出彩

②让妈妈去宠物店给我买一只小猫或者小狗。我想的理由是：收养小动物不但能解决我没有玩伴的问题，还能培养我的爱心。

班上有位女同学碰到的"家庭难题"是自弟弟出生以来，妈妈对她的关注明显减少了，对她的优点视而不见。如果她的表弟来了，妈妈还要再分出一些爱给表弟，所以她感觉自己在家里好像并不重要。渐渐地，她特别不喜欢弟弟，更不喜欢表弟来她家。

国家全面开放二胎后，大部分中小学生都会面临是否希望多个弟弟妹妹或者如何与弟弟妹妹相处的"难题"。在课堂上，听到很多同学提出家里比较冷清，希望有个弟弟或妹妹时，这位女同学受到了触动。在教师的引导下，大家逐渐明白：多一个弟弟或妹妹能给家庭带来快乐，将来也能多一个人照顾父母。

通过"我为家庭解难题"这个活动，这位女同学明白了原来弟弟并不是一无是处，他是家庭中的重要一员，他们姐弟俩应该互相扶持、互相陪伴、互相关心。从此，她打开了心结，对弟弟、表弟以及妈妈的看法发生了180度的转变。

一星期后，这位女同学的妈妈打电话给老师，说这次活动习作后她的女儿好像换了一个人似的，现在很少跟她唱反调，还主动帮她照看弟弟。这其实就是真问题、真活动、真习作带给学生的"真成长"。

（3）课堂充分讨论 + 课后充足实践 = 习作充实表达。

课前的准备、课堂的讨论，加上课后的实践活动，都为习作和学生品德修养的形成提供了脚手架。"我为家庭解难题"行动记录单就是这次习作训练的脚手架，"我为家庭解难题"是外显活动，"习作中的成长"则是内隐目标。

赵梓欣同学提出要解决的难题是：爸妈为"我"该不该做家务而吵架。

她先写到爸妈吵架的原因：

记得有一天吃完晚饭，"赵梓欣，今天你来洗碗吧！"爸爸突然冲着我说，我刚想说话，妈妈马上开口了："你还是抓紧时间去弹琴吧，我来洗。"我一听妈妈这样说，冲着爸爸做个鬼脸就钻进了房里弹琴。

接着记叙了吵架的经过：

我这边正弹得起劲，厨房那边传来越来越响的吵闹声。我蹑手蹑脚地走到客厅，见厨房的门关得紧紧的，我悄悄走过去，把耳朵贴在门上。只听爸爸说："你呀你，什么家务活也不让她干，这样惯孩子对她一点好处都没有，适当做些家务还能培养孩子的独立自理能力。"妈妈接了话："孩子不是要练琴没时间么，你小点声行不？"

经过一番考虑，赵梓欣同学决定用行动化解这一矛盾：

听了爸爸的话，我也陷入思考。是呀！我现在衣来伸手、饭来张口，妈妈虽然没有给我机会做家务，可自己也从来没有想过主动去做呀！我想只要安排好时间，帮家里做些家务不但不会影响弹琴，而且会缓解疲劳，提高学习效率。我轻轻地推开了厨房的门，对着爸爸妈妈说："亲爱的爸爸妈妈，作为家庭一员我很高兴帮你们分担家务。今后，咱们家的倒垃圾、取快递我全包了，这次就这么愉快地决定了！"妈妈先是一愣，然后便欣慰地笑了，爸爸笑了，我也笑了。

最后她还写了自己的转变：

通过做家务的经历，我充分体会到了父母的不容易。他们每天要工作，回家后还要做许多家务活。现在我们的家务活有了明确分工，爸妈负责做饭、洗衣服，我呢，负责倒垃圾、取快递。我们的家务活做得有条有理，我也很有成就感！

再看徐梓轩同学，通过这次活动习作她知道在父母眼中自己是一个乖巧、懂事、可爱的孩子，感觉自己真的长大了，可以为父母分担更多。于是，她在周末给家人做了一份爱心早餐，并记录下自己的变化：

以前每个周末早上都是奶奶叫我起床时我才从被窝里爬起来。这个周六早上，我一睁开眼突然想起了活动习作课上的那段录音，我感觉自己应该为家人做一些力所能及的事情。于是6点钟我就起床收拾好卧室，跑到厨房用了半个多小时为家人做了爱心早餐。刚端到饭桌上，爸爸、妈妈、奶奶就起床了，他们看到饭桌上的爱心早餐，吃了一惊，奶奶笑眯眯地说："小孙女怎么一下子就长大了？这么用心，做的早餐虽然简单，但很有营养啊！"我笑着回答说："上次妈妈的录音还有同学们的讨论让我明白了很多道理，平时都是你们辛苦地为我做早餐，我现在长大了，应该做点力所能及的事情，这是我今天送给你们的惊喜——爱心早餐。"

下面，我们再通过家庭"小诸葛"冯蔡同学的记录单一窥她活动习作的全貌。

"我为家庭解难题"行动记录单

| 寻找家庭难题 | | 爷爷戒烟难 |
|---|---|---|
| 行动方案 | 个人制定 | 1. 平时打开门窗，做好通风，散掉家里的烟味；<br>2. 找到爷爷藏的烟，没收；<br>3. 给爷爷买些蚕豆，等爷爷烟瘾犯时就让他吃蚕豆 |
| 行动方案 | 小组完善 | 实施办法——直接"销烟"法<br>1. 打开门窗通风，家人戴口罩防护，对房间进行大扫除，散掉家里的烟味；<br>2. 趁家里没人，找到爷爷藏烟的"窝点"，立即销毁；<br>3. 给爷爷送"安抚吸管"、蚕豆等缓解爷爷的烟瘾 |
| 记录实施过程 | |   周五晚上，我一进家门，一股呛人的烟味扑鼻而来，我打算立刻实施制定的"销烟"行动方案。<br>  我蹑手蹑脚地走进爷爷的房间，四下望了望，确定爷爷不在屋里，我马上戴上口罩，打开爷爷房间的窗户，迅速将椅子拉到书柜附近，伸手拉开书柜门，隔着口罩都闻到烟的迷人"芳香"。为了爷爷的健康，我将烟全部装进垃圾袋，一溜烟儿跑下楼扔进垃圾桶里，一股英雄气概油然而生：古有木兰战沙场，今有冯蔡为爷爷健康着想！<br>  晚上爷爷回来后，像往常一样打算回到房间"吞云吐雾"，可是怎么也找不到他的烟。我走到他身边说："爷爷，吸烟对身体有害，从今天开始，您要开始戒烟哟，如果想抽烟，我这里给您准备了'安抚吸管'，可以随时吸哟！"爷爷虽然百般无奈，但是没烟吸，也只能摇摇头："小孙女这还没长大就反了天了。" |
| 抒发心得感悟：分享—反思—成长 | |   这次戒烟行动进行得比较顺利，家里好几天都没有烟味了。正当我暗自高兴的时候，偶然发现爷爷躲在楼道窗户边抽烟，我真是哭笑不得。爷爷有点难为情地说："爷爷抽了大半辈子的烟，没有烟就过不好日子。好孙女，你得容爷爷慢慢戒。"看来这次行动没有取得圆满成功，但爷爷为了家人的健康，将抽烟场地从家里转移到了楼道里，也还算是我的功劳。不过，为了爷爷的健康着想，帮爷爷戒烟这件事，我还得进行到底！ |

关于"我为家庭解难题"的活动习作,从学生的记录单可以看到合作学习、行动研究等深度学习的全貌。学生提出的问题是建立在调查之上的真问题,想的是真办法,解决的是真困难,经历的是真学习、真习作、真成长。

## 第二节 劳动健康类——体育劳动中保健康

这里的"劳动健康类"活动习作,指的是将劳动、健康、体育等课程与习作教学融为一体的活动习作。这类活动习作的显著特点是活动基于真实情境,优势是将习作与学生核心素养的自主发展、社会参与两大领域贯通,促使学生在珍爱生命、健全人格、自我管理的健康生活素养方面,在劳动意识、问题解决、技术运用的实践创新素养方面获得全面、协调、可持续发展。因此,学生活动有兴趣,习作见成效。

### 一、在真实情境下参与活动

(一)感同身受,保证习作的真实性

平常的习作课,学生多数是依据教师或者课本提供的话题、命题、半命题进行习作。学生习作时,常用的方式是通过回忆、联想,调动已有的知识经验,在课上交流、课下加工。教师指导习作方法,学生读范文并进行模仿是课堂的主要活动,所以学生写出来的文章不乏套话和空话,甚至千篇一律,写自己亲身经历、真实感受的文章少之又少。而劳动健康类活动习作,是在学生经历了实实在在的劳动、真真切切的体育活动、切切实实的健康教育活动的基础上的习作,确保了习作素材和活动体验的真实性与独特性。

## （二）缓解压力，激发习作的动力

小学生天性好动，与坐在教室一本正经听课相比，他们更喜欢活动，尤其是室外活动。劳动、健康教育和体育课程属于运动、活动性课程，学生更是喜欢至极。拿体育课来说，如果无故取消，学生肯定会找老师理论。将这些活动与习作教学融合符合小学生的心智特点，让他们在尽情运动、游戏、玩耍、释放之后写出所观察到的、所体验到的，不但可以放松心情、调整心态、缓解压力，而且在激发学生习作的动力、树立其习作信心、使其体验习作的乐趣等方面都会起到积极作用。例如在心理健康体验活动之后，让学生"以我手写我心"，将自己的体验、困惑、心事甚至是消极情绪表达、抒发、宣泄出来，这种方式的习作融抒发情感、心理调适、情绪管控、语言表达为一体，意义非同寻常。

## （三）潜移默化，提升教师的能力

"劳动健康类"活动习作是根据学生的习作现状，结合习作中的某项训练点而有目的、有针对性地设计的活动教学，其要求教师有较高的综合素养，如创新性设计活动的素养、跨学科融合教材的素养、高效组织教学的素养。实践出真知，活动长才干。在多次活动习作中，教师和学生的创新意识、实践能力都会在潜移默化中得到螺旋式提升。

## 二、在多样化的习作中话健康

### （一）"团建"体验式活动习作

团建是团体心理测试的一种常用手段，一般指一个集体为了增强成员的团队意识和协作精神而举行的活动。在活动中，教师常常会组织一些需要成员共同协作完成的游戏，让大家在游戏中共同研究、思考、解决问题，从而实现同一个目标。在团建活动中，排除一些需要专门机构在专业场地进行的野外或高空项目，很多项目可以优化为活动习作，内容涉及体育运动、心理健康、协作劳动等方方面面。便于教师组织的活动一般可以分为两类：一类是室外游戏运动，如集体"毛毛虫"、数字计算抱团、老牛回头打酱油、袋鼠跳接力、背对背接力、障碍搬运、两人三足、渔夫捕鱼、双龙咬尾、踩石过河、击键盘、贴膏药、梅花桩、松鼠游戏等；另一类是室内游戏活动，如青蛙计算、击鼓传球、组句接力、传字接力、组画接力、发电报、搬椅子、画鬼脸等。这些活动深受学生喜欢，可以由语文老师单独组织，也可以和劳动老师、体育老师、健康老师共同组织。每项活动各有其独特的价值，从共性来看，这些活动既能增强学生的探究意识和竞争意识，又能锻炼学生的团队合作能力。活动结束后，由语文老师引导学生回忆并分享团建活动中的细节和发现，指导他们写下过程和感悟。每次侧重一点，比如场面描写，或者人物的语言、动作、神态、心理活动描写，或者活动感悟描写。我们主张一活动一体验，一体验一心得，日积月累，厚积薄发。

（二）设定主题活动习作

设定主题活动习作，可以理解为中国"项目式学习"和芬兰"现象教学"的精简版，也是学科融合活动习作最易操作的一种方式。家庭和学校是学生在义务教育阶段置身最久的两个场域，可以说是"最强教育场"，是"三个课堂"的拓展和延伸。一方面，学校教育以其组织性、计划性、系统性、能动性的优势，在培养目标、教育内容、教育方法方面发挥着主导和指导作用，属于第一、第二课堂场域；另一方面，家庭教育在"生活和做人同步""因材施教""遇物则诲""家风影响"等方面有着天然的优势，属于第三课堂场域，在对孩子教育方面的针对性、随机灵活性、连续继承性都无可替代。由此可见，学校教育和家庭教育只能相互补充，不能相互替代。学校教育和家庭教育中，学校的显性成分多，家庭的隐形成分多。我们可以通过一些家校合作的教学活动，让家庭教育中的隐形教育显现出来，变成可以被儿童理解并主动接受的教育。例如，周末以"家务劳动"为主题，安排孩子和父母互换角色，孩子扮演家长的角色去买菜、做饭，父母扮演孩子的角色打扫房间、养护花草,父母拍摄与孩子角色互换后做家务的短视频发送到家长群,教师线上组织观看交流,随后以这次活动为素材自拟题目,自主习作,自由表达。

### (三) 体育运动活动习作

"立德树人"是教育的根本任务,而"五育并举、五育融通"则是新时代对学校教育的要求。五育并举,就是德、智、体、美、劳并驾齐驱;五育融通,就是将德、智、体、美、劳有效地融会贯通。体育之重要,早从毛泽东在《体育之研究》所言的"文明其精神,野蛮其体魄"中可鉴知。体育教育不单指体育运动,还包括对体育的了解和理解,如了解体育发展史,了解体育健康常识,理解体育对人、对社会、对国家的意义,将体育融进活动习作中。

除了学校组织的大型体育竞赛活动,利于习作的还有一些传统体育活动,如拔河、踢毽子、跳皮筋、跳大绳、滚铁环、丢沙包、掰手腕、老鹰捉小鸡等。这些活动深受学生喜欢,易于组织,教师只需根据学生学段的特点提出不同层次的习作要求,进行恰当点拨以让学生写出感悟,充分显现体育活动对习作的促进作用。另外,体育课上的内容也可以习作,比如高年级学生学习《接力赛跑》,可以分四步进行:第一步,介绍接力赛的发展史,认识接力赛跑的器材,了解接力赛的基本规则、参与人数和比赛技巧。第二步,掌握比赛技巧后分组竞赛。第三步,分享感受与收获。第四步,指导习作,可以选择一两个重点去写。比如老师怎么教、怎么示范,学生怎么学、怎么训练。此外,还可以重点记录比赛的过程。教师指导学生观察细节,并运用全景式和特写式相结合的描写方法,写出现场的热闹和比赛的紧张、激烈。这种方式不仅使学生掌握了"接力赛跑"这一运动项目的专业知识和比赛技巧,还培养了学生的团队合作意识和竞争意识,同时丰富了学生的习作素材库,一举多得。

下面是一节由心理学导师和语文老师共同执教的劳动健康类"体验式活动习作"课例。

## 心中的"褶皱"

**【活动设计】**

学生之间产生误会、摩擦甚至小冲突实属正常,因为他们尚在成长中。可是随着年龄的增长,学生的自我意识、自尊心越来越强,有些误会、摩擦、小冲突会伤害到同学,在他/她心中留下"褶皱"。那么,如何引导经常有意或无意伤害别人的同学多站在对方的角度思考问题、改正不当言行?如何最大限度抚平受伤害学生的心灵"褶皱"?带着这些问题,我们为五年级学生设计了这节体验式的心理健康教育活动习作,由心理学老师执教心理健康教育部分,语文老师引导学生自主习作。课堂以"解手链与掰拳头""白纸变褶皱""寻找心中的褶皱""学会抚平褶皱""学生自主习作"五项活动推进教学,让学生在观察、体验和习作中领悟如何与人友好相处,如何抚平心中的"褶皱"。

**【执教年级】** 五年级

**【执教老师】** 田青、刘小庆

**【活动准备】** 一张画有"小明"卡通简笔画的大纸,其中小明不代表班上任何一位同学。

**【教学时间】** 两课时

**【课堂缩放】**

### 活动一:"解手链"与"掰拳头"

(1)解手链。

第一步,每8个学生为一组,手拉手围成一个向心圆,记住最初的状态;第二步,所有人把双手放开再环抱于胸前,保持这个姿势牵住相邻伙伴的手;第三步,在手不松开的前提下,想办法恢复到最初"手拉手向心圆"的状态。

(这个环节,一能拉近学生心灵的距离,二能考验大家做事专心的程度,三能增强团队协作的意识。)

(2)掰拳头。

两人一组,一人握紧拳头,另一人想办法打开对方的拳头。

（这个环节能让学生体会到越使劲掰，条件反射下对方拳头握得越紧，从而意识到"硬碰硬"或者"以暴制暴"不一定是解决问题的最好方式。解决问题有多种方法，要有智慧地去寻找和选择。）

### 活动二：白纸变褶皱

（1）讲述"小明"的故事。

教师出示一张画有"小明"的大纸并介绍："小明"是一个中途从其他学校转学过来的学生，家离学校远，由于偶尔迟到、作业书写乱等，不受大家欢迎。

（2）引导学生想象。

"小明"可能会听到哪些伤害性的评论？（学生每列举一条伤害性的话语，教师就把画有"小明"的大纸团一点，直到把它团成一个球。）

（3）揣摩人物内心。

"小明"怎么了？这样的"小明"会感受到班集体的温暖吗？（学生表示："小明"变成了一个"球"，很难受，他没有感受到集体的温暖。）

（4）温暖"小明"。

我们可以说些什么、做些什么来帮助"小明"找到归属感？（主动做他的好朋友，帮助他不迟到，改进作业书写，等等。学生每说一条建议，教师就把纸抚平一些。）

（5）观察"褶皱"。

教师将大纸一点点摊开抚平让学生观察："小明"的褶皱会被完全抚平到当初的状态吗？引导学生说一说。

### 活动三：寻找心中的"褶皱"

（1）记录心中的"褶皱"。

每个人心灵深处都有一些"褶皱"，这些"褶皱"就像现在的小明一样，可能永远抚不平、忘不掉。请在便利贴上写下自己心中的"褶皱"。

（2）分享心中的"褶皱"。

请有共鸣的学生相机补充，在分享互动中认识到有时不起眼的一句话、不经意的一个动作可能会对别人造成莫大的伤害。

### 活动四：学会抚平"褶皱"

（1）抚平他人的"褶皱"。

1）谈感受：以后与别人沟通时要注意什么？（站在对方角度考虑，注意沟通的艺术和礼仪。）

2）如果发现有同学就像"小明"一样心里满是"褶皱"，该怎样帮助他？（把这些主意写在便利贴上，贴在黑板上。）

（2）抚平自己的"褶皱"。

1）如果你心中有"褶皱"，会怎么办？（把这些主意写在便利贴上，贴在自己的胸口，并将手掌摊开，摸着心，闭眼轻轻地对自己说："没事了，一切都过去了，我挺好，他/她不是故意的。"）

2）教师小结：良言一句三冬暖，我们在与人交往、沟通时，要设身处地为他人着想，不说伤害他人的话，不做伤害他人的事。如果自己受到伤害，也要学会抚平心中的"褶皱"，保护好自己。

### 活动五：学生自主习作

教师指导学生可以就整堂课写自己的感悟与收获，也可以任选"'解手链'与'掰拳头'""白纸变'褶皱'""寻找心中的'褶皱'""学会抚平'褶皱'"四项活动中的一项活动作为重点来完成一篇习作，题目自拟。

【课例启示】用习作将"褶皱"串成"项链"

（1）"褶皱"引起反思。

经过这节课之后，我们在为学生的习作感到欣喜的同时，也发现了隐藏在学生当中的纷争及深埋在学生心中的"褶皱"不容小觑。校园里的每颗心灵都需要呵护，每颗受伤的心灵都需要抚慰。抚平"褶皱"对于学生的身心健康，乃至如何面对漫长人生路上的波折都有长远意义。因此，学生学会与人相处、学会抚慰自己和他人的教育迫在眉睫，刻不容缓。

褶皱一："挖苦"引哄笑

一位同学写到班上有人看到同桌玩耍时不慎把脚踩进了小鱼池，上学后坐在座位上不停捣鼓湿透了的裤腿和鞋袜，便挖苦道："大家快看，都这

## 活动习作——让成长出彩

大的人了,还抠脚趾头呢!"周围的同学笑得前仰后合。

**褶皱二:"高海拔"被嘲笑**

一位高个儿女生写到她曾经有很长一段时间很郁闷,课间不说话,也不和同学玩耍,几乎没有笑容,原因是有位同学在班上说她"四肢发达,头脑简单"。她还写道:"我在无数个夜晚想了无数狠毒的语言攻击他,攻击到他无地自容,但我不忍心说出口,因为我深知,这样会严重伤害他的自尊。"

**褶皱三:"优秀"遭嫉妒**

无形的伤害不只来自语言,还有同学的孤立和嫉妒。一位同学写到学校要举行朗诵大赛,她被老师选中领诵,在排练时却遭到后排几位同学的议论。她在文中写道:"原来和我一起竞争领诵的同学因为落选而在背后跟几个同学对我指指点点,知道这件事后我很伤心,哭了。"

**褶皱四:身上有"味"惹嫌弃**

人的语言有时粘着蜂蜜,有时裹着毒液。一位同学记叙了她为班里一位胖男孩打抱不平的事。胖男孩爱出汗,身上有气味,遭同学嫌弃,没人愿意跟他做同桌。有人趁他请假的时候搞恶作剧,把他的笔袋涂得花花绿绿的。这位同学实在看不下去了,上前和搞恶作剧的同学理论了起来。

**褶皱五:被老师误会,遭同学讥笑**

矛盾的产生多数是因为误会,所以,我们一定要学会控制自己的情绪,不要去伤害他人。有位同学回忆了自己在三年级一节美术课上,因和同桌讨论美术话题被老师误解为说闲话而被批评,后来老师道了歉并提醒他和同学讨论问题要在老师的组织下进行,否则会打扰到别人。原以为事情结束了,谁知,课间他却遭到一位同学的语言攻击:"你以为你是班长就了不起,就可以在课堂上捣乱吗?"老师的道歉和同学的挑衅攻击形成巨大反差,给他心里留下深深的"褶皱"。

语言的伤害看不见、摸不着,但往往伤人到骨子里。引导学生说话注意方式,并敢于撕开伤疤,直面伤口,直面心中的"褶皱",是对学生心理健康成长教育的第一步,这也是这次学生活动习作带给我们的反思。

(2)习作,将"褶皱"串成"项链"。

翻开学生的习作,鲜活的生命在字里行间跃动,殷若涵同学写下了自己的体悟:

我们在今后的日子里，开玩笑要掌握分寸，要尊重别人，多考虑别人的感受，话说出口以前，请一定先思量三分，"包装"一下，让这句话更动听一点，更暖人一点。同样，在需要指出别人的缺点和不足时，务必私下单独去说，否则会让别人很难堪。

他菁淼同学记录下了暖心的一幕：

美术课上，老师要求大家起立，×××同学没有站起来，老师皱了皱眉严肃地说："那位同学，你怎么不站起来？难道你一点礼貌都没有吗？"同学们不好意思地指了指他的右腿，这时老师眯着眼睛才看清楚他的腿，原来那位同学的腿骨折了。老师的语气立刻温和了下来，对那位同学说："同学，我没有看清楚你的腿，对不起啊！"说完，老师鞠了一躬。看到这一举动，我怔了怔：那位同学曾经被同学孤立，没想到现在老师竟向他道歉。

冯蔡同学认为成长中有"褶皱"，是一种损失，也是一种获得：

有些"小乌云"不会影响太久的蓝天！我们要始终保持积极乐观的心态，就像鼎鼎有名的大词人苏轼虽然遭受了多次罢官和贬谪，但他总能调整好自己的心态，赶走心里的"乌云"。被贬到黄州时他爱上了那里的猪肉，贬到惠州时爱上了那里的荔枝，贬到海南时爱上了那里的生蚝。苏轼的词总是积极乐观："莫听穿林打叶声，何妨吟啸且徐行。竹杖芒鞋轻胜马，谁怕？一蓑烟雨任平生！"所以，我们要铸好心灵的盾牌，不要让"小乌云"影响太久！

心中的"褶皱"是他人的歧视、嘲讽、羞辱、孤立、疏远和漠不关心等言行，致使心灵受到伤害。心中的"褶皱"发生于细微而伤人于无形，它会以一种无法言说的压力将学生孤立起来，甚至造成心理阴影。刘欣妍同学的《成长路上的"脆弱"》让我们了解到学生之间那种单纯的"复杂"，并看到一颗幼小的心灵曾经被另一些幼小的心灵伤害之后，依然那么善良和坚强：

记得在二年级的时候，我和几个同学在回家的路上一起走，有一个同学从兜里拿出零食，并在大家面前晃了晃，接着她逐个将巧克力分给每位小朋友，但是唯独不分给我。她走到我这里说："还剩两个巧克力，不分了，这块巧克力要和家里剩余的合在一起，下午还可以分给大家。"我心想：她可能想让大家嘲笑我。想到这里我没有出声，表面还装作什么事都没发生一样，依然随着大家向前走。这时，有的人说："你没有巧克力，就不要和我们一起走了。"几个小朋友在旁边窃窃私语,说的都是嘲笑、讽刺的话:"还有巧克力啊?""就她小个子还想吃?""我才不要和这样的人一起吃巧克力""唉!她要长相没长相,还理她干啥!大家都不要跟她玩了。"大家都信口开河,仿佛少说一句挖苦的话就会掉二两肉一样。想想平时大家在一起玩,我分享好吃的时候,就是自己不吃也从来不会落下一个人的。妈妈总跟我说,好吃的要和大家分享。为什么他们吃我的零食,却不给我吃他们的零食?不给就算了,还说我的坏话!这让我太难过了。那时候,委屈涌上我的心头,豆大的泪水一滴滴滑落衣间。我想要追上他们,跟他们和好,一起玩。但是大家三三两两,一见到我就跑开,还朝我做鬼脸,我无可奈何,只好含泪一个人回家。当时,我感觉天空阴沉沉的,嫩绿的小草也垂头丧气,我整个人像泄了气的皮球一样。

后来,有几个小朋友向我道歉了。可是这件事情却深深地印在我的心里。现在我觉得:小朋友分享不分享东西是他的自由,给谁不给谁也很正常,吃不到巧克力也没啥。那个没分给我的小朋友可能当时不喜欢我,其他小朋友吃了别人的嘴短,只能加入欺负人的行列。只是当时被大家孤立和遗弃的感觉很难受,当时自己也不会换个角度看待这件事,不知道怎么处理。通过这节课的学习,我知道了:不要嘲笑别人,自己不经意的一句话可能会对别人产生巨大的影响,同时,每个人要懂得换位思考,理解别人,也不要忘记善待自己。

劳动健康类活动习作的育人功能无疑是强大的,充分体现了"习作即习德"的理念。具体到这节"体验式活动习作"课例,至少有两个意义:一是让教师深切感受到日常教学中贯穿"善待他人、善待家人、善待自己"教育的意义;二是让学生发现,原来习作并不难,把心中的"褶皱"用文字串起来,也可以成为珍贵的"项链"。

## 第三节 数学科学类——数理结合中求真理

"数学科学类"活动习作,就是将数学、科学与习作教学融为一体的活动习作。教师指导学生用数学知识解决生活中的问题，或者组织科学小实验、科学新发现、科技小创作等活动，并运用这些创造性、探索性的素材进行习作，在活动习作中培养学生的理性思维以及敢于批判质疑、勇于探究的科学精神。

## 一、参与探索发现类的活动

### （一）参与数学探究活动

中国科学院院士张恭庆说过，数学既是一种文化、一种"思想的体操"，更是现代理性文化的核心。马克思说："一门科学只有当它达到了能够成功地运用数学时，才算真正发展了。"[1] 在前几次科技革命中，数学大都起到先导和支柱作用。数学作为一门研究数量关系与空间形式（即"数"与"形"）的学科，具有高度的抽象性、严密的逻辑性、精确的描述性、广泛的应用性。其学习离不开计算、推理、验证等科学严谨的方法。小学数学课程设置的内容与学生生活息息相关，既具有严谨、严密、准确的学科特点，又蕴含着求真尚理、滋养情感、淬炼精神的人文生态；既有对数字、公式、法则的应用，又有数学文化、数学思想和数学传统的无声渗透。利用数学资源，挖掘数学特质并将其融入习作教学中，让学生关注数学发展史，发现生活中的数学现象，用数学解决实际问题，借助数学分析方法，培养学生在理性思考架构下的人生观和人文素养，达到"数学人文两相宜"的境界。

在数学教学中可以设计观察、推测、实践、交流等探究性活动，作为素材指导学生习作，使数学学习和习作训练相互促进，尤其能够增强学生习作中的逻辑思维和理性表达能力。北京师范大学版小学数学教材中的秋游、摸球游戏、比身高、买菜、街心广场、人口普查、去图书馆、参观花圃等内容，紧紧围绕生活，活动性强，都可以和习作相融合。在学习四年级上册《从结绳计数说起》时，可通过"探究""体验""练习""拓展"四个活

---

[1] 张恭庆：《数学是现代理性文化的核心解析》，https：//max.book118.com/html/2016/1106/61545614.shtm，2016年11月6日。

## 活动习作 ——让成长出彩

动,让学生了解人类远古时代的石子计数、结绳计数、刻痕计数,5000年前的古埃及象形数字、玛雅数字、中国筹算数码,现在的阿拉伯数字。在"体验"环节,让学生模仿古人,用石子计数、结绳计数,让同桌判断并推测古人还可能用什么方式计数,再演示给同桌,让其判断数字,互相谈谈这样计数的合理性,最后把自己想象古人计数的一个小场景写下来。这样,学生的思维被激活,在习作中容易生成创新点。学生会意识到原来结绳、石块、算筹、算盘、计算尺、手摇计算器等都是计算工具,从原始社会到现在,从粗糙到精确,不仅象征着技术的发展,也意味着数学理性精神的发扬。古人用原始的工具计数、计算,看似愚笨,实则是一种走向聪明的发端。从计算工具的发展史中,学生可以窥见数学工具意蕴十足的历史变迁,从而引发对现代社会文明发展的思考。

### (二)参与科学探究活动

科学是一个建立在可检验的解释和对客观事物的形式、组织等进行预测的有序知识系统。科学既是真理的知识体系,也是一种社会建制,更是一种文化活动、一种信念,还是一种实践方式。[①] 小学科学课是对小学生进行科学启蒙教育,培养科学习惯、培植科学精神的课程。其内容包括自然现象、生活常识、天文、地理、生物、宇宙等方方面面,课程具有活动性、实践性,主要是以观察、动手、实验等为主的探究性活动教学,符合小学生的天性。我们可以以科学教材为依托,设计一些探究性的科学小游戏或者科学实验让学生参与其中,把在活动中观察到的现象、发现的问题、采取的对策、实验的过程、得出的数据或结论、带来的启示等内容记录下来,这些都是有意思、有价值的习作。

日本"科学推广人"、儿童喜爱的"实验伯伯"后藤道夫的著作《让孩子着迷的77×2个经典科学游戏》深受世界各国小朋友喜欢。我们可以根据学生的知识储备选择有意思的游戏,带领学生在玩中探索、发现,在

---

[①] 参见《院士"科学三问"开启精彩科普日》,https://baijiahao.baidu.com/s?id=1678434395060950658&wfr=spider&for=pc。

玩中动脑思考，并用文字记录下来，学生的探究能力和写作能力将得到同步提升。

## 二、实践中"明真理""写真思"

### （一）数据分析活动习作

新课程改革强调关注学科之间的联系与融合，语文偏重工具性和人文性，而数学则偏重于科学性和逻辑性。就知识本身而言，数学概念、定理、公式对学生来说是抽象的、枯燥的，但如果借助语文的相关知识来理解，就会使数学学习变得生动有趣。[①] 数据分析活动习作就是指导学生从生活中发现数学现象、数学问题，通过数据计算和分析得出结论或解决问题，并将过程和思考用文字记录下来。这样既能使抽象的、冰冷的数字和数学知识形象化、趣味化，又能使习作更加科学化、更具说服力。例如从学校举办的"明眸皓齿"活动中，学生可以发现一些科学数据。如何"明眸"？首先，调查班上同学的近视率，与其他班级或者全校近视率对比得出结论。其次，学习科学护眼的一些带有数据的方法，如读书写字做到哪"三个一"，看手机、电视的距离与屏幕大小比例多少适宜，眼睛注视多长时间需要休息。进行类似的数据搜集和分析，会大大提升学生习作内容的理性和科学性，也促使学生理性认识"明眸皓齿"活动的意义。

走进生活，我们会发现，数学现象和问题比比皆是。年轻的数学老师王柳喜欢跟我聊教学中诸如"如何激发学生学数学的兴趣""如何在数学课上训练学生的思维"等困惑。在交流中，我帮他拟定了"数学口语表达"的研究方向，他也长期参与我工作室的活动。大概受"活动习作"的浸染，他尝试指导学生用文字记录数学思维过程。一位同学看到几名运动员在环形跑道上赛跑，心中便产生疑惑：为什么400米跑步比赛时每个选手的起跑位置不一样？相邻两名运动员起跑位置相差多少？他把发现这一问题及数学计算

---

[①] 参见董淑珍《从数学与语文学科的融合说起》，载《教育科研论坛》2009年第9期。

的过程连接起来，写成了一篇引人思考的文章。另一位同学和爸爸去餐馆，点了一份12寸①的披萨，服务员告诉他店里没有12寸的披萨，建议换成两份6寸的披萨。该同学沉思片刻，觉得两份6寸披萨并不等价于一份12寸披萨，便拒绝了服务员的建议。这位同学把事情经过以及对6寸披萨和12寸披萨的面积、体积的计算过程记录成了一篇发人深省的文章。

再看看其他同学文章的题目：《纳税零距离》《选一个心仪的文具袋》《巧解修路问题》《商家的"套路"》《经济问题中的成本利润问题》《巧用压岁钱理财》《货比三家》《周年庆典优惠多》，都跳出了以往习作偏感性、盲目追求辞藻和抒情的"套路"，呈现出多元化和发散性的特点。这些文章既有叙事、图表分析和案例计算，还有拓展延伸、结论反思，等等。这些习作的价值更在于学生用文字再现了运用数学知识分析问题、解决问题的过程，而写作的过程，则是对数学能力的巩固和强化。

六年级（1）班的杜若萱同学将与爷爷、奶奶比年龄的过程写成一篇文章：

## "比"年龄
### —— 一个关于"比"的问题

每一个人都会经历生老病死的过程，年龄就是对这一过程的记录。

在家里，我常常和家人讨论年龄问题。有一天早上，爷爷说："今天是星期三，明天就是我的生日了！"我好奇地问："爷爷，您今年多少岁了？"爷爷卖了个关子："你跟我的年龄比是1∶6，我们俩的年龄之和为84，你自己算算吧！"没过一会儿我就算出了结果，爷爷对我竖起了大拇指。奶奶说："我的乖孙女，你来算算我的年龄吧。""没问题，奶奶您说，难不住我的。"我拍着胸脯爽快地答应了。奶奶说："三年后我和你爷爷的年龄比是14∶15，和你的年龄比是14∶3，咱们三个人的年龄总和是160，而你现在的年龄和以前的年龄不一样。"不一会儿工夫，我就算出了奶奶现在的年龄，奶奶高兴得合不拢嘴，直夸我脑瓜子灵。

我是怎样算出来呢？继续往下阅读。

---

① 1寸=2.54厘米，12寸的披萨即直径为30.48厘米的披萨。

第三章
学科融合的活动习作

【图示分析】

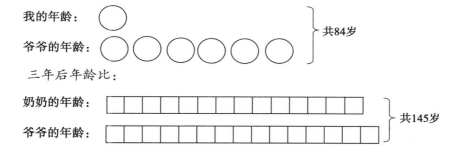

【解答过程】

① 爷爷的年龄：

一份量：84÷（1+6）=12（岁）

爷爷是 6 份：12×6=72（岁）

② 奶奶的年龄：

三年后年龄比：

爷爷 ： 奶奶 ： 我

15 ： 14

　　　　 14 ： 3

———————————————

15 ： 14 ： 3

一份量：160÷（15+14+3）=5（岁）

奶奶是 14 份：5×14=70（岁）

奶奶现在的年龄：70−3=67（岁）

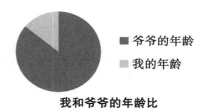

**我和爷爷的年龄比**

**爷爷、奶奶、我的年龄比**

【结论】

连比时可以用份数表示各数量，再找出中间量，利用比的基本性质，使中间量在两个比中的份数相等，然后改为连比。

## （二）科学实验活动习作

科学实验是指根据一定目的，运用一定的仪器、设备等物质手段，在人工控制的条件下，观察、研究自然现象及其规律性的社会实践形式，是获取

117

## 活动习作 ——让成长出彩

经验事实和检验科学假说、理论真理性的重要途径。① 所以，很多科学实验具有一定的神秘性和趣味性。对于教育科学出版社三年级下册《科学》第一单元"物体的运动"的第6课《比较相同时间内运动的快慢》，活动习作可以写其实验探究的过程；第7课《我们的"过山车"》是活动课，活动习作可以写其活动体验。第二单元"动物的一生"一共有8课，教学活动可以伴随着养蚕活动，让学生就蚕的成长变化写成周记，也可把蚕的一生写成一篇大习作。第三单元"太阳、地球和月球"的第2课《阳光下物体的影子》是活动课，可以让学生制作简易日晷，观测阳光下物体影子的变化并进行习作；在第4课《月相变化的规律》上，可以引导学生用自己的方式表现月相的变化，比如用夹心饼干、橡皮泥、泡泡泥制作月相变化的模型，用彩笔画出月相变化的规律，然后进行习作；对于第5课《月球——地球的卫星》，可以让学生在家里找到大小不同的球形物体，在装了面粉或沙子的盘子里做出月坑（环形山），针对科学活动，引导学生习作。

爱迪生痴迷于科学，源于妈妈送给他的科学实验书；爱因斯坦对科学的兴趣，源于爸爸给他的指南针。除了科学书里的实验，我们还可以指导学生做一些科学游戏，学生会发现小小的科学原理能创造出让人眼前一亮的奇迹。

对于学生比较熟悉的科学游戏，例如"神奇小毛巾""大可乐瓶里有喷泉""汽水火山爆发""杯子倒立不漏水""卫生筷大力士"等游戏，可以指导他们写看到的现象和科学原理。对于学生比较陌生的科学游戏，例如"硬币金鸡独立""水杯叠罗汉""硬币会唱歌""易拉罐散步""掉不下来的硬币""电力秋千""西红柿电池""轻松打开结""用牛奶盒做直升机"等游戏，可以重点指导他们介绍游戏的过程。当然还有一些可以随时随地玩的科学游戏，例如，让学生面对墙壁，脚尖紧紧抵住墙壁站立，使劲踮起脚尖试试看是什么情况。这类游戏虽然轻而易举，结果却出乎意料，最容易引发学生的好奇心、打开学生的"话匣子"，适合在第二学段伴随习作进行。

在实践中我们发现，多数学生一旦对科学游戏、实验有深刻体验，就像

---

① 参见张贤、杨三乐、唐佳南《低段科学课实验教学的整合》，载《小学科学（教师版）》2019年第7期。

对魔术那般痴迷。很多家长反映，开展科学游戏那段时间，孩子的房间总是"一片狼藉"，毛巾、一次性杯子、鸡蛋、筷子、勺子、蜡烛、牙签、易拉罐、硬币、吸管、食盐等摆满了书桌，甚至铺满一床，动手实验之后写文章就有话可写，也容易写出新意。

（三）主题探究活动习作

从某种意义上讲，传统的分科教学割裂了学生对世界的整体认识，而主题教学注重跨学科之间的融合和知识整合，在当前的教育改革中发挥着越来越重要的作用。[①] 主题探究活动需要多学科教师合作起来，设计一个完整的主题教学活动方案并协作完成。数学科学主题探究活动习作的开展，有利于学生学到更为全面的知识，形成更为系统的思维，练就更为综合的能力。我工作室的数学老师、科学老师、语文老师曾经合作设计过一次主题探究活动习作——《蚕宝宝的一生》，科学老师指导学生养蚕，对蚕生长的不同时期进行观察，研究蚕的食物（桑叶的形状、颜色、生长地区、蚕每天的摄入量等）、研究适宜蚕生活的环境（温度、湿度、阳光等）、蚕生长变化的过程、生理结构（卵、幼虫、蛹和成虫）；数学老师指导学生做好测量（长度、温度）、做好计算（加减乘除、百分比）、做好记录（文字或图表）；语文老师指导学生采用观察、记录和记叙的方法予以习作。这次主题探究活动持续了两个月，师生参与热情高，学生对动植物科普知识的兴趣、观察生活的意识以及用文字记录生活的习惯都得到了很好的培植。下面展示工作室的一节科学实验活动习作课例。

## 会吹气的瓶子

【活动设计】

《会吹气的瓶子》这节课是基于小学第三学段学生对科学实验具备一定的认知，将学生动手实验与习作训练融合的一节跨学科习作研究课。教学以

---

① 参见谭梅、杨叶《小学低段跨学科主题教学设计探究》，载《教育与教学研究》2018年第1期。

"多感官认识实验材料""多角度猜测实验现象""全身心体验实验乐趣""抓重点精准指导练笔""选代表分享精彩片段"五项活动为主,环环相扣。这样设计的目的,一方面是让学生在观察、实验、思考等体验活动中提高写作能力,另一方面是引导学生树立"科学结论需要反复验证和正视失败"的科学精神,学会用积极乐观的心态面对挑战与失败。

【执教年级】六年级

【执教老师】张莹

【活动准备】两人为一小组,每组准备:白醋一瓶、小苏打 50 克、气球 1 个、550 ml 空矿泉水瓶 1 个、塑料小勺 1 个、托盘 1 个。

【教学时间】两课时

【课堂缩放】

**活动一:多感官认识实验材料**

(1)多感官认识。

教师指导学生通过看、摸、闻,多感官认识小苏打和白醋的颜色、形状、气味。(温馨提示:不能随意品尝实验材料,有些可触摸的材料必须在老师的指导下触摸!)

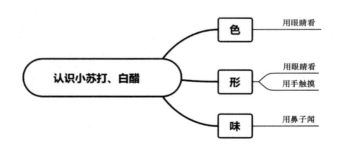

(2)立体化描述。

1)教师指导学生用语言描述。

师:盘子里的小苏打像月光下的戈壁滩,让人不禁联想到"大漠沙如雪"。看到白醋和小苏打,你们还能想到什么呢?

生1:小苏打呈白色粉末状,手感粗糙,好似一捧细沙。

生2:白醋呈无色透明状,摸起来像水一样细腻柔和,但味道却十分酸涩、刺鼻。

　　…………

　　2）总结梳理。通过学生的回答，梳理出立体化描述的方法——用比喻等修辞手法描述小苏打和白醋的色、形、味的特点。

**活动二：多角度猜测实验现象**

（1）教师引导学生大胆想象与猜测。

如果把装有小苏打的气球套在盛着白醋的瓶子上，将气球里的小苏打抖落到白醋中，会怎样呢？

（2）鼓励学生合理想象，引导学生发散思维。

**活动三：全身心体验实验乐趣**

（1）师生合作演示实验。

邀请一位小助手上台与老师共同完成实验，请其他同学观察实验现象，记录实验步骤，了解实验结果。

### 实验步骤

（2）分组实验。

1）指导学生两个人一组开展实验，用心观察和体验实验过程与结果。

（实验中学生情绪高涨，气氛热烈，观课教师如沐春风，很快被感染。）

2）教师带领学生回顾实验过程，共同探究实验原理：小苏打和白醋混合后产生的大量气体是二氧化碳，二氧化碳不断往上冲，将气球吹大。

**活动四：抓重点精准指导练笔**

（1）"创意实验"猜想。

继续用以上几种材料，设计"创意实验"并猜想实验现象，说一说。

（2）围绕实验练说。

说一说实验的过程、实验过程中的小插曲、实验操作中的失败、实验的乐趣和启示。

（3）指导学生片段练笔。

指导学生自选角度，围绕实验的一个方面写具体、写生动。

侧重点一：实验过程

侧重点二：实验中的小插曲

侧重点三：操作失败的反思

侧重点四：实验的乐趣和启示

…………

**活动五：选代表分享精彩片段**

（1）当堂分享，点拨习作。

1）从不同视角的练笔中各选一名学生的作品进行分享。

2）引导学生欣赏练笔的精彩之处，完善、修改不足之处。

（2）总结课堂，布置作业。

1）回家后，在大人的陪伴下继续做自己喜欢的科学小实验。

2）将课堂片段完善为一篇习作，并拟一个新颖的题目。

**【课例启示】科学活动的多元体验生成充满灵动的习作**

人类最早认识自然规律使用的方法就是观察法和归纳法。从人的认识规律来看，认识是主体对客体的能动反映，实践对认识起决定作用。活动习作教学中的实验就是一种实践，场域中的身心体验是激发主体情感，并将其转化为认知和表达经验的过程，更是一种提升表达能力的重要途径。这节科学实验活动习作课不同于以获取间接经验为主的常规课，它以生活中的科学现象为源，指导学生通过亲身参与系列活动，获取身心体验之后再进行习作。"会吹气的瓶子"的实验神奇有趣，贴近学生的生活实际，在实验的探究及多元体验中充分融入了对学生洞察力、创造力、探究力、表达力的培养。

（1）科学的洞察力，源自身心体验中的全方位感知。

洞察力，通俗地讲就是先观察事物现象，再透过现象看本质的能力，是将发现问题、分析问题由无意识变为有意识的能力。小学生的洞察力尚在启蒙阶段，这节课通过系列活动培植学生的洞察力，以期在口头和书面表达上体现出来。

第一，教会学生通过看、摸、闻的方法，多感官认识实验材料；第二，引导学生用科学的方法推测事实真相，从多角度猜测实验现象的过程中认识到"猜测"不等同于"瞎猜"；第三，教学从演示实验到分组实验，从了解实验步骤到身心体验实验的乐趣；第四，列举四个侧重点，从"猜"到"说"到"写"，步步为营，精准指导练笔；第五，从不同视角的练笔中挑选学生代表分享习作片段。五项活动，从设计到教学都渗透着科学思想、科学思维，侧重于方法指导和主动探索，以此培养学生科学的洞察力。而这些活动如同施了法力的芭蕉扇，把学生的发现欲、尝试欲、创造欲和表达欲扇得旺旺的。法国思想家罗兰·巴特说过："我不喜欢单调的东西。你瞧万花筒多有趣，只要稍微动一动，那些五彩的碎玻璃就能形成新的花式。"这节课正好就是将五颜六色的"会吹气的瓶子"聚集在一起，让课堂的"万花筒"绚烂绽放。学生在课堂上身心放松、思维碰撞、灵感闪现，最终完成了基于实践体验的文字创作。

（2）科学的创造力，源自身心体验中的大胆猜想。

人们习惯对事物做出"非对即错"的判断，一些教师也习惯给学生预设答案，而预设答案恰恰剥夺了学生选择和探索的机会。在这节课上，教师两次引导学生对实验进行大胆猜想。实验前，教师描述实验步骤，启发学生多角度猜测实验现象和结果，学生脑洞大开，迸射出绚丽的火花。

**【"思维训练"教学活动片段——多角度猜测实验现象】**
指导策略：引发猜测—持续引导—点拨升华

师：牛顿说，没有大胆的预测，就没有伟大的发现。请同学们猜测一下：如果先在气球里装入小苏打，再把气球套在盛有白醋的瓶子上，最后将气球里的小苏打抖落到白醋中，会发生什么现象？

生1：可能会产生气泡。

师：你真会猜！这种现象很有可能发生，大家继续猜想。

生2：如果有气体产生的话，气球就会被吹起来。

## 活动习作——让成长出彩

师：你采用了逻辑推理，老师佩服你的思维能力！

生3：如果有气体产生的话，气球说不准会爆炸。（一些学生眼睛瞪得圆圆的，嘴巴张得大大的，有的七嘴八舌地议论了起来。）

师：你顺着前面同学的思路又推测到另一种可能，为你的求异思维点赞！如果有这种可能，大家实验时千万要注意安全哟！大家的猜测是否科学？下面我们通过实验来检验。

在科学知识的探索中，假设和验证是两个必要环节，从上面"引发猜测—持续引导—点拨升华"的实施过程来看，这一环节为实验的"假设"阶段。在教师的引导下，学生思维活跃，热情高涨，逻辑思维、发散思维、求异思维都得到了有效的训练，同时也"引活"了习作思路。

在师生通过实验、讨论弄清实验原理之后，教师又设计了这样一个更具发散性的猜想活动：

**【思维训练教学活动片段——"创意实验"猜想】**

指导策略：点燃思维—唤醒创意—顺学巧导

师：实验原理我们已经弄清楚了，如果继续用这几种材料，大家还可以设计出什么好玩的、有创意的实验？

生1：如果小苏打和白醋足够多，是不是就可以吹起更大的气球？比如像桌子一样大、像房间一样大、像教室一样大的气球。（实验室瞬间炸开了锅，学生有的发出"哇"的惊叹，有的说"对、就是"表示赞同。）

师：你的想象力真丰富，推测也很科学。如果一直供给小苏打和白醋，会出现什么情况？你继续推测。

生1：气球就会越吹越大，无限大。（教师为这位学生竖起大拇指，全班鼓掌。）

生2：如果不断提供小苏打和白醋，还可以制造一种推助器，就像为航天飞机发射提供推力的助推器一样。（教师频频点头以示赞同。）

生3：给一口大缸盖上一块玻璃，缸里足够多的小苏打和白醋混合之后，玻璃是否会变成武器？（学生又发出"呀"的惊叹声。）

师：这么厉害！那一定是一款威力无比的"杀伤武器"。大家刚才的创意猜想也让老师浮想联翩：要是宇宙中真有一款无限大的气球，那会是一番什么景象呢?(学生笑出了声)猜想给同学们带来了无限创意,老师为你们点赞!

(部分学生还沉浸在"杀伤武器""巨型气球"的冥想中,有的干脆与同桌议论了起来,教师等待片刻后做了暂停的手势。)

在"创意实验猜想"这一教学环节,教师通过"点燃思维—唤醒创意—顺学巧导",让原本"板着面孔"的科学实验变得"色彩斑斓",学生的高阶思维能力如创新能力、问题求解能力、决策力和批判性思维能力等得到培养,习作呈现更多的可能性。从这节课可见,只要具备了科学探索的意识,学生的创造力就会被激发,思维、想象如同点燃的烟花,流光溢彩,课堂好似绚烂的夜空,火树银花。

(3)科学的探究力,源自身心体验中的永不言败。

看到每个瓶子都会吹气球的时候,学生欢呼雀跃,喜形于色。可是,在日常教学中,我们会不会有意识地关注到"不会吹气的瓶子"和"失落的气球"?在这节课的实验环节,教师"察言观色",发现"失落的气球",并进行了耐心的、生成性的引导。教学现场如下:

【"捕捉细节"教学活动片段——鼓舞"不会吹气的瓶子"】

指导策略:发现"失败"—查找问题—重新尝试

师:刚才,我发现有些同学垂头丧气,是不是实验失败了?

生:老师,就在我们期待气球鼓起来的时候,气球却越来越小,最后蔫了。

师:没关系,发现问题了吗?

生:应该是气球漏气了,我检查到气球与矿泉水瓶的连接处破裂了。

师:那你有没有做补救?

生:我赶紧用手捂住缺口,只见里面白醋不停往外涌,没办法,我只能先把气球从矿泉水瓶上摘下,赶紧拧住瓶盖。(学生一脸沮丧,像霜打的茄子。)

师:不要灰心,成功的实验不是一蹴而成的,很多实验都要经历无数的尝试与失败,你们小组可以用新材料再做一次实验。(教师在旁边点拨,全班同学注视、等待。)

## 活动习作——让成长出彩

生：哈哈，老师，这次我们成功啦！（教室里响起了掌声。）

师：祝贺你们！失败乃成功之母，探究科学只有像你们一样正视失败，反复实验，熟能生巧，才能举一反三，最终由失败走向成功。

失败的实验是科学探究的常态，关键看教师能否及时发现"失败"并以此作为教学契机，引导学生正视失败，想办法走出失败。在上面的教学片段中，教师及时发现"失落的气球"，鼓舞"瓶子"从"沮丧与无奈"到"自信与成功"。所以，关注"失落的气球"，就是培植学生永不言败的科学探究精神。

另外，现场生成的这一教学片段，也是有关想象习作特别有意思的话题和素材。如果单独习作，教师可以指导学生顺着这些思路想开去：

没有吹起气球的瓶子有什么想法？

没有被吹起的气球心情如何？它有没有埋怨瓶子？

它们分别如何面对"失败"？

此时，学生的思维处于愤悱的状态，适时巧妙点拨后，生成性习作就值得期待。

（4）科学的表达力，源自身心体验中的真情描述。

必须注意到，科学实验活动习作绝不是"实验报告"，它的描述是全方位的、立体化的，应该是文学化的科学。而这节课的显著特点就是学生多数时间手脑并用，做"思维的体操"。教师带领学生观察、想象、猜测、实验、探究、回忆、描述、练笔，学生好奇心强，总想知道"是什么？怎么样？为什么？"所以整节课学生动力十足，小眼放光，小手如林，求异思维不断闪现。

五个活动，从易到难，循序渐进。课堂因为有充分的"科学活动"和"思维训练"体验而活跃了。此时，无须进行太多写作技巧的指导，学生已经成了课堂的主人、习作的主人。

张怡萱同学在《当白醋遇到小苏打》一文中，对实验过程观察细致、描写生动，拟声词、动词表述准确：

霎时间，白醋与小苏打产生了化学反应，在瓶中沸腾起来。密密麻麻的白色小气泡从瓶里冒出，冲出瓶口，还时不时发出"滋滋"的声音。而气球，也随之一点点膨胀变大，它被吹起来了！顿时，实验室里响起了大家的欢笑声："我们成功啦！真神奇啊！"

张蕴涵同学以《让沮丧的瓶子自信满满》为题，打破常规思维，另辟蹊径，借瓶子喻自己，写出实验失败后的沮丧，老师鼓舞之后的欣慰，实验最终成功后的激动，字里行间都表露出真挚的情感。

豆林泽同学在习作中表达了在实验活动中的所获：

通过这个实验，我不仅知道了实验的原理，还感受到了科学的奇妙；知道了科学不仅需要不断地探索、不断地追求，还要将想法付诸实践；知道了我们不管干什么事都要有严谨的科学态度，不能一蹴而就。

王泽毅同学在课堂上受到感染，回家后做了一个更具创意的实验。他在《神奇的玻璃瓶》一文中用鲜活、夸张的语言写出了他的实验经过，字里行间抒发了对实验的热爱：

火山喷发，肯定要有火山，于是我找来黏土，把小瓶包裹在里面，并捏成连绵起伏的山脉状，最后，我又把装在小瓶里的白醋染成红色，以示岩浆。就这样准备工作完成了。

我迫不及待地把小苏打倒进火山中，只听见"咕噜咕噜"的几声巨响，暗红的"岩浆"在滚滚"浓烟"的裹挟中喷涌而出，轰隆隆的声响向四周层层压去，泡沫顺着山脉缓缓流淌，留下千万条火红的痕迹。

课堂只是起点燃、唤醒的作用，一节课的终结是科学探究新的开始。课后，赵子鑫同学主动探究，将实验延伸至课外，并通过材料由少到多进行两次实验，观察实验现象的不同，其对科学的探究精神、热爱之情跃然纸上。我们来看看他第一次给瓶子里放入少量小苏打和白醋的实验情景：

小苏打接触白醋的时候一点反应也没有，产生的气泡也只是在白醋表面轻轻翻转了几下，随后便安安静静地躺在瓶子里，气球可谓"波澜不惊"啊！

再来感受他第二次放入大量小苏打、白醋后令人紧张的一幕：

小苏打和白醋瞬间朝瓶口涌去，我还没看清它们融合的一刹那，气球就以迅雷不及掩耳之势膨胀了起来，越吹越大，这架势，箭在弦上挡不住啊。眼看气球快要被白醋小苏打吹爆，我纵身一跃，拿起剪刀，"咔嚓"一声，剪断了气球……

这节课是教师文理交融的教学尝试，是学生感性与理性结合的学习尝试，学生体验的是科学活动，呈现的是语文习作。从节选的语段中我们可以感受到学生对科学的热爱，以及语言包裹下的思维生长。

实践并探索科学实验活动习作的意义无疑是深远的。法国科幻之父、著名作家儒勒·凡尔纳的作品融知识性、趣味性、创造性为一体，故事生动曲折，人物栩栩如生，兼具科学与文学之美。鲁迅先生称其作品"默揣世界将来之进步，独抒奇想，托之说部。经以科学，纬以人情。离合悲欢，谈故涉险，均综错其中"。我国科幻小说作家刘慈欣的代表作品《三体》、斩获雨果奖的郝景芳的作品《北京折叠》都誉满全球。我们完全有理由相信，这类科学实验活动习作，一定会在学生心中埋下梦想的种子，这些种子也可能是未来科幻作家或者科学家诞生的小小开端。

## 第四节 艺术审美类——艺术熏染中悟真美

"艺术审美类"活动习作，就是将音乐、美术等课程与习作教学融为一体的活动习作。学生通过参与艺术活动或者在艺术课堂中展开习作，体验美育活动中的真善美，将受到艺术熏染的感悟用文字表达出来，让崇真、向善、至美的思想意识内化于心，外现于行。在国家倡导"五育并举、五育融通、五育共生"的今天，探索艺术审美类的活动习作具有重要的时代意义和研究价值。

### 一、置身艺术大课堂开展活动

#### （一）丰富了习作教学的形式与内容

首先，在习作教学中融入艺术审美类活动，可以选择不同的场景，比如常用的校内音乐室、美术室等，校外各种艺术体验馆、博物馆、植物园等。

可以选择学生喜闻乐见的方式，如参观、欣赏、体验、比赛、展示等，打破传统习作教学单一机械的形式，满足学生的好奇心，激发学生的参与热情和学习兴趣，为习作教学增添生机与活力。

其次，在习作教学中融入艺术审美类活动，丰富了教学内容。加入的活动可以是音乐、美术课堂教学的片段，也可以是参观艺术馆、欣赏音乐会、观看演出、学习乐器、练习舞蹈、做手工、临摹画、野外写生等。多样性、多元化的艺术活动所具有的形象性、艺术性、审美性，会带给学生以陶冶、感悟、震撼、启迪等身心体验，为学生习作拓宽视野、打开思路、注入活力、增添动力。

（二）促使教师转变观念，提升艺术素养

将艺术审美类活动融进习作教学，教师对教学目标的确定基于课程标准，基于学段目标，基于真实学情，走出以教材为中心的经验主义，从而在更宽领域和更高层次审视自己的知识储备和教学内容。

第一，学生主体作用的凸显对教师固守多年的传统习作教学理念、方式和行为产生强烈冲击，促使教师不断地在探索中研磨、提炼、寻求新方法，让自己的教学行为由内而外发生转变，自觉充当观察者、引导者和组织者的角色。

第二，艺术审美类活动习作教学的实践意义还在于增强团队的凝聚力，促进教师间的协作力，将"倒逼教师学习艺术知识"转变为"教师主动涉猎艺术知识"。同时，语文教师可以在与艺术教师的思想碰撞中取长补短，丰富自己的专业知识与教学经验，提高自身综合素养和教学水平。

（三）有利于培养学生的"习作情商"和"习作审美"

习作就是不断优化书面表达质量、让文字有温度的过程。习作中的"情商"，或者我们常说的习作中的"同理心"很重要。同理心，通俗地讲就是换位思考，将心比心。要做到将心比心，学生需要打开丰富的情感世界，这一点艺术审美类课程及活动自带优势。将艺术审美类课程提高审美、陶冶情

## 活动习作——让成长出彩

操、启迪智慧等优势融入习作中，可以使其更加深化、内化和固化于学生心灵深处。

艺术源于生活，艺术作品集中体现了真善美的显著特征，有着反映现实但高于现实的艺术审美价值。将艺术审美类课程融入习作教学，能够使学生在艺术活动中更好地去体验和感受，培养学生的审美情趣，提高学生感知美、鉴赏美、向往美、创造美的能力。

## 二、分类随堂记录所感所悟

### （一）欣赏型活动习作

艺术作品具有独特的审美价值，对音乐、美术、雕塑等艺术形式的欣赏能力的培养，无论是对学生习作能力的提高，还是对其成长成才都有着重要意义。教师要根据学生现有的认知能力和水平，选取积极向上的艺术作品进行欣赏，引导学生体会艺术作品的精神内涵，唤醒其内心感受，激发其想象力与创造力再进行习作。

音乐能弹拨人的心弦，让人浮想联翩，融入个体的想象后，同样一部音乐作品，一千个聆听者就会听出一千种感受和味道。想象，既是音乐的特质，又是习作的核心要素。人民音乐出版社2012年版义务教育小学音乐教科书有唱歌课、欣赏课、音乐实践等课型。欣赏课可以在"创设情境，激发想象"方面下功夫进行写作。比如，《彼得与狼》是根据俄罗斯同名童话创作的一部带有故事朗诵性质的交响童话，是俄罗斯音乐的典范作品。在配器上，《彼得与狼》还发挥了各种管弦乐器的特征，用乐器来刻画角色的性格、动作和神情，描绘童话的故事情节和角色的动态。听完音乐，引导学生大胆想象故事中的角色、场景、情节等，完成"音乐童话故事"的习作。再比如教学经典歌曲《义勇军进行曲》，让学生通过欣赏慷慨激昂的旋律、品味振奋人心的歌词，感受歌曲所表达的爱国情怀，先说出感想，再写下感想，将说与写相结合。

在融合美术活动与习作时，可以通过赏析有趣的漫画，激发学生的兴趣，教师指导学生多感官参与，启发学生积极思考，鼓励学生充分交流，引导学生说出欣赏作品的基本方法，重点谈一谈对漫画的理解和见解，获取创作灵感之后，完成关于"美术童话故事"的习作。习作前先根据对漫画的观察、阅读、想象，确定故事的时间、地点、人物以及故事的主要情节和内容，再把这个故事生动地写出来。

（二）体验型活动习作

音乐活动可以是音乐课程里的内容，也可以是学校举行的活动，还可以是社区举行的活动。设计和组织活动时，教师需要综合考虑跨学科的融合性和学生的认知水平。比如，学校举办大合唱《我和我的祖国》活动，根据学生的音域、音高分为高、中、低三个声部，让全体学生置身其中，体会合唱活动中每个个体的重要性，感受合唱的魅力以及所唱歌曲表达的情感，并将这些丰富的体验用文字表达出来。再比如，举办主题为"白雪公主与七个小矮人"的话剧表演，让学生通过读文字，发挥想象力和创造力，制作角色的头饰、服装和演出道具，通过角色扮演全身心融入故事情境，教师在话剧表演结束之后引导学生积极交流活动体验，有针对性地指导学生进行习作。教唱《春天在哪里》这首歌曲，学生还可以用生动的文字来表达春意盎然的景象。音乐课是一个移动的素材库，在音乐课上，我们歌唱音乐，聆听音乐，感受音乐背后的故事，感受他人在音乐共鸣下的际遇与人生，这些故事和人物都是习作的真实写照。

美术活动可以是美术课程里的内容，如人民美术出版社的小学美术教科书中，三年级的《捏泥巴》《我们的社区》《变垃圾为宝》，四年级的《玩泥具》《放学了》《设计生活标志》，五年级的《台历挂历的设计》《拼贴添画》《便笺盒的设计》，六年级的《家乡的老房子》《家乡的小吃》《探访自然的奇观》《彩球的设计》《用各种材料来制版》《留给母校的纪念》等，这些内容的活动性、开放性、创造性极强，都可以作为素材展开活动习作。此外，还可以采取图文并茂"画"作品，如六年级下册以《我的成长记录》为习作点"画"日记，以《拼贴添画》为习作点"画"插图，以《衣架的联想》为习作点"画"想象。鼓励学生随时发现、积累习作素材，无拘无束地表达生活中的见闻和感受，既能提高学生的审美能力，又能提升学生的文字表达能力。

（三）竞赛型活动习作

竞赛是推动人类发展进步的一种好的办法。《周礼·天官·内宰》一文中言："比其大小，与其粗良，而赏罚之。"经常组织学生参加各类竞赛活动，可以使好的更好、差的向好。活动以学生为主体，结合美术或音乐课程的需要，确定比赛主题，让学生准备参赛作品，并以比赛活动的过程为素材，完成习作训练，最后对艺术作品与习作成果一起进行评比。比如，在与美术融合的过程中，可以展示一幅自画像，习作内容则是关于作品主人公的介绍、创作经历的记叙、心得感悟的抒发等，鼓励学生表达真情实感。在与音乐融合的过程中，学生可以演唱歌曲、展示乐器，或者分享音乐知识，并提供相应的习作一起参加评比活动。这些比赛，既丰富、加深了学生的活动体验，为习作积累了素材，又极大地激发了学生的创作激情，更容易促使学生写出铭心刻骨的体验与感悟。

下面展示一节由工作室美术老师和语文老师联袂执教的艺术审美类"体验型活动习作"课例。

## 用色彩表达心情

【活动设计】

人民美术出版社五年级美术教科书系统设置了关于色彩的内容，如《色彩的色相》《色彩的明度》《色彩的对比》《让色彩动起来》等。《用色彩表达心情》这节课是基于学生对色彩元素具备一定的认知能力，将习作训练与学生感知色彩、表达心情的美术教学融合的一节艺术审美类活动习作研究课。课堂分为"识色彩、画心情、写感悟"三项活动螺旋推进。这样设计的目的，一方面是使学生在几个轻松无痕的活动中有体验、有感而发，另一方面是引导学生提升积极情绪，正确看待挫折与失败，用积极的情绪建构美好未来。

【执教年级】五年级

【执教老师】秦文棂、薛姁姁

【活动准备】涂色工具、作业纸

【教学时间】两课时

【课堂缩放】

### 活动一："识"色彩（美术老师执教）

（1）感受色彩。

1）课前游戏：教师带领学生感受闭上双眼和睁开双眼时眼中色彩的不同、心情的不同。

2）学生发言：多数学生谈到闭上眼睛时，眼前一片黑暗，会感到孤独、无助，有点害怕；睁开双眼能看到丰富的色彩，心情会变得舒畅。

3）引出课题：色彩可以影响人的情绪，本节课的主题是用色彩表达心情。

（2）探究色彩。

1）感知冷暖：教师出示一组冷暖不同色调的房间图片，引导学生谈"走进"不同色调房间的感受。（学生谈到：由第一个房间联想到阳光，感到温暖；由第二个房间联想到冰雪，感到寒冷。）

2）色彩联想：出示红色，引导学生谈联想以及产生的情绪。

生1：看到红色，我想到火焰，感到生气和愤怒。

生2：看到红色，我想到太阳，感到很温暖。

生3：看到红色，我想到五星红旗，产生骄傲和自豪之情。

生4：我看到红色会感到紧张，因为红色有警示的作用。

3）教师小结：不同的色彩会带给人不同的心理感受，同样的色彩也可能引发不同的人不一样的心理感受。

4）赏析名画：

①出示三幅经典画作：毕加索的《格尔尼卡》和凡·高的《星月夜》《向日葵》，引导学生谈感受。（学生谈到《格尔尼卡》画面昏暗，给人压抑、悲伤的感觉。《星月夜》画面中的星空是扭曲的，给人疯狂的感觉。）

②教师讲解：毕加索的《格尔尼卡》采用象征、变形、夸张的手法，用黑、白、灰三种颜色营造出低沉悲凉的氛围，渲染了悲剧色彩，表现了法西

斯战争来临时人们的各种悲惨生活场景。凡·高的《星月夜》采用冷色调，运用了大量蓝色和夸张的手法生动地描绘了充满变化的星空，反映了作者躁动不安的情绪和疯狂的幻觉世界；《向日葵》属暖色调，作者运用了黄色和橙色这类明快的色彩，表达了他常怀感恩之心的积极生活态度。

### 活动二："画"心情（美术老师执教）

（1）色彩创意。

教师指导学生借助色彩、点、线、面等美术元素绘一张图，描画出自己某个时段、某个场景的心情。（10分钟内完成）

孙邦栋《心情的色彩》

殷若涵《色彩抚摸心灵》

（2）心情分享。

1）学生分享画面及当时的心情。

（学生分别分享了考试前后的心情、新冠肺炎疫情期间的心情、参加比赛失败后的心情等。）

2）教师小结，为即将开始的习作教学做好铺垫。

### 活动三："写"感悟（语文老师执教）

（1）忆说导写，练笔抒情。

教师引导学生对照自己的"心情画"，观察图案、色彩的特别之处，想想当时的心情，并回忆画面背后的故事，将感受深刻的某一方面用文字记录下来，做到有所侧重，重点突出。

1）描述画面——色彩、图形、顺序、寓意。
2）回忆场景——人、事、物、景。
3）表达心情——喜、怒、哀、乐。
（2）分享交流，点评升华。
1）分小组交流，挑选两位同学登台分享习作，学生评价，教师点拨。
2）教师总结：

同学们，今天我们先用静止的色彩、图案表达了变化的心情，又用文字让静止的画面动了起来，让画面背后的人、事、物、景、情、理跃然纸上，老师看到了你们综合能力的展示，更体会到了"用色彩表达心情"是释放压力的一剂良药，同学们今后可以用这种方式调适消极情绪，绽放美丽心情。

**【课例启示】用色彩表达心情，用文字调试情绪**

跨学科融合的设计和执教，从内容上是一次创新，从形式上是一次探索，从效果上是一次惊喜。课堂上，学生学得轻松愉悦、写得洋洋洒洒，既树立了习作信心，又为继续探索其他学科与习作教学深度融合的活动习作提供了思路启示和方案借鉴。

（1）以有意义的融合为源。

色彩源自自然，色彩丰富了生活，画面中的人、事、物、景构成五彩斑斓的生活。这节课将生活中的色彩带到了课堂上，成为基于学科融合背景下的活动习作素材。学生在日常学习中既不缺少美术元素，也不缺少习作指导，但是将"美术元素"与"习作指导"进行巧妙设计和有机融合起来，却是一次大胆的尝试。真实的生活是写作之源，这节课中的说、画、赏、写都围绕着生活中经历的色彩场景和心情体验展开，所以学生有话可写。亲身体验是情感之源，通过这节课，学生的体验无疑是独特的、深刻的，这些体验会带给学生写作的兴趣和动力，这从学生习作的速度和质量上就可以看出来。由此可见，"体验"是活动习作教学与推进的核心。

（2）以有梯度的实践为基。

在这节课中，美术老师先带领学生体验不同颜色在人心里的不同感受，认识冷暖色调，接着引导学生感受名画中不同的色彩表达的是作者不同的心情，让学生回忆自己某个时段接触的人、经历的事、认识的物、观赏的景，回忆当时的心情、情绪、情感或者悟出的道理，用色彩和线条表达出来。语文老师指导学生写出所绘的画面里不同的色彩、图案，背后的故事以及所蕴含的心情。"识色彩"与"画心情"活动循序渐进，环环相扣，重在调动生活记忆，为习作提取有价值的素材奠定基础。"写感悟"部分训练学生写画面、写故事、写心情。两部分内容结合学情，并紧扣美术课与习作课的几个训练点循序展开，螺旋提升，相得益彰，犹如满载语言文字、思维探索、思想情感的帆船向着目标航行，充分发挥了"活动"这一载体在习作教学中的基础作用。由此可见，"实践"是活动习作教学与训练的基石。

（3）以有温度的引导为策。

在这节课中，通过"识色彩""画心情""写感悟"三项活动，老师因材施策，循循善诱，明为"指导学生多样表达心情"，实为"引导学生释放压力，调适心情"。写作的过程是对消极情绪的宣泄，学生从习作训练中也学到了一些理性调节心情的方式，如"画心情""话心情""写心情"，等等，这些从习作新颖多样的题目就可以看出来，如《色彩被心灵抚摸》《心情调色盘》《色彩的情绪》《彩虹般的家》等。同时，学生的审美情趣、国家认同等核心素养得到了培植，习作表达了对家庭、对社会、对国家的感恩与热爱，尤其是有一些同学写到在新冠肺炎疫情期间，自己为国家强大的动员能力、管控能力、救治能力而深感自豪。由此可见，引导是活动习作教学与实践的动力。

（4）以有价值的点拨为魂。

在这节课中，教师在写作思路上的点拨大于在写作方法上的指导。习作内容的指向是不贪多，可以是一（些）人、一（些）事、一（些）物、一（些）景，以及色彩、图案中表现的情或理，要求写清楚、写明白、写具体、写生动。看上去要求比较多，实际上突出一方面即可，这样的点拨有营养、有价值。

下面我们回到"活动三：写感悟"的部分，感受"忆、说、导、写"的教学现场。

【"画面转换文字"活动习作教学片段——写感悟】

指导策略："忆—说—导—写"

师：刚才，同学们创作了独一无二的"画"。下面再请大家看画面，静静回忆画面背后的某个（些）人、某件（些）事、某个（些）物体、某处景物，想想当时的情景。

生1：我想到参加书画比赛时的场景。当时正值中午，我们一家人冒着酷暑来到了赛场，我信心满满地挥毫泼墨，在轻松愉悦的氛围中度过了两个小时的时间。可就在比赛将要结束时，我提笔落款不小心打翻了墨水瓶，最终落榜了。

师：能不能说一说你当时的心情？

生1：我当时如同掉进了冰窖里，大脑一片空白，后来好长一段时间都没有从失败的阴影中走出来，也没有心情再拾起画笔。还好有妈妈的鼓励，我才重新收拾好心情。

师：这的确是一件记忆深刻的事情，现在你拿起笔把这件事记录下来吧，我相信你一定能跨越这次小小的失败，书写更美好的生活。看着自己的"画"，还有哪位同学想说一说？

生2：我想到我的爸爸。我的爸爸爱好很多，尤其喜欢打乒乓球，但是由于工作忙，他总是没有时间去打。随着年龄的增长，我慢慢体会到了爸爸的辛苦，也理解了爸爸为我们这个家庭付出了许多，所以这一刻我想表达对爸爸的感激之情。

师：老师看到你眼中含有泪水，相信只有动了真情，你的文章才能真正打动读者，老师期待你的真情倾吐。

师：通过交流，老师发现大家的思维非常活跃，画面背后的故事也特别多，这些独特的体验都是我们本次习作的好素材。下面开始动笔写一篇短文，可以重点描述画面——色彩、图形、顺序、寓意，可以重点回忆场景——人、事、物、景，也可以重点抒发当时的心情——喜、怒、哀、乐，总之，要有所侧重。

从学生最终完成的作品来看，有的侧重于画面描写，有细节；有的侧重于故事记叙，有条理；有的侧重于情理表达，有深度；有的侧重于感悟抒发，有意义。由此可见，教师巧妙的点拨是活动习作教学实施过程中的灵魂。

王思宇同学的《课堂心情》虽然文字平淡无奇，但表达得有条有理，先介绍了画面上的色彩和图形，再描写了下午心情的变化及原因：

王思宇《课堂心情》

  这幅图主要由一条波浪线和色块组成，一条波浪线将版面一分为二，左边是黑色，右边是红色，分别代表着下午上学时不同的心情，左边还用深蓝色和灰色填充，酷似一块块要破碎的玻璃。第一节语文课上，我急速写着语文基础检测卷，心情有些烦躁。数学课上，我必须写完所有数学作业并交由老师批阅，时间非常紧张，情绪一直起伏不定。下午上前两节课时，我的心情一直不好，情绪面临崩溃，直到完成任务后才平静下来。上习作课时，老师教会了我们用颜色来表达心情，我糟糕的情绪得到了释放，紧张的心情得到了缓解。我的情绪就如同右边的阳光，十分平静，心情也很好，整个人很舒畅。

  《生机》这幅画所配的文字，表达了张可欣同学对疫情好转的欢喜以及对彻底"消灭"疫情的憧憬：

  前段时间，全国人民团结一心，共同抗击疫情。当看到网上的数据显示新冠肺炎患者在日益减少时，我仿佛感受到春天来了，到处充满了生机。图中这些弯曲的线条像春天里的柳芽，述说着这次抗击疫情胜果是得之不易的，过程是蜿蜒曲折的，但冬天终将远去，春天最终生机盎然。

  周熙哲同学以《心情调色板》为题，行云流水，一气呵成，用生动、真挚的语言写出了自己的心情变化，流露出对于"用色彩表示心情"的喜爱之情以及对老师的感激之情：

  下午第一节语文课做字词句练习，整整三大张纸，累！第二节课李老师下令让我们将数学作业写完，难熬！第三节课，我背起书包，脚步沉重地走向实验室。

  听说要上美术课，我没什么兴趣，跟着老师的节奏听课，谁知听着听着就听出了新意。以往的美术课就是讲讲绘画技巧，接着按照一幅画临摹，可这节课老师让我们将今天下午的心情用图画表现出来。这回终于找到了发泄的地方，像干旱已久的小草遇到了雨露，像是落水的人抓住了稻草，我提起笔，在面前的白纸上画下了一些图案。

画被一条波浪线分开，我用线条将左边图片分割成许多小格子，并且用深蓝色涂满，代表着我前两节课的疲惫。我在右边画上青草、阳光，代表着我的心已奔向草原去沐浴阳光，所有疲倦都烟消云散。我放下笔，心情好了许多，画画还挺好玩的嘛！

心情真像是一个调色板，蓝色代表的是孤独，红色代表的是开心，黄色代表的是温暖，白色代表的是冷静，这一个个"密码"可能都会伴随我成长、进步。

在这儿，我也要谢谢两位老师，你们教会了我用颜色去记录生活的点点滴滴。你们让我懂得了利用颜色来表达自己的心情，进而通过这样的方式学会自我调节心情，释放压力，让我以更加阳光的心态面对学习和生活。

世界是丰富多彩的，色彩是能引起我们共同的审美愉悦的最为敏感的形式要素。色彩不仅可以描绘生活，还可以描摹心情。由色彩而引发的文字不但可以抒发情感，还可以抚慰甚至治疗情绪。让学生体悟到这些，应该是艺术审美类"体验型活动习作"的终极目标和深层价值。

# 第四章　走向生活的活动习作

以生活为学习成长的源泉、场域和归宿，是教育的本质，也应该是习作的本源。活动习作的终极目标是引导学生在生活中习作，在"走向生活的活动习作"中出彩地成长，过上一种热爱写作的生活。

"走向生活的活动习作"以活动引领，采取"长活动为线，短活动布点"，突出在生活情境体验中习作，分为"应时即兴""创意创新""成长成才"三种类型。

"应时即兴"活动习作通过捕捉教师生活、学生生活、社会热点中的灵感，设计活动，指导习作；"创意创新"活动习作从文本体裁、活动形式、叙述视角、题材内容四方面创新习作方式，组织活动，发现、体验和抒发生活中的"新"；"成长成才"活动习作开展"亲近自然、描绘生活、走进社会、认识自我"四类长线活动，伴随着小学第二、第三学段学生的成长而实施，为学生未来主宰自己的生活奠定基础。

## 第一节　应时即兴——捕捉生活中的灵感

"应时即兴"活动习作就是以生活为源泉，教师带领学生捕捉学校、家庭和社会生活中的灵感，应时即兴参与或组织活动，在活动中指导学生习作，延展和补充语文教科书每学年16次的单元习作，促进学生语言和思维等语文核心素养在"三个课堂"的有机融合中获得发展。

姚华在《曲海一勺》中写道："文章应时而生，体各有当。"从"时"的角度看，活动习作的"应时"可以分为三个场域：一是校园生活中的"应时"，可以是升国旗时、大课间时、运动会时，也可以是上课时、班队会时、上自习时；二是家庭生活中的"应时"，可以是干家务时、做作业时、聊天时、看电视时；三是社会生活中的"应时"，小到参加公益活动时、全家总动员的一次远足时，大到端午节、寒食节、重阳节等节日以及"全国劳动模范和全国先进工作者表彰大会""美国总统大选"等国内、国际要闻发生之时。时间不定，地点不定，应时而生的见闻、感受无时不在。

《现代汉语规范词典》对"即兴"的释义是：对眼前事物有感受，产生兴致而创作。王勃题写《滕王阁序》大抵如此，王勃的即兴离不开灵感，更离不开文学才华。而对小学生来说，兴致应该是他们习作的基础和动力。"应时即兴"活动习作恰恰能调动和激发学生的兴致，其价值有三：一是活动突发偶然，容易带给学生惊喜；二是活动处于动态变化中，生成性强；三是在教师的带领下，学生"卷"入活动，多巴胺分泌增多，比较容易写出真情实感和有新意的感悟。

那么，在"应时即兴"活动习作教学中，教师需要具备哪些能力？

首先，应具备应时领悟、捕捉灵感的能力。《给教师的建议》一书中，苏霍姆林斯基举了一个例子：帕夫雷什中学一位有30年教龄的历史教师上了一堂精彩的公开课，课后一位教师问她花了多少时间来备这节课，那位历史教师说："对这节课，我准备了一辈子。并且，总的来说，对每一堂课，我都是用终生的时间来备的。"这段话振聋发聩，令人警醒，进而深思：用一生来备课的确是一种教育的境界。

从教师备课所需来讲，外显的是教科书、教学参考书，内隐的是建立在丰富生活、学习、工作经验之上的所思所想。教学设计中的灵感多属内隐的积淀。那些精彩的、令学生兴奋的、课堂上真实生长的课堂无不凝聚着教师教学设计时的灵感。一位执教《观潮》的教师，因为有去钱塘江观潮的经历，知道课堂上观看"观潮视频"可以带给学生真切、震撼的体验，进而为真情朗诵与自然练笔做好铺垫。一位执教《第一朵杏花》的教师，知道指导学生"在节气里观察"，许多细腻的观察体验便可化作习作表达的资源。

其次，应具备应时设计、即兴而动的能力。文火慢炖出佳肴，理性思考出设计，真情感悟出美文。面对随时随地产生的生活灵感，如何不让教学变得随意？这需要教师有丰富的应时设计能力、灵活的即兴而动能力，能设计出理解学生、基于学生、发展学生的活动，能不断地在即兴而动中生成精彩，助力习作。例如，带领学生路过荷花池时，不妨驻足看一看、闻一闻、聊一聊，回忆叶圣陶笔下的《荷花》一课，张嘴就读，随地而诵。如此，课文就真正成了"例子"，文中的"千姿百态"就还原到生活中的"千姿百态"，再将文字与实物联结，产生新的感悟，学生的习作必将更加千姿百态、灵动迷人。应时设计来自教师的意识和灵感，即兴而动来自教师的经验和创新。要将一般的生活现象作为活动习作话题的话，常规的指导有三步：第一步，先看后说，话题呈现；第二步，先说后写，拾级而上；第三步，多元互评，共促成长。

最后，应具备回望反思、持续推进的能力。在一次应时即兴活动习作结束后，教师要认真回望，在批阅习作中反思得失，寻找新的设计灵感，让习作教学和教师生活、学生生活、社会热点紧紧联结。久而久之，对习作教学的思考就会成为教师生命的一种常态，随之习作也会成为学生的日常习惯和学习方式。

语文课程标准中提到"要使学生懂得习作是为了自我表达和与人交流"。因此，做好对习作的持续关注和分享意义重大。例如，在六年级学生进行"精彩运动会"活动习作后，制作美文向全校推送，还可重点分享给处于习作起步阶段的三年级同学，用美篇展现亮点的同时，增设新的栏目——"我给学弟学妹教习作"。怎么教？这就是一次新的、挑战性十足的活动习作，学习小组讨论，合力众筹智慧，完成这一推送的过程就是学生思维和习作能力理性提升的过程。应该说，习作结束后的回望反思、持续推进是教师成长过程中的必修课，也是活动习作发展的不竭生命力。

叶圣陶先生在《文章例话》中写道："生活如泉源，文章如溪水，泉源丰富而不枯竭，溪水自然活泼泼地流个不歇。"活动习作的灵感从何而来？答案就是：生活！因此，教师须从生活中捕捉灵感。

## 一、从教师生活中捕捉灵感

教师平均每日 1/3 以上的时间都在教学中度过。若用心感受，备课、上课、批阅、辅导，这些平淡无奇的教学生活也会泛起"涟漪"，给设计活动习作带来灵感。

例如，批改作业时发现学生近期作业错别字较多，可以设计"远离错别字"的活动，在学习小组内开展"寻找错别字大王""做文字啄木鸟""错别字闹出的笑话"等活动，把活动中的见闻、感受及思考记录下来，一篇篇由教师源于生活灵感而指导学生完成的活动习作便热腾腾地出炉了。

办公室的一位老师聊起了课堂趣事。在一节一年级室内体育课上，教室闹哄哄的，体育老师有点生气了：

"别吵了，老师的耳朵都快起茧子了！"

"老师，什么是茧子？"

"你连这都不知道，茧子就是大人用的剪刀。"旁边的同学有点嘲笑的意思。

"噢，难怪我妈妈也常说她手上有'剪子'。"

像这样的趣事在校园里时常发生，类似的聊天对话在办公室里也时有发生，这些趣事、趣谈一般都会淹没在一阵哄笑声中。但如果某位有心的语文老师能够对这些趣事、趣谈进行加工、组合、设计，很可能就成了应时即兴活动习作的新素材、好素材。

工作之余，教师在柴米油盐的日常生活中也会迸发火花四射的灵感。例如，一次"菜市场的见闻——买菜风波"可能会让教师对"吼叫，不能解决问题"有了更深刻的体会，触发灵感。若将此"故事"带到课堂让学生分析，并写出自己的看法，学生会深受教益。再如，一个微信、一次电话有时带来的信息也可能触发教师设计应时即兴活动习作的灵感，这些都需要教师具备敏锐、准确的捕捉能力。

## （一）"躺着也中枪"

2018年1月11日晚，我无意中看到QQ"说说"里有一句留言："诚心询问专家问题，没想到坑都不坑一声，真是奇货可居啊！"再看留言者，是前不久在扬州举办的校长培训班里的一位学员，具体是哪位真的对不上号，因为当时多数学员都加QQ或微信了。我丈二和尚摸不着头脑，迅速点开和他的聊天对话框，发现他的确给我留了言："你们学校组织了一年级行为习

## 活动习作 ——让成长出彩

惯养成训练验收？你们这个验收有评价表吗？"再看时间，1月20日，都过去9天了。原来是当天我发了学校验收一年级行为习惯养成评估的图片。我怎么没注意到这条信息？再返回QQ留言，"奇货可居"四个字直刺眼球，我怒火中烧：作为一名教师、一个校长，怎么不明真相就出言不逊？但转念又想：也许是我的疏忽让他等待太久，所以才造成极大的误会，既然是QQ好友，我就要抽时间阅读每个人的留言，及时回复。

于是，我耐心地回复了对方，并向他做了解释。回复的时候，想到他把"吭一声"误写为"坑一声"，我竟"扑哧"笑出了声。这回我真是喝凉水都塞牙，躺着也中枪啊！一闪念，我脑海里冒出一个灵感。

第二天，我把事情的前因后果原原本本向学生叙述了一遍，让学生展开讨论，也谈谈自己被别人误会的事情，并请大家帮我给这位校长写一段回复。是解释？是回击？还是……

您这"坑"挖得够深，我不好吭声啊！最近太忙，没看见，所以没有回复，请您原谅！是同行当相互理解，是朋友当相互信任，是老师该懂得尊重他人！（张亦弛）

先向您说声对不起！由于我的疏忽，没有及时看到您的问题，虽然我现在"跳进黄河也洗不清"了，但我认为还是有必要向您说明原因。您可以不听，也可以不相信，但我都会改正我的不足，谢谢！（薛钰薇）

对不起！您的评论我才看到！托您的福呢！您所问的这项活动可以使我们学校学生的行为习惯更上一层楼，可是您这"奇货可居"一词，未免也太"坑"了吧。（赵雪）

抱歉！我前些天工作繁忙，没有一一浏览QQ留言，也没有看到您的留言。不过，不知者无罪，您因此而误会，未免太小家子气了吧！（周若冰）

师弟，我并非什么专家，有问题我们可以共同探讨，相互学习。"奇货可居"一词对我来说是警钟长鸣，尽管我"哑巴吃黄连，有苦难言"，但我还是要真诚地谢谢你指出了我的不足。（蒋卓汶）

学生的回复五花八门，多数都以解释、消除误会为主。当然，也有学生替我做了委婉、巧妙的回击。互联网时代带给人们生活、学习、工作方便的同时也带来了新的困惑和烦恼。通过虚拟网络的隔空留言，缺少时效、缺乏情感，产生误会不足为奇。然而，真正令现代人头疼的是真假难辨的海量信息。事情已过，清者自清，无须计较。也许那位校长早已后悔，感谢他用这件小事教育了我，让我体会到对朋友的尊重会具体到一句留言、一次回复，更感激他带给我即兴教学的灵感和鲜活的写作素材。

（二）"海哥归来"

2018年10月，"教育部名师领航工程"培训结束后，在返程的飞机上，我构思了一节应时即兴活动习作。下午一回学校，我就奔向教室，教室里瞬间炸开了锅。我拿出一个档案袋（里面装着两盒我从珠海带回的"澳门手信"——七彩石头糖果巧克力），按照构思的七个活动展开了教学。

【活动一】猜一猜：老师带给大家的是什么礼物，并说出猜测的理由。

【活动二】看一看：老师的礼物是什么，有什么特点。

【活动三】问一问：不清楚的和自己最想知道的相关问题。

【活动四】摸一摸：礼物的表层，真切去感受。

【活动五】尝一尝：什么味道，感受口腔里的味道变化。

【活动六】说一说：颜色、形状、手感、味道及品尝之后的感受等。

整节课学生们都沉浸在兴奋和激动中，司空见惯的"石头糖"成了学生"捧在手里怕摔了，含在嘴里怕化了"的宝贝。不知不觉，下课铃响了，有的学生把"石头糖"捧在手里继续端详；有的学生把它包在纸巾里准备带回家给妈妈吃；有的学生缠着我问"这是从哪里买的？一盒多少钱？"……

【活动七】写一写：第二节课，学生的思维持续活跃，表达的欲望挂在脸上，荡漾在眉间。我示意大家安静，动笔把想说的话写下来，一节活动习作训练课的指导就这样完成了。

上交的文章题目都很有意思，如《出人意料的"石头喜"》《吃"石头"》《七彩"石"》《海哥的手信》《"石头"情》《惊讶中的惊喜》，等等。

一位学生如此描述猜测的心理：

刚才听到清脆的响声，我就猜那是一种十分坚硬的糖。我正在想如何努力得到它时，老师已经开始发了。这下我的心都快从嗓子眼跳出来了，难不成是石头？竟然被我猜中了！石头？你们一定愣住了，没错，它就是石头糖！（雷雨璇）

## 活动习作——让成长出彩

有了一步步的体验活动，又解放了感官，学生平常难以表达出的细腻这时候都有了。

咬开松脆的糖衣，中间包裹着的巧克力给舌尖送来几丝凉意。这味道简直妙不可言，就像舌尖上消融的飞雪！嗯，这还真是"此糖只应天上有，人间能得几回尝"啊！（金可儿）

可以吃糖了，我先舔了一小口。嗯，甜甜的。我禁不住诱惑，又咬了一口，外面一层脆脆的，里面一层软软的，简直就是绝配。咬一口，里面的馅儿漏出来了，是咖啡色，我再舔了舔，冰凉冰凉的，嚼了几下便忍不住下咽了。这时，口腔里滑滑的，甜甜的，心里也甜甜的。（魏喜如）

这巧克力做工精致，"小石头"上连风侵雨蚀、岁月冲刷的痕迹都看得清清楚楚。我仔细一闻，巧克力的浓郁香味即刻把我的魂儿勾走，真是令人垂涎三尺！我迫不及待地一口放到嘴里将其吞了下去，巧克力便从"小石头"里倾泻而出，瞬间唇齿留香。吃了一颗总觉得不够，还想再吃几颗，吃个够！（邢军睿）

单看它的形状，让人难以下嘴。但"糖不可貌相"，我把它掰成一半，含在嘴里，外面一层脆皮甜得腻人，脆皮划掉，里面一层是颗粒感十足的白砂糖，当里面的巧克力在嘴里化得差不多时，嘴里便有一种冰凉冰凉的感觉。等到石头糖全化了，嘴里还弥漫着巧克力的香味，咂巴咂巴嘴，才发现已经吃完了！（康逸溪）

活动结束后，学生开始给我送"礼物"、写"礼物"。我平常对学生有明确规定：给老师送礼物不能花钱买，必须自己做，所以大多数学生都是做手工、做贺卡。当然，他们知道我更喜欢看他们写的东西。

瞧，这两位"珠联璧合"，何佳蕤做手工贺卡"海哥归来"，邢军睿配上文字解说。

一个月呀，时光荏苒，岳老师可算是回来了。同学们都亲切地称岳老师为"海哥"，所以岳老师一回来，我们班的何佳蕤同学就为岳老师送上了一份礼物。

这份礼物看似普通，其实蕴含着大讲究：一个手工纸袋子，上面写着"海哥归来"四字，画有一些优美的图案。袋子里装的是她自己缝的柠檬杯垫，还挺精致的呢！

"海哥"这个名字从哪里来？可能是因为岳老师看起来很年轻吧！但重点却在这杯垫上——杯垫是柠檬形状的。岳老师透过他透明的玻璃杯看见这清新的柠檬杯垫，也许会心旷神怡，将烦恼抛之脑后。

这次活动习作之所以成功，我想一方面是因为十几天没见面，学生和我相互期待着，利用这个时机，加上我给学生带回的特殊礼物，就促成了这节课的巧妙生成；另一方面是学生感受到了老师的良苦良心，因此状态一直特别好，我跟着他们一起好奇，一起激动，这才有了"海哥归来"的后续——学生给我送礼物、写话语。

的确，无论我走多远、走多久，无论我的课堂有多宽、有多广，我都走不出这三尺讲台，也不会走出对学生深深的牵挂和满满的爱意。

## 二、从学生生活中捕捉灵感

学生的生活丰富多彩，从他们喜欢的生活场景入手，教师不难捕捉到应时即兴活动习作的灵感：生日那天最特别，举家旅游脚不歇；八月十五月最圆，大年三十乐满天；六月毕业季，十月国庆时。从学生的校园生活出发，课间活动、实践活动、社团活动、游学活动、主题队会、拔河比赛、演讲比赛、课本剧展演等，都可以为活动习作话题提供"养分"。再如，设计围绕"发现小能人"展开"发现朗读者""发现小作家""发现美食家"等系列活动，在长线活动中融入应时即兴活动习作元素，发掘学生的无限潜能，激活习作动力。

## 活动习作——让成长出彩

### （一）"鸡窝窝头"

在进入期末复习阶段后的一天早读时间里，我一边督促学生，一边计划着这天的教学任务——讲试卷。这时，我突然发现最后一排个头最高的女生小小的头发肆意地炸着，像雷震子一般。我不露声色地走到她身后，忍不住笑出了声：哇！简直比鸡窝还夸张！

小小，短发齐耳，高挑的个头，大大咧咧的性格，混在男孩子堆里很难认出她。她天资聪明，爱好广泛，有超常的身体素质和运动天赋，加上身高臂长，在全区校园足球联赛的一场点球大战中，连续封锁对方12个球，令对手彻底崩溃，从而一战成名。但是，话说她丢三落四，在班里无人不知：语文课上，她翻桌兜倒书包，有时一节课都在埋头找课本；辅导课上，她更是一心多用，一边听老师讲题一边疾书家庭作业。面对老师的提醒，她态度十二分端正，嘴上说"改改改"，一不留神，她又"我行我素"。

人无完人，也许这就是聪明的小小的小缺点，要改，太难！不过我了解她——性格开朗，即使拿她的发型说事，她依然毫不在意。于是，我做了一个大胆的决定，把她请上台，将早读改为观察小练笔。

**活动一：即兴采访，打消顾虑**

老师：小小，猜一猜我大清早把你请到讲台上干什么？（正在读书的同学一抬头，哇！教室里一阵哄笑。）

小小：（一脸茫然）问我？我不知道，老师，我声明今天作业全交了，课本也带齐了。（台下炸开了锅，小小也乐了：你们笑什么？）

（我简直不敢直视她的发型，一直视便笑不成语。蒲扇般的头发随着她顿挫的话音一起一伏，我分明能感觉到一丝凉意。）

老师：继续猜，与你今天的形象有关。

小小：哦，你是说我的发型吗？

老师：这么说你都知道了？

小小：我也是猜的，不确定。（台下笑得更开心了）

老师：今天咱们进行观察想象小练笔，需要一位同学做模特，不知你能否担此重任？

小小：没问题，我只做模特不动笔吧？这么好的事呀！（台下又一阵哄笑）

…………

**活动二：现身说法，正视"意外"**

老师：同学们，我相信小小今天的发型一定是一次意外，就像我们学过的"风成偏形树"一样，是客观生成并非主观设计的。老师也有过这样一次窘事：2012年和全国著名特级教师张学青在西安同课异构，有400多位老师听课，课受到了好评。回来一看录像，我傻眼了，脑壳上竟有一撮头发"金鸡独立"，从身后看特别抢镜。当时我就自责：上课前怎么没有仔细检查或洗洗头发？世上毕竟没有后悔药，最终我用精神胜利法战胜了自责：听课老师在台下没准离得远没有注意到……从那以后，每次出门前我都要格外打理后脑勺那一撮倔强的头发。

同学们，这样"乱了发型"的事在你们谁身上发生过？（也许学生已经打消了顾虑，小手举了一大片，男生齐刷刷地！）看来，大家都是有经验的人啊！（学生们你看看我，我看看你，都笑了。）

**活动三：拓展想象，引导练说**

（1）仔细观察小小的发型，用生动、形象甚至夸张的语言进行描述。
（2）想象她的发型是怎样形成的，用流畅的语言描述出来。

**活动四：随堂练笔，择优交流**

她，大大咧咧，风风火火，身着长校服，拉链敞开，红领巾又窄又短，却被著名老师捧红，登上了六（2）班T台。装束自然，可是睁大眼睛看她的头顶。天哪！那是怎么回事？要我猜，那一定是一些难题在她的大脑上跳动，一定是她妈妈的话语萦绕在她耳边，又或许是考试的压力压垮了她，让她抓破了头皮，扯乱了头发。而今，是要在这"炎凉的世态"中苟且生存，还是不忘初心、继续前行？（孙仪晨）

她，一个男孩子气的她，一个爱做手工、爱画画、爱踢足球的她，因为

## 活动习作——让成长出彩

高强度的足球训练，晚饭后便瘫睡在床。家里的大公鸡扑腾一声飞上床，在她头上扇动翅膀，又是打鸣又是乱扑，而熟睡的她恍恍惚惚以为这是梦境……第二天一照镜子，"呀！我的头怎么变成了鸡见鸡爱、花见花会开的鸡窝？"洗头已来不及了，她用梳子狠劲地梳了几下，便奔向学校。（周薇）

小小是个爱美的女生，尤其在意自己的发型，见妈妈买回一大堆洗漱用品，她便趁妈妈不注意也没来得及看说明书，便将洗漱用品在自己的头发上一一实践。谁料竟把啫喱膏当成洗发水在头发上洗了又洗。第二天早上一照镜子："哇哇哇！我的头发怎么变成'风成偏形发了'？这可怎么见人啊？"重新洗头发已经来不及了，只能硬着头皮上学去了……（刘奕珂）

到此，在短短几十分钟里，孩子们的观察、想象和表达能力得到了训练，也明白了每个人都会做尴尬的事，都会遇到尴尬的时刻，已经发生的事耿耿于怀也于事无补，关键是往后如何少做尴尬的事。而要化尴尬为从容、坦然，需要的是心态、心胸、素养，还有智慧。这件事如果发生在别的孩子身上，我不会轻易以此做文章，正因为小小性格开朗，我才果断采访。至今我也不能百分之百确定对小小没有伤害，如果有，我要向她表示歉意；如果没有，我要替全班同学感谢她，因为自此之后，同学们更注意自己的仪表了，班里也再没有人嘲笑别人的窘事了。两个月后的一天，只见帅气男孩林林用帽子把头裹得严严实实，一连串的问号直击我的脑门："林林感冒了吗？坐在暖气片跟前难道不热？"我随口一问，谁知他仿佛受到刺激一般，双手抱头，直摇脑袋："老师，别问别问，我的头发！""啊？你也成了鸡窝头？哈哈，别紧张，今天我没空采访你！"在一阵哄堂大笑中我注意到，有几个同学下意识地捋了捋自己的头发。看来，学生知道"正衣冠"的重要性了，也学会了如何预防和化解尴尬。

### （二）"心灵悄悄话"

德国的盖贝尔说过："爱是奇迹，是恩泽，就像自天而降的甘霖。"教育是培养人的活动，只有教育者和被教育者的心灵相互吸引、碰撞与沟通，才能产生良好的教育效果。如何给学生、家长和老师搭起一个"思想碰撞、心灵沟通、情感交融"的平台？如何打开学生的心扉？如何让学生打开心扉去习作？家长、学生、老师之间的友好相处是很好的素材，但如果三者之间存在矛盾、误会或者冲突，用书信对话的方式效果会更好，因为用文字表达的时候，无论是大人还是孩子都会更冷静，更有条理。同时，我们中国人受传统文化和生活习惯的影响，有些话碍于各种原因，当面难以启齿，这时候用书信的方式沟通往往会产生奇效。

曾经有段时间，每天都有几个学生的书本不翼而飞，随后不是在垃圾桶找到，就是在厕所里找到，连续几周找不到线索，作为班主任的我很头疼。后来，我就采用匿名书信的方式寻找这个恶作剧者。在我的引导下，书信活动习作开始了：从对象上来看，有同学写给老师，有同学写给那位同学（指恶作剧者），也有同学写给那位同学的家长；从内容上看，有写对那位同学行为不理解、愤恨的，有写请他/她承认错误、原谅他/她的，有写对丢书事件来龙去脉进行推测的，也有写自己打算如何"破案"的。一个月之后，这位同学终究扛不住，主动找我承认了错误。原来他刚从外校转过来，感到孤独，扔书本是恶作剧，是想引起别人的注意又不愿意被发现，也可能是表示对那些学习优秀的学生的不满。学生用洋洋洒洒的书信解决了问题，我为那个学生保守了秘密，算起来，那届学生现在已经陆续走上了工作岗位。

书信，这种老祖宗流传下来的深层沟通方式，时下正逐渐被其他方式替代，而我却在教学实践中尝到了甜头，对它情有独钟。我曾多次设计书信对话活动，既解决了沟通不畅、沟通不深的问题，也让学生在整个活动过程中提升表达能力，感受到写作的意义和乐趣。

### 活动一：师生对话——从写信开始

#### 1. 突发奇想：写信

2002 年，我从农村调到城市，接手一个新班。班上学生的习惯千差万别，学习懒散，集体观念淡薄，违反学校纪律的大事小事接连不断。我没有及时了解学生的个性，便急躁地采取了一些"高压"政策。结果弄巧成拙，学生似乎对我的做法抱有敌意，很少有学生愿意和我说知心话。他们因怕我而逃避，不愿见到我。我的那颗爱生之心根本没有发出热量来。为什么呢？我在静观默想之后渐有所悟：一张怨气冲冲的脸，一腔没有热情的语言，是根本无法和学生们沟通的。于是，我在教师节即将来临之际的一次班会上，一反常态地微笑着向全班同学宣布："同学们，教师节就要到了，我想向你们要一份礼物，你们猜猜看是什么？"学生们七嘴八舌地议论开来。"给老师买个茶杯""给老师买本影集""给老师献一束鲜花"……在一片议论声中，我郑重地宣布了我想要的礼物——给班主任写一封信，说出自己的心里话。我拟了以下几个提纲：①老师的最大缺点；②我对老师的最大期望；③我最想对老师说的话。这件事在班上一宣布，就连一向惧怕动笔的学生都表现得异常兴奋，提起笔来思绪如滔滔江水，一页页纸上全是肺腑之言。学生的心里话让我喜忧参半，喜的是一部分学生对我的辛勤工作表示认可，忧的是相当一部分学生对我的管理有意见。有的说我管得太多、太严格，不给他们空间；有的说我只为了班级的考评得分，不顾及他们的"死活"；还有的说我偏心，对他们关注不够……

2. 沉重反思：回信

晚上，面对学生们献给我的特殊"礼物"，我的心情沉重了起来，回想起自己平时过激或不近人情的行为，回想起学生每每投来的异样目光，我不禁潸然泪下，虔诚地向每位同学写了回信。第二天早上，我和颜悦色地对学生们说："唐太宗李世民说过'以铜为鉴可以正衣冠，以人为鉴可以明得失'，大家是我工作的镜子，我感谢每位同学给我提出的建议！"读着我真诚的回信，听着我发自内心的表白，同学们第一次向我露出灿烂的笑容，敞开了心扉。许多同学都谈起了我的好，谈起了我在课堂上的风趣、潇洒和游刃有余，一句句温暖人心的赞誉听得我既欣慰，又羞愧。难道自己的职责仅仅是上好一节课吗？

3. 共同的期待：回家

真没想到，一封信的魔力这么大，以诚相待的效果如此神奇，让我在试图投石问路时，却走进了孩子的内心；让我试图看一片绿叶时，却感受到了育人的力量。藏在孩子们心里的话如同决堤的江水，奔涌而出：找缺点，谈问题，讲心事，说委屈，让我感到了往日"正颜厉色"的失败、夸夸说教的苍白，看到了全班同学的共同心愿就是回到班级这个温暖的家。此后，我彻底改变了对学生的态度，一有时间就和他们在一起，一起晨读，一起办黑板报，元旦前一起排练节目，晚会上齐唱同一首歌。久而久之，学生对我这个年轻的班主任有了好感，亲切地称我为"海哥"，我们用信任和爱撑起了这个"家"。后来,一位叫姚江的同学因父母工作调动而离开学校,他在给我的一封来信中写道:"在所有的老师当中,我最爱和您说心里话,我最喜欢您跟我们一起笑、一起玩,好像您也是我们当中的一员。我最不喜欢您生气,因为生气很容易衰老。看到您为了我们,嗓子喊哑了,眼睛里有了血丝,我感到心痛。老师,您要多保重身体,远方的学生时时为您祝福!"看到学生这情真意切的话语,我再次被师生间真挚的情谊所感动。

### 活动二:生生对话——引导从说到写

**1. 大家的心声:无所顾忌的畅谈会**

孩子毕竟是孩子,个性张扬就会犯一些小事。犯错也是一种成长,而重要的是犯错后能及时认错,能尽快改正。班上的同学已形成了合力,接下来就是敢于直言不讳,敢于自我批评。每个月我都会组织学生召开畅谈会。在畅谈会上,有的同学谈到自己的进步,有的同学谈到自己的优点,有的同学查找自身的缺点,有的同学反思自己近期的言行,还有的同学指出了别人的不足……每次畅谈会的气氛都非常热烈,同学们无所畏惧,无所顾虑,因为大家都秉持着一种心态,那就是真诚;都有一个共同的目标,那就是进步。对于课堂上的畅谈,我指导学生们写出来,学生容易写,也乐于写。

**2. 角色体验:别出心裁的批语**

作文本发下来了,上面是老师用红笔写的"师评",下面是"小老师"用红笔写的"他评",再下面是小作者的"自评"。对于这种批阅方法,大家积极响应,学习和阅读均在这激动人心的"他评"中完成,品读和反思均在这不经意的"自评"中完成,学习气氛融融,趣味横生。

**3. 激励鞭策:递交一份满意的答卷**

考试结束后,不告诉家长成绩,家长总感觉被蒙在鼓里;不让家长看试卷,家长又不清楚孩子的强项和弱点,不能更好地因材施教。早在15年前,我就采用了多向互动的办法,在每份卷子上都留下期待和鼓励的话语,消除了学生中自负、自傲、自卑甚至灰心、气馁的心理倾向。

同学一:检测结果(C)

自己的话:我觉得自己不行,但我会尽力的。

组长的话:你这次进步很大,这说明了你行,加油吧!

妈妈的话：我的孩子，分数并不完全代表你的能力。你读课文、讲故事不是挺好的吗？在妈妈的眼里，你不但行，而且很棒！

其实，家长写给我的信是这样的："看了试卷以后我既难过，又心痛。难过的是他辜负了老师的一片苦心。心痛的是他一天到晚都忙于学习，还是赶不上别的同学……"可怜天下父母心呀！像这样的家长，我们不把孩子的学习成绩告诉他们行吗？我们不采取策略让他们鼓励孩子，孩子将来还有自信吗？

同学二：检测结果（B）

自己的话：通过查试卷，我发现了自己的不足，一是对生字似是而非，二是课文背诵不熟练，三是变通能力差。

组长的话：能找到失败的原因是可贵的，最重要的是看你今后的行动。

爸爸的话：吃一堑，长一智，下次注意就好了。

同学三：检测结果（A）

自己的话：我这次考得还可以，不过离我的目标还差一点点。

组长的话：有目标才有前进的动力，我相信你会一直朝着自己的目标前进的。

妈妈的话：都是粗心惹的祸，不过看到你又进步了，妈妈很开心。

## 活动三：两代人对话——书写"悄悄话"

### 1. 家长会：独具匠心的书信对话

家长会前夕，我问同学有没有想对爸爸妈妈说的心里话，全班同学异口同声地回答："有！"我说："好！老师今天就把大家平时想说不敢说，或不好意思说的话，通过一种特殊的方式悄悄地告诉他们，大家快动笔吧！"

家长会接近尾声，我让家长们打开了信件。

家长总以为自己和孩子朝夕相处，对孩子的需要及心思再了解不过了，没想到……

一位对孩子期望值过高，教育方式简单甚至粗暴的家长看到了这封信——

妈妈：有一次，我听广播上讲了一个好妈妈应具备的品质，您一个也没有。广播还讲了一个不合格妈妈的十个坏习惯，您一个也没有。我不知道，您是一个合格的妈妈吗？

性格活泼开朗的小女孩卫杰，给妈妈写下了令人羡慕的话语：

老朋友：这是我们第一次用书信的方式来沟通。我知道这十年来，您为我花费了不少的心血，我感激不尽。我现在年纪太小，没有能力回报您，但请您相信，我长大了一定会挣钱养活您的。有一首歌唱道："世上只有妈妈好，有妈的孩子像块宝，投进妈妈的怀抱，幸福少不了……"是呀，有妈的孩子像块宝，我就是那块宝中之宝。我相信功夫不负有心人，长大以后我一定会加倍报答您对我的养育之恩的。

老朋友，我还有一肚子的话呢，快和我沟通吧！

一对为了孩子的成长无私付出的父母，欣喜地看到女儿袁樱子发自内心的感激：

亲爱的爸爸、妈妈："慈母手中线，游子身上衣，临行密密缝，意恐迟迟归"。"在母亲期待的眼光里，我慢慢长大；在父亲魁梧的肩膀下，我学会了坚强。"就像诗和歌里讲的，在这个温暖的家里，我感受到了母爱的伟大、无私，也感受到了父爱的博大、深沉……今天，借这个机会，我想郑重地向爸爸妈妈说一声："你们辛苦了，谢谢！"

一位性格内向、小心谨慎的同学，也向爸爸妈妈掏出了自己的心里话：

妈妈：您总是担心我会弄坏什么东西，不放心我。其实，我已经长大了，不会那么小心了。而您每次都弄得我不知道该怎样做才对，怎样做才能不受到您的批评……

我身上从来都没有零花钱，请您给我一点自由，让我学着花一点钱吧！我每天写完作业就要弹钢琴，弹完钢琴后又要拉提琴，请给我一点娱乐的空间吧！

一位在校表现好，又很懂事的学生也写出了自己的感受：

妈妈：以前，我没有胆量对您说。今天，终于有了这个机会。妈妈，每当我犯错时，您又打又骂。我知道您打在我身上，疼在您心里。可是我也有自尊啊！有时候，我真羡慕别人家的孩子。妈妈打过后，又把他抱在怀里，安慰他。而您呢？我那时真无法面对您那张严肃的脸，只能躺在床上，悄无声息地以泪洗面。每到晚上，别的家长都守候在孩子身边看作业。而我，只能孤单地坐在台灯前，静静地，听着笔尖滑动的声音，等着、盼着您早早回

## 活动习作——让成长出彩

来……

不经意间，我打开了一封特别的信，走进了母女俩的对话中：

老妈，我不想活在这个世界上了。是我浪费了您的青春年华：要不是因为我，你就不会和老爸分开；要不是我患上了心脏病，您就不会花那么多钱为我治病；要不是因为我，您就不会活得那么痛苦。您说您有个愿望，就是让我学好古筝、英语和那些文化课。我一定会让您美梦成真的。Thanks Mum.

孩子，读了你的信，妈妈既欣慰又难过。欣慰的是你能体谅妈妈，难过的是你怎么会有那种想法。孩子，你可知道，在妈妈的世界里，谁都可以没有，就是不能没有你。因为有了你，妈妈才有了奋斗的目标；因为有了你，妈妈才知道了做母亲的伟大。妈妈的脾气不好，对你缺乏耐心，但妈妈是从心底里爱你的。你有缺点，但你是一个懂事、有爱心的好孩子。妈妈不希望你有不该想的想法，只希望你今后有一个健康的身体和健全的人格。希望你永远健康、快乐！永远爱你的妈妈。

2. 为孩子抱不平：悠悠苍天，知我者何人？

小小年纪，满腹心事，一肚苦水，伤心、委屈、压抑……这一封封看似平常的信，为两代人搭建了一个"思想碰撞、心灵沟通、情感交融"的平台。原以为对孩子倾注了一切的家长也许会长叹："可怜天下父母心，理解万岁！"原以为对孩子了如指掌的家长，再不敢"大话"孩子就是孩子了。这一封封饱含真情的信，或令他们激动、欣慰，或令他们伤心、难过，或令他们吃惊、震撼……家长会在"几家欢喜几家愁"中结束了，留给我的是思考，思考今后如何去做。

从"突发奇想写信"到"递交满意的答卷"，从"无所顾忌的畅谈会"到"别出心裁的批语"，从"独具匠心的书信对话"到"为孩子抱不平"展开系列对话，这些是我从学生对学习的困惑中发现了习作素材、捕捉到教学灵感所展开的活动习作教学。这种以书信进行对话的方式打开了学生的心扉，学生在老师设计的书信对话中情感越来越丰富、语言越来越流畅，用文字表达想法、期望、诉求和对他人感恩的意识越来越强，理解、宽容、关爱、自信等品质在孩子身上扎根、发芽、生长。

## 三、从社会热点中捕捉灵感

人类进入信息化时代,学生的"视界"越来越开阔。一些社会热点问题不仅是成人的谈资,也是小学生关注的话题,更是应时即兴活动习作很好的选题。对于"重庆公交坠江事件""抗疫逆行者""人工智能参加高考""四川甜野男孩丁真""新东方直播带货"等热点问题,教师都可从中捕捉应时即兴活动习作的灵感。教师可以先通过问卷调查了解一段时间内学生最关注的社会热点问题,选择关注度最高的主题,设计话题或者活动,引导学生谈看法、写见解,这对于人生观、世界观、价值观正在形成的学生来说,收获是全方位的。例如,新冠肺炎疫情暴发期间,很多话题都可以引导学生线上或线下习作,特殊时期的特殊习作,会让学生的精神世界快速成长。

### (一)"罗森塔尔效应"

1968年,美国心理学家罗森塔尔和他的助手来到一所乡村小学,从学校一至六年级中各选了3个班的学生,对他们进行语言能力和推理能力测试。测试完毕,罗森塔尔在未看测验结果的情况下,随机选出了20%的学生,然后以赞美的口吻告诉相关老师,说这些孩子很有潜力,将来可能比其他学生有出息。8个月后,罗森塔尔再次来到这所学校。奇迹出现了,他随机指定的那些学生,成绩普遍有了显著的提高,这就是著名的"罗森塔尔效应"。

由于罗森塔尔提供的名单是随机抽取的,因此,那20%的学生并非都是成绩一直优良或者智商较高的孩子。罗森塔尔通过"权威性的谎言"暗示了学校的老师,老师再用他们教学中的行为和情绪暗示这20%的孩子,让他们不知不觉地增强了"我是最棒的"信念,从而更加努力学习,学习成绩也提高了。

每个班级都不乏擅讲故事、擅写作、擅画画、擅舞蹈、擅制作、擅做家务等的学生。教师和家长从一年级起就给他们心理暗示,给他们打上"小作家""小画家""小厨师""小达人"等烙印,虽然不可能如神话传说"皮格

## 活动习作——让成长出彩

马利翁效应"把雕像变成活人般神奇，但是对个体的塑造和激励作用同样惊人。这样做也许不能使每一个孩子达成我们所暗示的目标，但能够催赶他们向着成功的方向奔跑。

2017年，我新接手六年级一个班级。通过一周的观察，我发现学生"静心"不够。如果严肃起来，课堂会压抑、沉闷；如果给学生充分的自由，又往往很难收场。"动静结合"是我追求的目标，但要真正做到并非易事。我想方设法、不厌其烦地进行说理教育，可是过了几天又回到了原样。

这"动"与"静"的问题，成了我心头的一块"病"。有一天我和班级组长开会时，将2015年自己刚从香港交流一年回到咸阳时，看到社会时兴的"广场舞"和"打陀螺"的感受讲给了学生：

回咸阳的第二天晚上，我去了统一广场，但见人潮涌动，一片喧腾。自乐班扯着嗓子，广场舞音乐超分贝叫嚣，滑旱冰的自由穿梭，各种声音比赛似的一浪高过一浪。他们沉醉在表演中，沉醉在叫好如潮的掌声中，分明早已习惯于制造并适应这么大的噪声。而在香港安静生活了一年的我，此刻反倒有些不适应。

我继续前行，远远听到甩鞭子的声音，还蛮有节奏的，但比农村赶牛马的鞭子声还要大出很多倍，似乎要震破耳膜。好奇心驱使我疾步走到清渭楼前广场，呵！原来是一群人甩着响鞭，打着陀螺，有老人、中年人。鞭绳之长、甩声之大、技术之娴熟，我都前所未见，叹为观止。超负荷的运动量累得大爷们气喘吁吁，发出"嘿、吼"的声音，有两位大爷竟裸着上身，几米长的鞭子在空中呼啸着，重重抽打在地面的陀螺上……

这一幕让我想起香港一所学校的毕业礼，为了尽可能保持后台安静，老师全部用手语指挥学生，并不时高举"请安静"的牌子提示学生。几个小时，后台整队、搬道具和演员上场、下场安静有序。

讲到这里，空气像凝固了一般，教室安静得出奇，大家似乎开始反思司空见惯的"广场舞喧闹"和"光着膀子甩鞭"现象，抑或竭尽全力想象香港学生的言谈举止……

过了一会，我接着说：

"全民健身"是好事，应该点赞，但我们要考虑自己的行为是装点了城市的文明还是严重影响了别人。再看看我们的电视节目，最火的是各种选秀和娱乐，从成人到儿童，这算不算走向颓废的浮躁？大家可以一分为二地思考一下。我曾和北京"真之影"电影传媒制片人何钦老师探讨过"大众娱乐、全民娱乐"的弊病，我们都认为这种现象值得反思。

两天前，我置身于香港井然有序的忙碌中；两天后，我回到咸阳全民娱乐的喧闹当中……

众人皆做的事情不一定都对，一个人的观点也并非全无道理。同学们，当你们制造喧闹的时候，请你们想想我描述的"最炫广场舞"和"被抽打的陀螺"吧！

教室里依旧安静，我的话像磁铁一般吸引着学生。这一刻，我愈加体会到讲故事在教育中的重要性。一个优秀的老师一定是有许多故事的老师，而一个优秀的小学老师也应该是有许多故事并擅长讲故事的老师。当天参会的只有十几个学生，而且内容也是我临时发挥的，但我感觉特别有教育意义，便当即安排这部分学生晚上整理我讲的故事，第二天择优讲给全班同学听。

第二天，孙仪晨同学第一个落落大方地上台讲起了故事。真实引人的故事，加上她生动、自信的讲述，教室一片安谧，大家都在反思文明对一个人、一个国家、一个社会究竟有多重要。演讲结束后，教室爆发了热烈而持久的掌声。我趁热打铁，发出了"言行文明，轻声慢语"的倡议。

小学班级德育中的故事教育很受欢迎，而讲故事的人也很重要，孙仪晨是全班公认的优秀生，她博学内敛，不浮躁、不张扬，每次发言或读文章都能赢得一片叫好声。

之后我又宣布了一个决定，给孙仪晨布置了一项更具挑战性的作业——"每课一讲"，讲述每一课的主要内容、读后感或拓展资料并录制成视频，然后分享到语文学习群里供大家借鉴。我坚信她能完成，因为她有能力；我也坚信她能坚持下去，因为她喜欢，而且有超强的意志力。

"寻找讲故事的人"这个案例过去五年多了，实践证明孙仪晨同学做到了。六年级那一年，通过"每课一讲"活动，她越来越优秀，成了班上名副其实的"演说家"。她上课安静认真，课后一丝不苟，是班里同学最尊重的语文"学霸"。她读初中也在我们学校，各科成绩名列前茅，获得"第十三届宋庆龄奖学金"，在"全国青少年弘扬中华优秀传统文化交流展示活动"中以海量的古诗词积累荣获一等奖。

# 活动习作 ——让成长出彩

初中毕业了，新学年的9月1日升旗，我再次请她回来为学弟学妹开学致辞，致辞中，她不忘学校、老师、同学：

我至今还记得春游时的兴奋，运动会上的激动，社团活动中的欢乐，合唱时的尽兴，竞选时的紧张，荣获一等奖时的喜悦，看见自己的文字变成铅字时的自豪……以上种种，都是学校给学生创造的机会，为学生搭建的平台。

感恩学校。学校教育学生不仅要成为有才的人，还要是成为有德、有艺的人。

感恩师长。师长教导犹如甘霖，恰似和风，丰富了我的精神世界。

母校对我来说别有感情，我在这里度过了学生生涯的一大半时光，在获取新知的同时，学校更是多次给予我荣誉，此番恩情重于山、深似海，唯有更加努力，方能回报母校。

感激之情与感谢之意难以言尽，化作行行数语，愿母校前途似锦，再谱华章！

2022年，我去咸阳一所有名的高中参观，在该校的宣传橱窗看到孙仪晨的信息：读书标兵、文科班年级第一名……

可见，"罗森塔尔效应"让平庸者找到自信，让优秀者更优秀。同样被我冠以"小作家""小诗人""阅读达人"的学生，我会找各种机会让他们多写多练。这些学生对写作的兴趣和热情始终如一，写作几乎成了他们的一种习惯和生活状态。

## （二）线上抗"疫"

2020年伊始，新型冠状病毒肺炎疫情暴发，党中央带领全国人民"坚定信心，同舟共济，科学防治，精准施策"，打响了疫情防控阻击战。为响应教育部"停课不停学，成长不延期"的号召，教育部"国培计划"名师领航工程海淀进校培养基地的导师和学员积极行动，研究探索线上教学，推动育人方式变革，指导学生居家成长。

海淀进校培养基地的11位学员在罗滨校长和申军红副校长的指导下，参与了"领航名师之声"系列微课，用声音表达对居家线上教学的主张和观点。

主张"灵动语文"的浙江省特级教师林乐珍以"疫情之下的学习如何发生"为主题,号召教师设计结构化的主题,开展项目化学习,组织学生多角度交流,为学生提供"资源+支架",从而实现线上的高阶学习。

主张"本质数学——数学化思维与方法"的河南省特级教师孔冬青以"当'主播'不当'主角'"为题,从"课前设置有思维含量的问题,变教师的微课为学生的微课;课堂实现学生思维的有效互动;课后做好课堂学习的补充延伸"三方面阐述了如何指向学生的能力发展,让学生成为学习真正的主角,从而解决线上数学教学的"教之困、学之难"。

主张"融合语文"的江西省特级教师王文娟以"线上学习'小鬼'来当家"为题,分享如何招募学生做导播,从而实现"学习内容我做主、学习方式我做主、作业设计我做主"的途径和方法。线上学习"小鬼"来当家,充分信任学生,居家学习也精彩。

主张"生生相长"的浙江省特级教师范群以"疫情下的心灵食谱"为题,分享作为班主任在特殊时期给学生补充最佳"心灵补品"——早餐"信心的能量棒"、午餐"暖心的热鸡汤"、晚餐"思想的麻辣烫",让学生拥有信息的宽度、情感的温度和思想的深度。

主张"心灵对话"的云南省特级教师张云书以"让线上化学教学更有活力"为题,从"线上课堂,创意实验;线上答疑,分层分类;线上作业,限量重质"出发,分享如何让线上教学更有质量、更有活力。

主张"情智数学"的海南省特级教师林景以"数学阅读让学习情智兼得"为题,提出通过"第一学段在视听活动中点燃兴趣,第二学段在文本拓展中发展思维,第三学段在实践探究中增长认知"的数学阅读策略,让学生发现数学的可爱与奇妙,发展学生的认知和思维能力。

主张"生活化作文"的重庆市特级教师李永红以"'一文三读'让言语实践走向深度"为题,以名著《骆驼祥子》第一章为例,呈现如何通过设计"一文三读"(速读:限时限量,获取信息;略读:勾画圈点,概括提炼;精读:掌握程序,从读到写)的阅读活动,指导学生由浅入深开展言语实践。

主张"至真课堂"的云南省特级教师罗蓉以"线上阅读亦可有模有样"

**活动习作**——让成长出彩

为题，从"阅读内容要有料有品，第一、第二学段要有法有趣，第三学段要有知有能"三方面介绍如何针对学生的学段特征，通过阅读内容的精选、阅读过程的设计、阅读活动的实施，让学生在线上有模有样地阅读，实现真学习、真积累、真成长。

主张"为学而教"的内蒙古自治区特级教师安永全以"让心从游戏回到成长"为题，从"线上召开班会，从精神层面激发学生的学习热情，从目标层面引导学生拼搏"到"采用项目式学习吸引学生投入，组织生生互动拓展思维促进成长"，再到"与家长同频率触动孩子的心灵"，介绍如何让学生把心收回来，不负成长。

主张"基于理解教数学"的北京市特级教师杨冬香以"'云'复习不要'飘'"为题，从"'云复习'内容设计要体现专题性、拓展性，教学实施要体现关键性、探究性，学习评价要注重应用性、互动性"三方面讲述了教师要主动寻找"云"教学的可为空间，培养学生自主学习的能力，建构对数学的理解，提升线上数学复习指导的效果。

通过了解这些领航名师的观点和做法，我们不难发现，尽管大家来自不同省份、不同学段、不同学科，但是都不约而同做到了这四点：一是找准线上教学中的弊端，像孔冬青老师所描述的那样："我们看不见学生是否在凝神思考，无法第一时间判断学生是否理解，无法实现和学生的有序互动，缺少了课堂生成性资源利用的精彩，甚至完全是老师自说自话。而学生也是第一次面临全天候上网课，常常是有了问题却无法第一时间得到老师的释疑，老师精心推送的微课听其声不见其人，还来不及思考，老师已把知识和盘托出，看名师们精心讲授的视频课，没有自己的亲身体验，效果也不尽如人意，多数学生靠记忆、靠练习不断强化学习。这样的线上教学仿佛又回到了课程改革之前，以老师为中心，老师讲、学生听，老师给、学生收，学生被动服从，失去了学习的兴趣。"对症解决问题，同时寻找疫情期间可供开发利用的教育资源及线上教学中可利用的平台和方法，扬长避短。二是名师们都将学科教学与生命成长有机结合，做到了"停课不停学，成长不延期"。三是注重学生学科核心素养和关键能力的培养。四是力求凸显学生在学习中的主体地位，将知识学习融入系列化活动的居多。

名师们的经验，让我更加坚信自己一贯坚持的语文系列化活动的意义和价值。我将自己平时利用微信群所开展的线上长线活动从形式上进行删减优化，聚焦为"每日一诵一得，每周一观一感"长线活动习作，所选诵读和观影内容更符合特殊时期"居家、线上、防疫"的实情，带领工作室田秋红、杨彩霞、张莹、刘小庆、邢晓红等成员在一些班级中实践，并通过程序化推进、针对性指导、跟进式评价，最大限度将无情的"疫灾"转化为教育契机和资源，最终落在"有感而写"这一重点上，使学生经历了一段深度学习之旅、一堂生命成长的大课。活动中学生诵、观、思、写的热情都很高，作品带给我们诸多惊喜。

**1. 每日一诵一得**

在"每日一诵一得"活动中，明确"诵""得"与学习语文的关系："诵"为"学"之源，"得"为"学"之果。晨诵暮得，将学习语文的方法"听、说、读、写"一以贯之。

首先，配餐——诵什么？

所选内容的难易程度要符合语文课程标准学段要求，由课本向外延展，结合社会时事，侧重文化精粹，立体化配方，营养丰富又易消化。一是课本中需要背诵积累的诗词语段；二是疫情之下的文字养料（如众志成城面对困难和灾难的语段，礼赞医护人员的语段，敬畏生命、珍爱健康的语段）；三是国学经典中的语段，如第一学段《弟子规》《千字文》，第二学段《笠翁对韵》《增广贤文》，第三学段《诗经》《论语》；四是学生推荐的语段。

早晨，学生听着教师发送的或动听悦耳或充满磁性的语音诵读和讲解，开始洗漱、吃早餐，开启新的一天，他们备感惬意、备受鼓舞。比如，六年级学生周一诵读的是第一单元需要背诵的四首诗。周二，师生诵读的是形容众志成城面对困难、灾难的语段。周三，学生听到的是教师读得如诗如画的词语。周四，教师带领学生诵读感悟的是古人敬畏生命、珍爱健康的经典语句。周五，诵读内容和领诵人员很神秘，原来是教师通过前半周上传的诵读作品，挑选出最优秀的一个学习小组推荐内容并领诵，果然，内容精彩，诵读出彩！学生，给点阳光，他/她便灿烂！

其次，如何得——得什么？

晚饭过后，让学生选择一方静谧，播放一段音乐，用 20 分钟记录当日心得，以诵读内容为主，还可涉及新闻时事、保护野生动物、做家务、读

## 活动习作——让成长出彩

书、防疫，为患者、医护人员祝福，为武汉、为中国加油等方面，提倡图文并茂。随后，教师抽一组学生上传心得，通过网络点评，充分鼓励，指导学生用朴实、凝练的文字记录当天所见所闻、所诵所得、所思所悟，以我手写我口，以我手写我心。

学生诵读之后的心得多元、深刻，这从他们习作的题目中已经体现了。

如诵读"岂曰无衣？与子同袍"的心得：《国难当前大将先行》《国之强 储之丰 民之福》《与武汉在一起》《"岂曰"一词力千钧》《与子同袍，希望不灭》《春天定会来》。

诵读"人心齐，泰山移，独脚难行，孤掌难鸣"的心得：《聚民族之力，决胜千里之外》《"抱团"抗灾难》《众力众智，无惧无畏》《发扬"蚁群"精神》《让中华民族在风雨中永恒》。

诵读"回春之术、医者仁心"的心得：《苍生大医》《医者仁心，止于至善》《你们的坚守，就是我们的幸福》。

诵读"天地无终极，人命如朝霞"的心得：《生命的诠释》《生命在于表达》《珍惜生命就要珍惜今天》《生命之花尽情绽放》。

诵读"我命在我，不在天"的心得：《毫不畏惧，把握命运》《信心是命运的主宰》《与疫情抗战到底》。

诵读"忠诚是长寿之本，善良是快乐之源"的心得：《因为善良，所以快乐》《忠诚善良，人之根基也》《养生有道，颐生有方》。

诵读"生活不止眼前的苟且，还有诗意和远方"的心得：《梦想，指引人生的明灯》《但问耕耘，莫问收获》。

诵读"君子务本，本立而道生"的心得：《固本培元，完善自我》《君子务本，"孝"为先》《孝悌仁义》。

学生的心得记录即成长足迹。六年级（1）班的王浩舟同学诵读"学贵有恒"后的收获如下：

记得有一次，我和爸爸坐在河边钓鱼。我坐在岸边，心不在焉地拿着钓竿问："爸爸，这都等了多久了，鱼怎么还不上钩呢？"爸爸耐心地回答道："钓鱼就是考验人的耐心和恒心，鱼不可能那么快就上钩。但只要持之以恒就一定能钓到鱼。"我恍然大悟：李白若不是受到铁杵磨成针的启发，怎么会拥有如此高的文学造诣呢？司马迁若没有持之以恒的精神，又怎能写出流传千古的《史记》？于是我重新拿好钓竿耐心等待，最终钓到了一条大鱼。这也让我明白了，学习就是一场马拉松，起跑领先凭借的是天资，第一个冲过终点凭借的却是恒心。我们要潜下心来，合理地运用碎片时间，日复一日、年复一年，持之以恒，相信我们一定能够取得令自己满意的成绩！

五年级（1）班的殷若涵同学经过一周的诵读，写了一首长诗——《宅家诵读心得》，节选如下：

> 二月二，龙抬头，全民仍在抗疫中。
> 鸟儿叫，春来到，少年依窗向外瞧。
> 人来人往说又笑，更有甚者弃口罩。
> 战疫仍是关键期，切莫侥幸丢警惕。
> 宅在家里来学习，日日诵读见金句。
> 谁曰华佗无再世？我云扁鹊又重生。
> 少年强，则国强，古人曾把道理讲。
> 国家抗疫莫旁观，人人都做防护员。

### 2. 每周一观一感

疫情期间，我每周布置一份有趣的作业——围绕一个主题至少观看一部电影。教师推荐一些电影，学生自己选择影片和时间去看。第一周，推荐灾难片《传染病》《惊天动地》，让学生了解自然灾难及传染病对人类的威胁，了解人类又是如何研究并攻克这些医学难题的；第二周，推荐中央电视台纪录频道持续推出的融媒体短视频《武汉：我的战"疫"日记》，让学生从亲历者的镜头中了解最真实的"疫"和"战"，见证全国人民的万众一心，相守驰援；第三周，从"全国中小学生优秀影片"中推荐环保、生存、亲情等类型的电影，如《熊猫回家路》《家园》《与狗狗的十个约定》《迁徙的鸟》《微观世界》等，引导学生关注生态、关注环境、关注社会。

观影后，根据影片的类型选择输出和表达的方式。看完发人深省的影片后展开头脑风暴，先来一番"天马行空"的思维发散，再表达个人的核心观点；看完感人至深的影片后写观后感，给学生在记叙剧情、表达观点、联系实际、抒发情感、升华主题等方面提供写作支架；看完环保方面的影片后以书信、诗歌、手工或音乐作品向社会发出倡议；看完疫情纪录片后以自己的方式向主人公送去祝福或者提供力所能及的援助。

## 活动习作——让成长出彩

面对严峻的新冠肺炎疫情，在"加长版"的假期里，这些学习活动触及了学生心灵。他们感受到保护地球家园的重要性，认识到灾难降临不分种族、不论国界：有的从湖北的子岚同学身上学到了什么是乐观自律，视其为榜样，规划自己的生活；有的从逆行者的背影中看到舍小家、顾大家的英雄的使命担当；有的从外国友人的行动中感受到大爱无疆；还有的从病情初愈又向其他患者献血的事迹中明白了爱需要彼此传递！他们不再害怕、焦虑，而是理性客观看待此次疫情，并自觉居家防疫，没有怨言！

五年级（2）班的秦思涵同学的习作《观〈武汉：我的战"疫"日记〉（第一集）有感》先抑后扬，以影片内容为切入点娓娓道来，情节生动。小作者在文末写到她从影片中收获了一个宝贵的礼物：

疫情期间不停下手中的笔，不停下朗朗诵读的口，装进我的人生行囊中继续前行！疫情之下一幅幅催人泪下的画面，告诉我们所有人不能因为疫情丧失斗志，不能因为挫折放弃梦想。

"哪有什么岁月静好，只不过是有人为我们负重前行罢了！"六年级（1）班的侯羽辰同学的习作写出了视频所见和所感：

视频中的人，或是治愈出院的患者，又或是战斗在前线、不辞劳苦的医护人员，虽然身在重灾区，但他们乐观坚强，默默奉献。观看视频，我感受到满满的关爱和正能量。我们应该少些发愁叹气，多些乐观豁达。正如歌词里说的"搭把手，就过去了"。

现在正值抗击疫情的关键时刻，全国人民团结一心、共渡难关，我相信胜利终会到来的！同时，我还想为前线的医务工作者们加油打气："白衣天使们，别担心，春天终会到来，疫情终会过去。武汉，加油！中国，加油！"

疫情是一部鲜活的素材，它让成年人守望相助，敬畏生命；它让孩子们学会感恩，懂得自律。六年级（1）班的王浩舟同学从视频中的子岚哥哥身上学到了乐观和自律，霸气十足地亮出了自己的目标："战胜自己，超越别人。"

看了视频中的子岚哥哥，我瞬间明白了什么叫"不怕班里有学霸，就怕学霸放长假"。自律乐观的子岚哥哥将这个与众不同的假期过得丰富多彩，我也应该向他学习。这个假期正好给了我一个追赶超越的机会，我要把握住机会，每天有条不紊地学习、生活，真正做到严于律己。

## 第四章
走向生活的活动习作

"仁者乐山山如画，智者乐水水无涯"，在我看来，子岚哥哥就是一位智者，我要学习他的自律和乐观。从现在开始，我要将自律和乐观这两颗种子深深地埋在我的心底。我坚信：我不但会战胜自己，也会超越他人。

六年级（2）班的豆林泽同学的习作《众志成城，共抗疫情》写到了自己的"惭愧"和努力的方向：

最令我感动的是视频里面低年级的学生，都待在家里认真写作业、弹钢琴、认字等，不给国家添乱。与疫区的学生们相比，我实在是惭愧，许多地方做得不如他们。我面临小学毕业，当前的主要任务就是积极参加学校组织的线上学习，认真完成老师布置的作业，抓紧时间学习科学知识，自主管理，自我约束，静下心来阅读经典著作，广泛涉猎其他领域的知识，感悟中华文化的博大精深。将来，我也要像钟南山爷爷那样为国出力、为民效力。

六年级（1）班的赵子鑫同学的习作《武汉：我的战疫日记》让我们再一次深刻感受到了"爱无国界，友情无疆"的力量：

来自英国的喜剧演员、"憨豆先生"的模仿者 Nigel 留下来了，住在一间租赁的公寓里。虽然生活受到一定影响，但他依然保持积极向上的生活态度，并用手机拍摄了很多正能量的视频。他说，他最喜欢做的事情就是用一些正能量的短视频来鼓励人们走出这段阴霾的时光。一天傍晚，小区的人们齐声大喊："武汉加油！"Nigel 也在其中，他记录下了这一刻，并做成视频短片上传到网站上，展示了世界人民的团结友爱和相互支持。

六年级（2）班的闫蕴珊同学引经据典、旁征博引，用流畅的语言、真挚的情感，写出了自己对生命的深层认识。选材典型，又能结合自身实际去写，富有丰富的意蕴，习作内容充实饱满：

"新型冠状病毒"，这个可恶又狡猾的小东西，夺走了一个原本欢乐祥和的新年，还顺带把人们的健康和平安"蹂躏"了一番，这次疫情给我的内心涂上了一抹黑色。

今天看了一组视频11个故事，这些故事都在告诉我一个道理：认真地过好平凡的生活是多么幸福的一件事。我们平时都在忙着向前奔跑，平凡的生活好像没什么特别之处，可一旦被夺走了，才知道它的珍贵。

"二战"时期，伦敦被德国的飞机轰炸，80%的城市成为废墟。丘吉尔来到街头，看到他的国民如常地排队、有序地生活，他倍感欣慰。

## 活动习作——让成长出彩

我还看过一篇文章,作者在日本遇到一次地震,他在电车车站里看到地震来临时,咖啡厅里的人们表情镇定,检票口处人们有序通过,没有人流露出慌乱的神情。

灾难来临时,能有序地生活是需要勇气、定力和智慧的,这份勇气就像一道光,照亮黑暗,驱散恐惧。

在战争中,丘吉尔曾这样评价英国的空军:在人类征战的历史中,从来没有这么多人对这么少的人,亏欠这么深的恩情。我想,这句话如今正适合用在我们的白衣战士身上……

但丁在《神曲》里这样描绘地狱之门:"你们走进这里,把一切希望抛在后面!"地狱里最可怕的惩罚就是没有了希望。所以我想,当我抬头看着太阳,脚下踩着希望,眼前的困难又算得了什么呢?

我们欣喜地看到,将特殊时期的特殊情况化为教育资源,开展"一诵一得,一观一感"长线活动习作,学生的生命观、健康意识、责任担当、环保行动力、家国情怀等方面都有提升,他们尤其对生命的独特意义有了深刻认识。不但学生如此,成人也是如此。正如《朗读者》第二季第三期"生命"卷首语所讲:

生命可以是"能够被毁灭,但不能够被打败"那般顽强……

生命如果有颜色,会不会看上去就像凡·高的《向日葵》和《星空》?生命如果有态度,是不是听上去就是贝多芬的《田园》和《英雄》?生命的意义是如此厚重,无论我们怎样全力以赴都不为过,因为我们生而为人,生而为众生!

学生在成长,教师也在收获。工作室田秋红老师写出了自己参与长线活动习作的心得和收获:

回想刚参加长线活动时,自己就像《桃花源记》中的渔人,本是以好奇之心缘溪探幽,没想到在"山有小口,仿佛若有光"的诱惑下渐走渐进,直至"桃花源"的美景展现于眼前时,已不忍离去。

……

打通语文和生活的壁垒,打造语文学习的"动感地带",用各种活动让学生展示生命的奇迹和力量。活动让所有人的生命能量得到展示,聚焦有点,融合有章,形成一种强大的阅读场、教学场、生命场,身处其"场"中的每一个人都有了全新的体验和感受。这样的活动，不仅呈现了习作教学的情意浓浓、生机勃勃，还呈现了语文教学的高境、大境、远境，而且让参与其中的每个人对自己越来越有希望，对未来越来越有憧憬。

## 第二节 创意创新——发现生活中的"新"

2005年，时任国务院总理温家宝看望钱学森。钱老感慨道："这么多年培养的学生，还没有哪一个的学术成就能够跟民国时期培养的大师相比。"钱老又发问："为什么我们的学校总是培养不出杰出的人才？"这就是著名的"钱学森之问"。"钱学森之问"是关于中国教育事业发展的一道艰深命题，需要整个教育界乃至社会各界共同破解。钱老所说的杰出人才，应该指的是各行各业卓越的顶级人才，而"创新"应该是他们必备的素质之一。带着钱老这一"世纪之问"，我在实践中也琢磨，作为语文老师，在活动习作中能为新一代创新型人才的培养做点什么？

在从生活中发现习作新素材，寻找习作教学新灵感、新路径的过程中，我探索出了"创意创新"活动习作。从文本体裁、活动形式、叙述视角、题材内容四个方面革新传统习作课内容和形式固定化所带来的选材荒芜，学生动力不足，习作套路化，作品程式化，甚至呈现假、大、空等倾向。工作室的杨彩霞、田秋红、程雪原、赵琦琦、光明霞、张晓丹、姜晓娜、张莹、刘小庆、邢晓红、拉姆次仁、牛海英等老师先后参与了实践和推广，无论是老师本人还是学生都获益匪浅。

### 一、文本体裁的"新"

在常规的习作教学中，记叙文、说明文、散文等体裁界限分明，教师采用固定的教学模式，教给学生常用的写作方法，学生掌握起来比较快。但是在调动学生习作的积极性，使他们写出有独到见解和创新意识的作品方面，常规习作教学存在局限性。说明书在生活中随处可见，若教师巧妙借用说明书这种文体，大胆跨界，大做文章，会带给师生意想不到的惊喜。

## 跨界说明书

【设计缘起】

"跨界说明书（_____说明书）"，以半命题的说明文体裁，让学生选取自己感兴趣的对象，在教师的指导下学习说明书的结构特点、表述方式，最后完成这一创意习作。其最大特点是"有趣"，难点是"换位"，需要学生转换思维方式，转变表达方式，这一难点充满挑战，同样是学生实现习作能力突破的抓手。

【创意活动】

### 活动一：先入为主

（1）学习说明书的写作方式。

教师进行现场教学指导，向学生发放有关说明书的参考资料，让学生对说明书进行了解和学习。

（2）掌握说明书的表述特点。

学生自主学习，通过网上查询资料或者在周围环境中找寻说明书进行研读，学习说明书的写作要点。

1）说明书的类型：产品说明书、使用说明书、安装说明书。

2）说明书的写作特点：说明性、科学性、简明性。

3）说明书的结构及写作方法：概说、陈述、解说等。

### 活动二：妙笔生花

（1）选择对象。

这是一次半命题习作，引导学生确定说明对象，补充题目。

1）补充为人，可以是某个具体的人，如我、我的弟弟等；可以是某一类或某一职业的人，如爸爸、妈妈、弟弟、爷爷、学生、教师、交警、清洁工、班长等。

2）补充为物，如电视、台灯、沙发、水、土壤、空气、雾霾、病毒、机器人小管家、手机等。

3）补充为动物，如小猫、小狗、老虎、狮子等。

4）补充为植物，如某一种花草树木等。

5）补充为人体一部分，如头发、牙齿、心脏等。

6）补充为其他事物，如夜晚、时间、春夏秋冬等。

（2）创意习作。

学生在教师指导下进行《跨界说明书》的习作，结合对说明书的格式、种类和写作特点的了解，对所选主题以说明书的形式做准确、有趣的介绍。

1）新，新颖的素材。本次教学增加了习作的难度，也意味着要提高其趣味性，因此，选材要在"新"上下功夫。

2）奇，奇特的构思。习作对象的跨界和文体的跨界，要求必须有奇特的构思做保障。

3）妙，巧妙的表达。初次尝试这种习作方式对学生来讲挑战很大，得体、准确的表达是前提，是读者阅读时不会"被穿越"的保证，也是文章散发感染力、新鲜感的关键。

### 活动三：鬼斧神工

（1）习作修改与完善。

在与老师和同学交流后，对自己的习作进行反复推敲、修改，比如主题、格式、表达方式等，针对不足之处进行完善。

（2）习作交流与展示。

1）关于自己修改。

文章要自己改，学生只有学会了自己改的本领，才能把文章写好。（叶圣陶）

2）关于"删减"。

写完至少看两遍，竭力将可有可无的字、句、段删去，毫不可惜。（鲁迅）

写作的技巧，其实并不是写作的技巧，而是删掉写得不好的地方的技巧。（契诃夫）

3）教师指导修改方法："增""删""调""改"。

初级要求：①格式是否正确；②书面是否整洁；③错别字订正；④病句修改；⑤标点符号修正。

高级要求：①审查主题思想是否鲜明。②审查所用材料是否典型。③审查结构：开头是否有吸引力，结尾是否深刻，段落之间的联系是否紧密，过渡是否自然，全文能否构成有机的整体。④审查表达方法：记叙是否清楚，描写是否生动，抒情是否自然，议论是否辩证，说明是否准确。⑤审查语言水平：语言是否准确、明白、通顺。

【创新习作】

在《跨界说明书》的创意习作活动中，学生结合自己的实际生活，通过创新的文体进行表达，令人耳目一新。

（1）新颖的选材。

学生在选取习作素材时，结合自己的兴趣需要，主题别出心裁，与众不同。比如张怡萱同学的《姥姥说明书》，通过说明书的写作方式表达对姥姥的感情，是一篇充满爱的说明书，语言幽默风趣，字里行间无不是对"老太君"的称赞和爱戴。王思宇同学的《人造肉说明书》习作选材新颖，通过清新、简洁、有趣的语言，说明了人造肉的制作方法、配料、用途，还对人造肉的分类进行说明，一目了然。此外，还有诸如《雾霾说明书》《茶杯狗说明书》《蝙蝠说明书》《手机说明书》《爸爸说明书》《妹妹说明书》《我的说明书》等新颖的选材，令读者久久难忘。

（2）奇特的构思。

学生通过说明文的创意习作实现了习作对象的跨界和文体的跨界，并且文章构思奇特，别具一格。姚佳辰同学的《教师使用说明书》将教师比作一剂良药进行创意说明，将教师的工作时间和特点表述为"用法用量"，将教师的职责表示为"用途"，将教师对学生的要求表述为"特别注意"，文章新奇有趣。下面是曹航志同学的《"微笑"说明书》，将微笑作为说明对象，通过说明文的形式描写微笑的成分、作用、使用方法、适用人群以及注意事项等，读完说明书，细细品尝才知道，微笑看似没有味道，实则甜蜜无比。

# "微笑"说明书

【英文名】smile

【拼音名】wēi xiào

【性状】无色、无味,呈月牙状。多巴胺的释放会使人愉悦,使"空气"变得香甜。

【成分】爱、温暖、自信、友好、真诚各2克,共10克。

【作用】治愈难过的心灵;安慰紧张的情绪;使人精神面貌焕然一新,增强亲和力。

【使用方法】两侧嘴角上扬,大于20度即可。

【适用人群】

(1) 缺乏自信的人。

(2) 脾气暴躁的人。

(3) 不苟言笑的人。

(4) 郁郁寡欢的人。

(5) 过于忙碌的人。

【用量】一日不少于八次,每次不少于10秒。

【注意事项】

(1) 剂量因人而异,量少让人感觉敷衍,量多让人感觉虚假,可视具体情况增减剂量,以达预期效果。

(2) 不宜在悲伤场合使用。

(3) 不宜在进食时使用。

(4) 不宜一个人独处时使用(否则建议急转精神科)。

【试用反馈】

据试用者反馈,"微笑"可以有效改善情绪,显著影响心情,体现个人修养,改善人际关系,长期使用可以增进人缘,对身体有保健作用。

【有效期】永不失效

【生产日期】同使用者出生日期

【批准文号】天药准字T00000001

(3) 巧妙的表达。

学生的说明文写作体现了文章的准确性、感染力、新鲜感。侯羽辰同学的习作通过描写自己的说明书，写出了真实的自己，把自己的性格、特点通过幽默的方式表达出来，同时也强调了自己在各个方面的特长和强项，语言清晰简练，风趣幽默且生动形象、切合实际。他菁森同学的《茶杯狗说明书》通过对茶杯狗细致入微的观察叙述，表达方式拟人化，向读者展现了又萌又蠢的"减压神器"，读来使人倍感亲切有趣。闫蕴珊同学年纪虽小，但对"西方哲学"这个遥远又深奥的概念参透得深刻，令人叹服！尽管像小作者所介绍的"以此学问为职业则容易失业，不能带来面包，只能增加面包的甜味"，但由此说明书可见这位六年级学生对哲学的理解和兴趣，说不准将来会成为哲学家。

## "西方哲学"说明书

【通用名称】西方哲学

【生产日期/产地】大约 2600 年前/诞生在希腊爱琴海地区

【成分】

心灵的曙光、自我的意义、爱智的趣味、自然的魅力、理性的庄严、宗教的境界等。由追问人、世界和自然的秩序而形成的思考与理解的知识谱系。

【原名】爱好智慧

【适用范围】需要启发思路的所有人群

【产品特点与作用】

（1）学科之母、科学奠基者，可以帮助您探寻源头、寻找真理、思考根本的问题。

（2）不是切下世界来做研究，而是在研究整体世界时帮助您整合知识系统。

（3）其他学问以寻到答案、解决问题为终结，它研究的问题许多是没有答案、最终也解决不了的，但可以帮助您理解原因与恢复理性。

（4）可以随时满足您"是什么、为什么、为了什么"的好奇心。

（5）可以拓展抽象思维和逻辑能力。

【注意事项】

（1）若以此学问为职业则容易失业，不能带来面包，只能增加面包的甜味。

（2）在思考带来快乐的同时，若您出现发呆、失眠或脱发等情况，注意休息便可缓解。

（3）真理是无法得到的，需要一生追求，请做好心理准备。

除了《跨界说明书》的创意创新活动习作教学，我还指导学生写《活动策划书》，这个题材和内容对于长期参与活动习作的学生来讲难度不大。于是，我又指导学生撰写能够真正付诸实践的《创意活动策划书》。这一活动习作带给我们两个惊喜。

一是活动主题鲜明，涵盖的内容丰富。有创意来自中央电视台"创意空间"的环保主题《变废为宝创意活动策划书》，有以时事为主题的《防疫知识大冒险创意活动策划书》，有关于语文阅读类主题的《原创古诗词比赛创意活动策划书》，有培养学生背诵古诗词习惯的《"每日雅诵"创意活动策划书》，有读书分享类的《"餐桌读书会"活动策划书》，有探险类的《攀登者创意活动策划书》，有感受诗词之趣的《"飞花令"创意活动策划书》，还有志愿者活动类的《"送给鸟儿一个家"活动策划书》。

二是习作表述清楚，促进活动不断创新。学生在经过撰写和完善策划书后，呈现的文章能清楚、准确、有条理地表达活动的内容和流程。《"飞花令"创意活动策划书》的作者希望家人能赏中华诗词、寻文化基因、品生活之美，通过对诗词知识的比拼及赏析带动全家人重温学过的诗词，分享诗词之美，感受诗词之趣，从古人的智慧和情怀中汲取营养，涵养心灵，活跃家庭文化氛围，通过详细的规则要求和活动流程体现了本次活动的内容；《"每日雅诵"创意活动策划书》为了培养学生的背诵习惯，进行了每日、每月的活动策划，还设计了背诗接龙、叠字接力、抓阄背诗等游戏活动，易于操作。可见，活动策划书对于学生打开思路、设计有创意的活动以及提高参与活动的意识，都大有裨益。

而通过文本体裁的创新，学生可以自由选取主题，符合学生的兴趣需要，并且通过了解不同的文体写作方式，拓宽了学生的习作思路，培养了学生的创新思维和习作能力。

## 二、活动形式的"新"

"形式服务于内容"这句话没错，但是小学生常常把形式看得比内容重，他们喜欢打破常规、令人眼前一亮的活动形式。我们工作室在五年级进行了"名著人物秀"和"音乐视听想象"等尝试，由高婷老师执教。无独有偶，2019年统编教材恰巧在五年级下册安排了"走近中国古典名著"的主题单元，于是，我们将这些活动作为统编教材的"新料"，打造了习作教学的升级版。

## 名著人物秀

【设计缘起】

小学生阅读名著的必要性毋庸置疑，关键是教师须心里有谱：只要引导，学生就能读得有滋有味吗？并不见得。我认为引导学生阅读名著，首先要让学生对名著里的语言、故事、人物有"亲近感"。对语言有"亲近感"，也就是消除文字障碍，这一点容易解决，市面上有适合不同年龄段学生阅读的版本。而我们让学生对故事、人物有"亲近感"的做法是"跨越时空，化身人物"。

【创意活动】

### 活动一：快乐阅读

以统编语文教科书五年级下册第二单元的《草船借箭》《景阳冈》《猴王出世》《红楼春趣》为引子，让学生选择四大名著中最喜欢的一部，利用一个月的时间阅读。

### 活动二：奇妙化身

锁定名著中自己最感兴趣的一个人物，通过品读原著，查看人物评析类文章和视频，了解、揣摩人物的相貌、性格、品质、精神、事迹等，在家里练习模仿。

**活动三：人物秀场**

（1）有创意地准备服饰、造型、道具并尝试化装。

（2）自选方式，利用一节课展示。

方式一："我"的介绍。说说原著里的"我"，也可以穿越时空发出感慨。

方式二：一个人的亮相。可以是造型加上一举手、一投足、一段表白。

方式三：多个人的表演。根据剧情，有编导、有设计地倾情表演。

方式四：拍摄表演集锦。拍摄个人模仿秀图片，与原剧中人物图片"对对碰"，或者录制带有生活场景的表演短视频在班上播放。

常开心同学化身林黛玉

**活动四：自由表达**

（1）"秀场"采风。

以个人"秀场"展示、经历、体验为素材，叙写"秀场"逸闻趣事：锁定要"秀"的角色，抓住书中人物的语言、动作、神态、心理等揣摩人物，与伙伴合作演对手戏，借助服装、道具、化妆等丰富人物形象。

（2）名著"人物谱"。

在品读的基础上，抓住名著人物的外貌、性格、典型的事例、精彩的语言、突出的作为等，为名著人物制作"创意名片"。

（3）名著"故事单"。

用独特的方式讲述名著中的经典故事。例如：画"西游"路线图、缩写"三国"故事、整理"红楼"诗集、漫画"水浒"故事等。

【创新习作】

学生在富有"代入感"的创意设计中，通过"快乐阅读""奇妙化身""人物秀场""自由表达"活动体验后所创作的习作，将四大名著"一网打尽",既还原了原著人物,又有很多个性化、创造性的表现。

(1)"秀"形象,秀出新意。

在"秀"形象活动中,学生反复琢磨剧中人物的相貌、着装,甚至身处的环境、手中的道具,等等,这些都丰富了其对名著人物的认知。殷若涵同学在《做回唐三藏》中写下了自己"秀"唐三藏的经过,"信手拈来"的服装道具也极富创意:

《西游记》中,唐长老慈悲为怀、救助苍生的形象深深吸引着我,我决意"秀"唐三藏。打开衣柜,我拿出一条红色围巾,又找来一个红色的衣架,把围巾裹在衣架上,戴在头顶试试,不错,五佛宝冠就准备好了。接着,我要准备袈裟了,我穿好自己的黄色风衣,将一条红色大围巾盖在左肩上,看看自己,有点红袈着身的味道。我又拿出妈妈的口红,在额头上点一个圆点,这多像用戒香炙烧的戒疤。妈妈的一串紫檀项链也派上了用场,我用心戴好"佛珠",双手相托,双目含笑,侧脸目视远方……

谢嘉尧同学在《"秀"武松打虎》中反复揣摩武松的语言、动作、神态:

我拿出家里的擀面杖当"哨棒",想想文中多处写"哨棒",每一处所用的动词都不一样,有"倚""绰""提""拖""绾""拿""抢"等,写武松打虎时又用了一系列动词"劈""揪""按""踢""打"等,我这一人一棒要将作者笔下如此准确的描写演绎出来,展示武松打虎的机智勇敢、武艺高强,真的需要不断揣摩练习……我对着镜子,攥紧哨棒,猛地向下一劈,镜子里的自己不由得咬紧牙关,怒目圆睁。

(2)"讲"故事,讲出创意。

四大名著《西游记》《红楼梦》《水浒传》《三国演义》写人入木三分,

叙事引人入胜，语言明快洗练，笔法富于变幻。它以经典文本这种极其重要的形式，诉说着民族的文化，传承着民族的灵魂。一些学生用创意手法向大家讲述名著中的故事，展示中华文化的博大精深。比如，张起闻同学绘制了一张"西游取经"图，谢雨辰同学用一组组漫画讲述水浒英雄故事……

（3）"话"人物，写出真情。

学生用"创意名片"为四大古典名著中自己喜欢的主人公画像，交流阅读收获。经过一个月的深层次阅读，学生识梁山好汉，如武松、鲁智深、扈三娘等；晓三国英雄，如诸葛亮、曹操、周瑜等人物；知西游人物，如唐三藏、孙悟空、女儿国国王等人物模仿得惟妙惟肖；结红楼中人，如林黛玉、小红、平儿、刘姥姥等。

谢雨辰同学的习作《我眼中的红楼中人》中的人物形象在颦笑眉宇、举手投足间展现出来：

史湘云，一个乐观真诚又心胸宽广的女孩子。我喜欢她，是因为她在襁褓中时父母便双亡，依靠婶母过活，虽境遇悲苦却依然真挚快乐、豁达开朗。有一次大家一起参加宴席，她喝醉酒后摇摇晃晃走到花园里，看到芍药花开得正好，就做了个花枕头躺在一块大青石上睡着了。风来花落，洒落她一身，梦中还不忘吟诗呢……

韩梦佳同学为林黛玉画像——《腹有诗书气自华》：

未读《红楼梦》之前，我只知道"天上掉下个林妹妹"这句话，读过书之后我对她有了新的了解。林黛玉不仅貌美如花，还腹藏诗书，名言佳句信手拈来。她的才华并不是天生就有的，看看她房间的摆设——"窗下案上设着笔砚，又见书架上摆着满满的书"，刘姥姥看见了，还误以为这是一位公子的书房。她不像古代的女子整日绣花做女红之类，而是一有空闲就读书，敢读他人不敢读之书，喜读他人不喜读之书。她的才华和谈吐，是日积月累不断学习的结果，这也是我最喜欢她的原因。

"名著人物秀"这种融阅读、表演、习作为一体的体验式学习，在名著读写中投石问路般独辟蹊径，学生兴趣盎然，创意多多，用精彩纷呈的形式演绎和传承中华民族的文化瑰宝。

## 音乐视听想象

**【设计缘起】**

德国哲学家尼采认为"没有音乐，生命是没有价值的"。这句话听上去有点绝对，但至少可见音乐在人生命中的地位之高、分量之重。世界著名作曲家贝多芬对音乐的解读可能更为准确，他说："音乐应当使人类的精神爆发出火花。"因此，为小学生设计音乐的看、听、想、写的音频或视频活动习作非常必要。

写作离不开灵感，每部经典的文学作品的创作，都是从作者一个极微小的想法开始的，这些想法也常常隐匿在那些似乎最不可能产生灵感的偶然事件中。音乐视听想象活动习作，就是通过音频或视频的方式，创设耳闻目睹的情境，促进学生想象，捕捉写作灵感，创作出富有真情实感的文章，并培养学生的同情心、同理心和共情能力。

**【创意活动】**

### 活动一：创境欣赏

（1）营造安静的环境，依次为学生们播放音频——钢琴曲《命运交响曲》，视频——电视剧《西游记》片头曲《云宫迅音》的演奏。（调动学生视觉、听觉甚至是味觉等感官，使他们充分感受视频中的情节、人物、表演及音乐。）

（2）看完之后记录下最能表达自身感受的词语，如感动、震撼、激动、平静、鼓舞、喜悦、亲切，等等。

### 活动二：发散想象

（1）再次播放刚才的音频和视频，捕捉画面或音乐中的细节，从"音乐的描述、画面的描述、心情的描述"三方面用词语概括自己的感受，如音乐包括旋律、乐器音色、演奏者的技艺等方面。

（2）引导想象。

你感知到的是什么？视频之外发生了什么？你联想到了什么？

**活动三：提炼创作**

（1）指导习作：学生将音乐情境中的"看""听""想""写"和"情绪"自由抒发，思想可以天马行空，笔法不受限制。

（2）交流梳理：教师重点梳理学生文章中呈现的推测、联想、记叙、描写、抒情等方式，激励和指导学生课后继续完善习作。

【创新习作】

音乐是人类的通用语言，对于音乐的想象，可以跨越种族、国界和时空。科学家通过现代生物声学的研究发现，许多动物、植物对音乐能做出积极的反应。"创境欣赏""发散想象""提炼创作"三个活动，让学生感受到音乐传递的思想和力量，诞生新的灵感和新的习作。有的同学欣赏《云宫迅音》后，写下了《西游记音乐之启示与警醒》《此曲只应天上有》；有的同学听了《赛马》后写下《草原之魂》，听了《高山流水》后写下《"曲境"通幽》，听了《命运》后写下《不向命运低头》；还有的同学课后观看《海上钢琴师》片段，写出了《人不可貌相，海水不可斗量》的感悟。时光煮雨，岁月缝花，这次活动习作对学生来说就是一次遇见，与音乐的一次神秘遇见，正像学生在习作中的感慨一样：冷遇见暖有了雨，地遇见天有了永恒，俞伯牙遇见钟子期便有了《高山流水》！

"名著人物秀"和"音乐视听想象"这两种体验式的活动习作，形式和内容都有所创新，深受学生喜欢，既充实了学生的经历，丰富了习作素材，也使学生多感官体验，写出了真情实感，培养了想象力和创造力。

## 三、叙述视角的"新"

小学生写作往往从自身角度出发，文章中的观点都比较主观和感性。而叙述视角的创新，赋予学生一双"看不见的眼睛"，站在高位，理性、客观地看人生、看世界、看生活，体会他人的感受。我曾经以"换只眼睛看世界"为主题策划活动习作，带领田秋红老师探索实践。

## 换只眼睛看世界

**【设计缘起】**

学生将自己化身为一"物"（动物、植物或物品），大到茫茫宇宙，小到一粒尘土乃至微生物，让自己真正站在"它"的角度，去体会"它"的感受。这一"物"既具有它本身的性能，又赋予人所具备的观察、思考、想象、感受、心理活动等能力。比如，沙发是供人坐的，这是物品的本性，沙发被小主人用刀子割破了身子，既疼痛又伤心，沙发躺在客厅见证了这个家庭一年四季发生的大大小小的故事，等等。这些都是这种写作视角赋予了沙发人的特点，所以写作起来很有意思。

**【创意活动】**

### 活动一：创意点拨

（1）阅读有关视角创新类的文章，如曾经编入教科书的《我的旅行》。这篇文章运用想象的写作手法，将"我"变成一颗豆瓣，进行了一次奇妙的旅行。

（2）指导学生分小组讨论文章与众不同的表述方式，对学生的回答进行总结提炼，对写作重点做补充强调，让学生初步理解"换只眼睛看世界"的写作意图，了解大胆融入想象的表达手法。

### 活动二：头脑风暴

（1）根据老师的要求，分三步梳理习作思路。

第一步：筛选素材——"化身为什么？"

从大处想，对自然规律、生态平衡、社会发展、人际交往等方面表达自己的观点；从小处想，可以选择"一人一事一景一物"，阐述、描写或抒发"一品一理一境一情"。

若要写主人的卫生习惯，卧室应该最有发言权；要表现女主人的勤快、厨艺高超，菜刀、擀面杖、炒勺等厨具肯定最清楚；而主人对《火影忍者》《王者荣耀》《和平精英》这些游戏的痴迷，电脑、手机则是见证者。若要让人体"将军肚""蛀牙""稀疏的头发""嗜烟的嘴巴"这些"部件"发出声音,他们对主人的意见一定很大。

除此以外,还可以化身为一部玄幻小说、电话手表、山地车、篮球、足球、沙发、文具盒、小猫、小狗、花草树木、头发、牙齿、心脏、时间、金钱、空气、夜晚、山脉、河流、宇宙、星球……

第二步:指导方法——"怎样写?"

1)记叙、描写、议论、抒情均可,以叙事为主,自由表达。

2)虚实结合:一是文中"我"的身份为虚,所写的人、事、物对象为实;二是选材为实,可以巧妙地对发生的时间、地点、频次进行加工、排列、组合,以突出主题立意。

3)本次训练的重点是站在另外一个角度来观察人、事、物、社会及生活,切忌写成童话故事,也切忌写成如《我和妈妈换一天岗》这种角色真正互换后的文章。

4)本次习作是想象习作,可以高于生活,但一定源于生活。切忌天马行空,加入神话色彩;切忌泛泛而谈,不深入;切忌贴标签,假情假意。

第三步:列出提纲——"一条线索或是思维导图"

(2)组织学生展开"头脑风暴",可以用讲述、提纲、思维导图等多种方式呈现写作思路,积极展示自己的"化身",探索角色的创新点。教师与学生之间互讲互评,形成初稿。

### 活动三:拔高一筹

(1)将初稿与家人分享,在家人的建议下,反复推敲修改。

(2)老师提出修改建议,学生再反复修改,直到满意为止。

【创新习作】

通过"创意点拨""头脑风暴""拔高一筹"三个活动,学生在老师的点拨下,学会了化身为"他人",将读者带进一个有趣的故事或者情境当中去观察世界,体验生活,从而更加理智地去表达和阐述观点。学生的习作呈现出如下三"新"。

(1)写出新视角。

换只眼睛看世界后,就会发现很多有意思的故事。

## 活动习作——让成长出彩

　　一只基本不具备捕捉老鼠能力的小猫,被主人宠爱,和家里的一只小狗争宠。

　　一部手机,将主人一天的言行举止尽收眼底。

　　一台电视,五年前一家人为掌握遥控器经常争抢,五年后只会偶尔被小主人观看一次。线上教学后,主人因拥有了"新闺蜜"将它彻底打入冷宫,电视很苦恼:我存在的意义何在?

　　一张餐桌,从高档餐厅到一家别墅,再到山区的一户农家,起起伏伏十年中,对于餐桌落座的人、桌上的菜、席间的对话、发生的事,这张餐桌始终是一个无法言行,却具有自我判断力的见证者。

　　一把椅子的小主人经常椅子还没坐热就做别的事情去了。爸妈不在的时候,小主人坐在椅子上总是翘个二郎腿,哼着曲子或是跟着音乐晃晃悠悠,椅子的腿都快被摇断了。

　　殷若涵同学在《手机的自述》中写道:

　　小主人打开微信,准备上课了!我根据指示切换到学习群里,老师已经开讲啦!小主人全神贯注地盯着屏幕,一会儿回答问题,一会儿查阅资料。时间过得真快啊,30分钟很快就过去了。我原本以为小主人会为我插上充电器,大家都休息一会儿。可是,她不但没有把我放下,反而把屏幕调到了"微信小游戏"上面,乐滋滋地玩了起来!我的小祖宗呀,我可求你了,别再犯糊涂了!这样下去,你的镜片迟早会和啤酒瓶底一样厚的!此时我心急如焚,可小主人哪里知道我的心思呢?

　　(2)写出新高度。

　　有趣的换位习作,换只眼睛看世界,希望给学生的思维以启迪,情感以共鸣,行动以感召。有位同学在《口罩的自述》中介绍了口罩的制造、用途,成了纯粹的说明文。我告诉她这只是借角色转化之名,并无化身为一物之实,化身为"口罩",可以以《"我"的一生》《"我"与病毒》《"我"与病人》为题展开去写。经过反复修改,最后以《隔离病毒,但不隔离爱》为题,从口罩的自我介绍开始,提出"我"能隔离病毒,不会隔离爱。文章构思新奇,语言幽默,立意高远,发人深省。

　　(3)写出新观点。

　　一篇好的文章需要得到思想的升华,而思想升华的方式比较多。一种做法是把作者的感想和主张不留痕迹、不露声色地传递给读者，摒弃文字和情节的堆砌。另一种是通过呼喊表达无尽的渴望。

郭馨瞳同学在《网络的自述》中表达网络的呼吁：

人类啊，我是无辜的！如果你们有自制力，便不会误入歧途，造成一生遗憾；如果你们有自制力，便不会沉迷在虚拟世界，让家人担忧；如果你们有自制力，便不会听从我黑暗面的召唤，而是做一个品学兼优的好学生；如果你们有自制力……人类啊，不要再沉迷于虚拟世界了！

郭全洲同学在《松树的眼泪》一文末尾，道出了松树声嘶力竭的呼喊："我不怕倒下，我只希望整个自然界生灵的命运不要像我这般模样！"

将自己化身为一物，通过记叙、描写、议论、抒情等方式来反映社会、反映生活，表达自己的观点。这种写作培养了学生换位思考、理性思考、善于发现、勇于想象、勇敢表达等多种品质。这种视角赋予了作者更多的表达自由，使刻画更为生动，给读者更为深刻的体会。

闫蕴珊同学在《找到快乐的旋转木马》中巧妙化身为一匹旋转木马，驮着他人飞翔。旋转木马从"勇敢的小男孩""幸福的母女""甜蜜的老夫妻"身上感受到快乐，认识到自身的价值。想象奇特美好，构思巧妙合理，感人至深，令人回味：

我是一匹"旋转木马"，我的职责是每天伴着绚烂的灯光，驮着人们飞翔。有一天，我离开了工厂，来到充满欢笑的游乐园，但我有些孤独。

我的第一个客人是一个小男孩，在启程之前他没有留意我，只是又蹦又跳地跑过来爬到我的背上，看起来非常期待这次飞翔之旅。音乐响起了，我随着旋律开始旋转，小男孩坐在我身上手舞足蹈，兴奋地"哇哇"叫。他告诉妈妈，他是一个真正的勇士，他击败了恶龙，救出了伙伴……哦，正义的骑士！我原谅你刚才踢在我身上留下的脚印了。

第二个客人是一位母亲，她抱着女儿坐在我的背上。我有点失落，因为她的目光一刻也没有离开孩子，她担心女儿的安全，已忘记了自己。看见孩子灿烂的笑容，妈妈的脸上露出了微笑。女儿对着妈妈笑，仿佛在说："这个世界多美好，生活在这个世界上是多么幸福！"妈妈对着女儿笑，仿佛在说："你开心，是我最大的幸福！"她们被彼此的爱融化了，她们是幸福的。看着她们，我忘记了失落，忽然觉得很快乐。

## 活动习作——让成长出彩

下午，我迎来了一位不一样的客人：一位老奶奶！虽然她满头华发，但依然精神矍铄。她骑在我背上乐呵呵的，不时地朝给她拍照的老伴挥手。音乐响起的那一刻，笑容绽放在她的脸上，我仿佛看见了他们年轻时的样子……希望你们还能来到我的身边，我会等着你们。

音乐停了下来，他们都带着欢乐和满足离开了，也不曾多看看我，他们会很快地忘记我吧？有一天，我绚丽的色彩也会褪去，不再美丽，可现在我一点也不忧伤，因为我看到了刚出厂时不知道的美好。虽然我明白每一天我只能被锁在原地奔跑，但只要他们在我的背上是快乐的，我就是幸福而知足的……

世界上最能打动人的东西，不是华丽的辞藻，而是朴素、真挚的情感。旋转木马一生一世甘愿做被锁在原地奔跑的木马，成就他人的快乐，这种品质足以震撼读者的心灵。

指导学生寻找新视角，写出有新意的文章。我还设计执教过一节活动习作课《解读自己的姓名》。在这一活动中，学生通过查阅资料、询问父母、展开联想等环节，对自己的姓名进行了追溯。在学生解读自己的姓名之前，我先以自己为例，让学生"拿老师的姓名做文章"，为后面的习作做好铺垫。以下为这一教学环节的文字实录：

师：同学们想不想拿老师的姓名做文章？

生：想！

师：好！这是老师设计的"口头习作思路导航"，我们按这些思路来试一试。

---

我们学校有一位老师，他叫……

好一个_____的名字！瞧……

"人如其名"这个词语用在岳海江老师身上简直（有点）……

……

---

师：你们可以根据老师提供的某一种方式开头，也可以完全按照自己的方式开头构思一段话，在习作专用纸上记下关键词或发言提纲，待会与大家交流。（教师巡视、指导）

师：好，大家把笔停下来，哪位同学先来发言？

生1："人如其名"这个词用在岳海江老师身上完全相符。一提到这个名字，容易让人联想到一幅优美的山水画。老师的父母起这个名字，可能是希望老师的心胸像大海一样宽广开阔，文思如江水般奔流不息。现在的老师就是名实相符啊！

师：你把刚才大家对"岳海江"三个字望文生义的解读，用短短的几句话囊括了，又加入了自己的想象：这有可能是父母对孩子的期望。真是可怜天下父母心。谁再试一试，可以像她一样读出来，也可以口述。

生2：刚听到"岳海江"的名字时，我觉得与岳老师完全不符。想想当年精忠报国的岳飞，再看看眼前的文弱书生。但是通过刚才的交流，我发现岳老师有着高山一样远大的志向，有着大海一样浩瀚的思想，真是人如其名啊！

师：我要给这位同学点个赞，不是因为你说了我的好话，而是因为你实话实说。但是老师有个建议，因为你对我的了解才刚刚开始，所以不要过早下结论。在听了岳老师很多的课、跟老师相处久了后，再得出"人如其名"的结论，是不是更具说服力？下一个同学说一说。

生3：好一个立体的名字，瞧，"岳海江"，让人一听就明白它的意思，而且让人一闭上眼睛就能想象到一幅大气磅礴的山水画。

师：谢谢！很流畅，就这样表达。你推荐一位同学再来说。

生4：我们学校有一位老师，他叫"岳海江"，光看他的姓，让人想到了三山五岳，再向后看，他的名字里有一望无际的大海，有一幅秀丽的山水画。

生5：我们学校有一位老师，他叫"岳海江"。我刚听到这个名字时就觉得气势磅礴。后来见了岳老师，才发现岳老师是一位文人墨客，通过几次阅读课，更感受到岳老师的儒雅。

师：谢谢你给老师的高度评价，你们的认可是老师前进的动力。你也推荐一位同学发言吧！

生6：我们学校有一位老师，他叫"岳海江"，这名字可真是大气。"岳"，并没有说明，便是千山；"海江"也没有说明，便是万水。多么谦虚、内敛而又大气的名字！（学生不由自主地鼓起掌来）

师：你叫什么名字？谁来点评一下？我看大家都热烈地鼓掌了。

生7：感觉他写得非常好。（学生笑）

师：怎一个"好"字了得啊！我发现他刚才的语言独具特色。这种语言方式，也符合我们中国人的特质，凝练又具有哲理。没错，高山无语，它却坚挺稳健；流水不言，但却奔腾不息。老师一定要以你这段话为座右铭，勉励和鞭策自己：低调做人，高调做事。还请你下去再充实这段话，谢谢你！你推荐一位同学。

师：（被推荐的同学似乎措手不及）你是不是很诧异呀，这么优秀的同学推荐你，你跟他肯定有千丝万缕的关系，或者你比他还优秀，掌声欢迎。

生8：我们学校有一位老师，他叫"岳海江"。提起岳老师，我不由得想起"岳云鹏"……

师：停一停，是不是人称"小岳岳"的相声明星？

生8：是的。

师：真巧，老师曾经在香港工作的时候，同事就亲切地称我为"小岳岳"。你继续说！

生8：岳云鹏的名字很响亮、很大气，但是跟您的名字比起来，您的名字更胜一筹。他的名字寓意鹏程万里，而您的姓名里有高山啊，大海啊，长江呀，一望无际，波涛汹涌，前途无量，名垂千古！（师生大笑）

师：单凭这名字就名垂千古了？（师生又笑）看来你是希望老师将来名垂千古。你的话让老师忍不住憧憬了：许多年以后，老师真正成为教育大家，你回忆起这节课的时候，说："哇，当时我就是这样评价老师的，岳老师真是人如其名！"那个时候，历史留下来的，才是真正的评价。谢谢你让我又有了梦想！

生9：老师，我想说一下自己的想法，"岳海江"，"海江"就是老师的教学之路像大海大江一样宽广，人们就会像仰望高山一样崇拜你。

师：我明白了，因为刚才在解读老师姓名"岳海江"这三个字的时候，"望文生义"，集体的智慧汇聚一起，出现过度解读，以致老师觉得和你们的期望差距太大。这也再次说明，当我们给一个姓名赋予丰富内涵的时候，瞬间感觉它的"高大上"。同学的名字也不例外，现在请大家言简意赅地分享自己的姓名。可以是它的来历，可以是它的故事，还可以是……

上面这个教学片段以"拿老师的姓名做文章"为铺垫，最终让学生解读自己的姓名，珍爱自己的姓名，用行动捍卫自己的姓名。这个片段的特别之处就是巧妙地选择了一个新视角，投学生所好。做老师的都知道，一旦让学生拿老师说事，他们岂不乐哉？

### 四、题材内容的"新"

教育是指向未来的，教师的教学也应该在课程标准的引领下与时俱进、高瞻远瞩。敏锐捕捉新素材来组织活动习作，是我们进行实验的必备能力。例如，2020年全民抗疫、2021年中国共产党成立100周年纪念活动、2022年10月16日至22日召开中国共产党第二十次全国代表大会，等等，都可以作为习作的新内容。

2015年2月17日，习近平总书记在中共中央、国务院举行的春节团拜会上发表的重要讲话中谈道："家庭是社会的基本细胞，是人生的第一所学校。不论时代发生多大变化，不论生活格局发生多大变化，我们都要重视家庭建设、注重家庭、注重家教、注重家风，紧密结合培育和弘扬社会主义核心价值观，发扬光大中华民族传统家庭美德，促进家庭和睦，促进亲人相亲相爱，促进下一代健康成长，促进老年人老有所依，使千千万万个家庭成为国家发展、民族进步、社会和谐的重要基点。"①

国是千万家，家是最小国。念家、惜家、兴家，将自己的成长成才、为人处世与家族文化紧密相连，与国家的兴旺发达融为一体，这应该就是"家国情怀"。经过百年奋斗，中华民族迎来了从站起来、富起来到强起来的伟大飞跃，迎来了实现伟大复兴的光明前景。在实现"两个百年"奋斗目标的关键时期，新时代的年轻一代，更应该具备家国情怀，将良好的家风家训发扬光大。为此，我设计了《介绍传家宝》和《我的家风家训》两个活动习作，带领杨彩霞老师探索实践。

---

① 2015年2月17日，习近平在中共中央国务院举行的春节团拜会上讲话节选。

## 介绍传家宝

【设计缘起】

在古代,无论是达官贵人还是平头百姓,都会留一个物件,代代相传。祖上的配饰、工具甚至衣物,都会被赋予特别的意义,交由后人保管下去。传家宝,承载着家族的故事,见证了家族的兴衰,传承的是一种家族精神、文化和价值观,寄托的是一个家族绵长的、血浓于水的情感。通俗地讲,传家宝不仅是一段回忆,更是对未来生活的祈福,让后人知道自己从何处来,将往何处去。"参天之木,必有其根;环山之水,必有其源。"真正的传家宝,可以让后代穿越时空,追本溯源,寻根问祖。因此对于一个家族来说,它的意义已经远远超出物品本身的价值。本次活动发起于2020年新冠肺炎疫情防控期间,家国一体,共克时艰。学生在家隔离期间,通过寻找传家宝、介绍传家宝,深刻体会了何为国、何为家、何为国家,明白了"家"的重要性。

【创意活动】

### 活动一:明白意义

(1)明白家的意义。
(2)明白活动步骤。

### 活动二:淘宝晒宝

(1)找一找,找的是价值取向。

一问,向家人询问自家的传家宝。

二查,查阅相关资料,深入了解类似的"宝贝"。

三比,通过看、听、摸、闻和推测,发现这一"传家宝"与类似宝物的异同之处。

(2)淘一淘,淘的是家族文化。

淘一淘家里有哪些"宝贝"。哪件更珍贵?珍贵在哪里?

(3)晒一晒,晒的是代代传承的自豪和自信。

以"图片+视频"的形式在微信群里向同学晒一晒,视频可以选择

"宝贝"的某一方面重点介绍。

### 活动三：文字表达

（1）写一写，将自己的意识形态予以固化。

选择其样子、材质、价值、来历、意义等其中两三方面做自由、生动的介绍，完成一篇高品质、有意义的习作。

（2）评一评，学生互评文章，也可以对自己最喜欢的"宝"和"文"写下"欣赏词"，进行二次习作。

【创新习作】

学生通过对自家的传家宝和旧物的寻找、对比、甄别，与历史面对面，了解更多家族和长辈的故事，再通过介绍传家宝，促进了与家人的交流，理解了"家"的含义。

（1）铭记历史。

传家宝一般都是家中贵重的旧物，流传时间不等，但都带有历史的印记。刘佳玥同学在《我的传家宝——银元与龙元》中，用图片和文字生动展现了银元和龙元的外形，"几枚小小的银币，在我心中却是无价之宝，也是中国钱币史的见证之一"。这句话表达了银币在她心里的位置。

张起闻同学在《我的传家宝——中国军表》中不仅写出军表的来历，还道出了这块军表对自己的教育意义：

久而久之，战友们知道了这件事，大家都十分钦佩爷爷的勤俭节约。因为一个人珍惜自家的东西容易，但对国家财产也这么珍惜就难能可贵了。领导向上级呈报了爷爷的先进事迹，上级就奖励了爷爷这块军表。那个年代物资十分匮乏，听爷爷说，只有将军级别的领导才有这样的表。爷爷作为一名普通士兵能得到这样的肯定及鼓励，和他长期以来热爱部队、热爱国家的品质是分不开的！这块中国军表对我的学习也起到了举足轻重的作用。每当遇到困难和挫折时，我就会想起这块表，勇敢地面对挫折，战胜它。

郭馨瞳同学的传家宝并不是什么宝贝，而是一套简简单单的农具：

或许有人说农具算不上什么传家宝，但是这套农具却记录着姥爷的勤劳和节俭。这套农具于我而言，仅仅在回老家时见过几次，记得都是用木头和铁做的。铁锹凹凸不平，甚至还有豁口，锄头已经锈迹斑斑，好久不曾使用。显然，随着农业现代化的到来，这些农具都成了"摆设"，生活在城市的我们更用不上它们了，但是永远能派上用场的是这些农具所承载的吃苦耐劳的精神，我们应该代代相传。

（2）指引未来。

传家宝记录着家族历史，寄托着祖辈对晚辈的厚望和祈福，也引发了晚辈对祖辈的思念。张怡萱同学的传家宝不同于其他人，她的传家宝是一则家训书法手稿：明德立人，刚健有为。这八个大字刻在老家的家训石上，石头搬不走，精神永存心间。

孙邦栋同学在《心有戒尺，行有所止》中写道：

说到传家宝，想必大家都会想到贵重的古董、晶莹剔透的宝石或是价值连城的宝贝。而我家的传家宝却与众不同，它是一把传了四代人的戒尺。这一老物件，是家族流传下来的精神明灯。正是因为这把戒尺的存在，小孩才不敢放纵，学习也不敢放松。调皮的孩子逐渐稳重，懒惰的孩子一天天刻苦起来。我特别敬畏这把戒尺。对于学生来说，戒尺就是纪律；对于成年人来说，戒尺就是法律。我家的戒尺，在我心里，它不是惩罚的道具，而是传家宝，象征着规则、警示，也是指引我前进和成长的明灯。

## 我的家风家训

【设计缘起】

一个家庭在长期的延续过程中会形成独有的习惯和风气，以一种隐性的形态存在于特定家庭的日常当中，家庭成员的一举手、一投足，无不体现出一种共同的习性，这就是家风。家风包括家庭的道德规范、传统习惯、为人之道、生活作风和生活方式等。中华民族素有"礼仪之邦"的美称，注重家风建设是我国历史上众多志士仁人的立家之本。历史上见诸典籍的家训并非鲜见，为后人称颂和学习的也很多。继《介绍传家宝》之后，我又设计了《我的家风家训》活动习作，目的是让学生深入了解自己的家风家训，把它作为分量最重的传家宝，代代相传，照亮家庭和成员的前行之路。

## 第四章
走向生活的活动习作

【创意活动】

**活动一：课前搜集**

课前了解：什么是家风家训？良好的家风家训有什么意义？也可以搜集历史上有关家风家训的小故事。

（1）如果家中已有明确的家训，先向长辈询问其来历、传承中的代表人物或者故事，也可以找到与家训相关的记录、物件等。

（2）如果家中没有明确的家训，先和家人一起总结、提炼出符合自己家族文化的家训，并找到与家训相关的资料和物件。

**活动二：课堂交流**

（1）关于几个概念。

家训、家规、家法是比较具体的条款，家风是家族的风气、风尚和文化。也就是说，家训、家规、家法是家风的具体体现。

（2）关于家训。

1）翔实介绍自家家训的来历以及能体现家风的物件。

2）相互询问、点评。

**活动三：动笔习作**

围绕主题，结合交流收获动笔习作，在文章独创性上下功夫。

【创新习作】

学生通过"课前搜索""课堂交流""动笔习作"三个活动，将家风家训铭记于心，力践于行。从所完成的习作来看，这一活动对学生的思想教育是深刻的，使他们遵守规则的意识和行为都得到了巩固。

（1）讲出了自己的解读。

活动中，学生不仅找到自家家训的出处，解读了它的意义，还写出了自己的理解。

闫蕴珊在《回到祖先的河流里》一文中写下了她对家训"读书明理，蒙以养正"的深刻解读：

"蒙以养正"出自《易经·蒙卦》，是说人应该让自己蒙昧的脑袋随时得到启明。想一想，从小到大我面对的未知的世界太大，涉及的领域太多，而我的知识、经验总是有限的。如果不读书、不明理，那么我将无法思考和领悟为人处事的道理。爸爸常说人一旦不读书了，他的知识就只能从身边人的经验中获得，思考的角度也只能由他们决定。而书籍是经过时间的考验和历史的审阅的，书里的知识和智慧，是帮助我获得成功最好的营养。

王浩舟在《家风———一个家族智慧的结晶》中提到了许多古人曾经用家风家训来告诫警示后辈：

早在西晋时，文学家夏侯湛将《诗经》中只有题目、没有内容的六篇"笙诗"补缀成《周诗》。潘岳看到后认为这些诗篇不仅雍容典雅，朗朗上口，而且让人看到了孝悌的本性。潘岳为了和友人之诗，也作了一首诗，诗名为《家风诗》，这便是家风一词的由来。此后，家风就指祖辈为人处世的作风和留给我们的经验。我们家的家风家训十分特殊，它是由许多成语组合而成，让我为大家细细道来：和于邻里，睦于至亲；言必择善，行必和缓；食但充口，毋贪美味；君子爱财，取之有道；量力而行，勤俭持家。意思是与邻里要和睦相处，尊重长辈，感恩亲人；一言一行要经过慎重考虑，不要冲动；食物，仅起到填饱肚子、维持身体正常运转的作用，一定不能贪恋美味佳肴；一分耕耘一分收获，不能为了钱财而舍弃做人的原则，正如孔子曰："富与贵是人之所欲也，不以其道得之，不处也。"

（2）写出了有关家风的故事。

从古至今，颜之推的《颜氏家训》、诸葛亮的《诫子书》、周怡的《勉谕儿辈》、朱子的《治家格言》、《曾国藩家书》、《傅雷家书》等都在民间广为流传，闪耀着修身、齐家、治国、平天下的思想光芒。历史上的"孟母三迁""岳母教子"同样展现出长辈为教育孩子、肃正家风的实际行动。"非淡泊无以明志，非宁静无以致远""常将有日思无日，莫待无时思有时""莫贪意外之财，莫饮过量之酒"等古训至今为世人尊崇。好的家风不但对自己有利、对子女和家人有利，也影响着大众的道德水平与社会的风气。

王思雨同学在《勤俭节约传家风》中用爷爷勤俭节约的小故事来表现他身体力行，并写到爷爷教会了"我"怎样节俭：

爷爷生活的那个年代，家里交不起粮税，供不起孩子上学，没有衣服穿，吃了上顿没下顿，甚至连油灯都点不起。就是在那样贫苦的年代，大多数人都养成了勤俭节约的好习惯。

俗话说："由俭入奢易，由奢入俭难。"在经济条件不错的情况下，我们一家人又是怎样保持节俭这个习惯的呢？由于上一辈老人真切体验过穷苦的生活，因此知道丰衣足食的生活来之不易，爷爷常常用实际行动影响和教育我。今年寒假里的一天，我在卫生间里洗手，突然，爷爷走了进来，手里端着一大盆洗菜水倒入马桶。我问他："爷爷，您为什么用洗菜水冲马桶？"爷爷严肃地说："洗菜水直接倒掉多浪费啊！"这句话深深地扎进我的心中。平常，爷爷不喜欢去餐馆吃饭，因为他觉得去餐馆吃饭太贵，衣服穿烂了自己缝一缝再继续穿。日复一日，这些微不足道的小事竟让我不知不觉中学会了勤俭节约。

直到文章结尾，小作者更是由个人在生活上的节约上升到对地球资源的珍惜：

现在的地球孕育的儿女越来越多，人类所需的资源也越来越珍贵，人类想要永远生活下去，就必须学会保护地球资源、珍惜地球资源。为此，我要继续发扬"勤俭节约"的美德！

有位同学在《家风家训永传承》中，呈现了一个容易发生在小朋友身上的故事，让读者明白良好的家风教人一身正气，是最好的教育：

说到我们家的家风家训，我不由得想起一年级的一件事。一天放学后，我从抽屉里拿出书包准备回家，却意外地发现桌兜里躺着一块汽车造型的橡皮，我不由得心动了。我左顾右盼，看没有人注意到我，便顺手将橡皮攥在了手心里。毕竟不是我的橡皮，我脑子里做着激烈的思想斗争：它是谁的？为什么会在我的桌兜里？是其他同学不小心丢了吗？要是他找不到，会很着急吧？……但是，谁让这块橡皮如此可爱和精致呢？不管那么多了，反正又不是我偷的，是它自己跑到我桌兜里的！也没有人看到我，对！想到这里，我扑通扑通跳的心脏恢复了平静，它归我了！回到家后，我迫不及待地向爸爸炫耀我意外捡到橡皮的经过，谁知听完我的叙述爸爸一脸凝重："做人一定要诚实正派，这不是你的东西，一定要找到它的主人还回去！"爸爸那深邃严厉的眼神，仿佛要穿透我的心，看得我不由得低下了头……

（3）表达了深刻的感悟。

每位学生的家风家训都不尽相同，尽管他们年龄尚小，但是经过这次活动习作，他们对自己家风家训的认同感都得到了不同程度的增强。

郭馨瞳同学在《勤以自律，俭以养德》中表达了自己的认识：

萨迪曾说："谁在平日节衣缩食，在穷困时就容易渡过难关；谁在富足时豪华奢侈，在穷困时就会死于饥寒。"是呀，虽然我们的生活条件越来越好了，可我们也不能忘了"勤俭节约"的传统，丢了本。每一粒粮食和每一分钱财都来之不易，我们要懂得珍惜，知道节俭。家人用行动告诉我"勤俭节约"的意义，并在潜移默化中影响着我。渐渐地，"勤俭节约"的家训也成了我的座右铭！

侯羽辰同学的家训不仅让她对人生有了更多的感悟，同时还改变了她的性格：

虽然"吃亏是福"只有短短四个字，却蕴含了祖先们的智慧。我欣赏这个家训，是它让我对人生有了更多的感悟，不再斤斤计较，变得开朗豁达、宽容大气。

《介绍传家宝》和《我的家风家训》这种新题材、新内容的活动习作，极大地激发了学生对习作的兴趣，也拓宽了学生的写作视野与写作思维，有效培植了学生的家国情怀。

实践证明，"创意创新"活动习作让学生发现了生活中的"新"，用"新"做文章，激发了学生习作的"新"动力，培养了他们的创新意识，提升了他们综合看待问题和解决问题的能力。

## 第三节　成长成才——成为生活的主人

随着活动习作的深入探索，我们的研究方向越来越明确，实践思路越来越清晰，训练支点越来越精准。我根据各学段学生的心理特点和认知能力，设计出有关"成长成才"的系列活动（见表3–1）。活动以习作为主线，链接学校、家庭和社会，贯穿到学生第二、第三学段每个学年。这些开放、系统的长线活动习作注重学生作为个体的"人"的发展，突出个人与自然、生活、社会和自我发生关联时的独特体验，目的是让学生在活动习作中逐渐成为生活的主人。

表 3-1 "成长成才"系列活动习作设计一览表

| 年级 | 主题 | 活动支点 | 活动内容 | 习作形式 |
|---|---|---|---|---|
| 三 | 亲近自然 | 四季为线 | 放春鸢、观夏雨、赏秋叶、闹冬雪 | 片段随笔 |
| 四 | 描绘生活 | 诗歌为源 | 读诗歌、寻诗语、写诗情、化诗意 | 儿童小诗 |
| 五 | 走进社会 | 实践为本 | 调查研学、探索发现、实践体验 | 活动记录单 |
| 六 | 认识自我 | 时光为轴 | 时光胶囊、时光坐标、时光飞船 | 书信 |

三年级以"亲近自然"为主题，以四季为线，通过"放春鸢、观夏雨、赏秋叶、闹冬雪"系列活动，让学生亲近自然，走进四季，在感受自然美好、四季多彩中写出片段随笔。

四年级以"描绘生活"为主题，以诗歌为源，通过"读诗歌、寻诗语、写诗情、化诗意"系列活动，让学生美好的童年与诗歌相伴，在学写儿童小诗中体验诗意生活。

五年级以"走进社会"为主题，以实践为本，通过"调查研学、探索发现、实践体验"系列活动，让学生选择自主、合作、探究的方式，在社会实践中学习，用活动记录单去规划、优化、深化学习过程。

六年级以"认识自我"为主题，以时光为轴，通过"时光胶囊、时光坐标、时光飞船"系列活动，指导学生基于观察和追忆给过去的"我"写一封信，基于问卷和采访给现在的"我"写一封信，基于调查和推测给未来的"我"写一封信。用一学年的时间进行活动习作，让学生认识生命成长的规律，认识自我价值，明确自我责任。

## 一、亲近自然：放春鸢、观夏雨、赏秋叶、闹冬雪

按照"成长成才"系列活动习作的总体设计，我带领工作室成员任军荣老师、薛姁姁老师首先在三年级实践探索，以"亲近自然"为主题，以四季为线，通过"放春鸢、观夏雨、赏秋叶、闹冬雪"系列活动，让学生亲近自

然，走进四季，在感受自然美好、四季多彩中写出片段随笔。

## （一）放春鸢

三年级是习作教学的起步阶段，"乐于书面表达，增强习作的自信心。愿意与他人分享习作的快乐"是语文课程标准对第二学段习作的基本要求。趁着草长莺飞的大好时节，指导学生用一个春天完成"绘纸鸢——融入梦想""展纸鸢——分享梦想""放纸鸢——放飞梦想""写纸鸢——述说梦想"四项活动，打开身体的各个器官，体验"放春鸢"活动的乐趣，感受活动习作的魅力。

### 活动一：绘纸鸢——融入梦想

【教学片段——教师引导学生在风筝上绘画，寄托梦想】

（1）教师引导学生想一想：自己想在风筝上画什么，让它高高地飞上天空。（分小组交流）

思路点拨：风景、人物、梦想、故事……也可以写几句祝福的话。

（2）绘纸鸢，悬挂于教室的四面墙壁。

（3）请学生互相分享自己的"风筝梦"。

生1：我画了爱因斯坦的头像，因为我梦想成为像他一样的科学家。

生2：我画了一只小鸟，我想像小鸟一样自由翱翔。

生3：我画了长出翅膀的小猫，因为我希望我喜欢的小猫咪能多一种本领。

生4：我画了一只勤劳的工蚁，因为我也想举起比自己重50倍的东西……

（4）教师小结：梦想就是奋斗目标，有梦想才有动力，望同学们为之努力，为之拼搏。

### 活动二：展纸鸢——分享梦想

（1）展览时间：一周。

（2）展览地点：各组自选学校一处挂上风筝进行展览，可以选择小竹林、大厅、小凉亭、教室外墙……

**【教学片段——各组选择展览地点并说出原因】**

猫咪组：我们希望挂在小竹林，因为猫咪喜欢在竹林里欢快地玩耍。

工蚁组：我们打算挂在教室外墙，装扮我们的教室，让教室内外都充满生机。

飞鸟组：我们选择挂在大厅，让全校的师生都能看到我们的风筝，让大家为梦想而努力。

科学家组：我们要挂在小凉亭，让大家在休息的时候可以分享各自的梦想。

（3）学生任务：各组学生分工"值班"做解说员，利用课间或课余时间向低年级学生介绍自己的"风筝梦"，让高年级学生猜猜"风筝画"所表达的心愿……

这一周，五颜六色的风筝迎风招展，把学校装扮得格外漂亮，一个年级发起的活动足以打造成校园风筝节。其他年级的学生也按捺不住，纷纷加入做风筝、讲风筝的队伍中，欢声笑语让整个校园变得更加明媚而富有朝气。

### 活动三：放纸鸢——放飞梦想

学生有了绘风筝、展风筝的体验，更加期待放风筝。趁着草长莺飞的大好时节，可以利用周末让学生自由享受属于自己的时光：自由选择时间、地点和搭档，赴一场"放飞梦想"的约会。

（1）地点：广场、田野、公园、草地……

（2）搭档：同学、家人、朋友、伙伴……

（3）要求：在放飞过程中有意识地观察同伴的表情、动作、神态，并关注活动中发生的趣事。

### 活动四：写纸鸢——述说梦想

**【教学片段——教师引导学生回忆活动、分享精彩、随堂习作】**

（1）教师引导学生回忆前面三个活动印象最深的时刻并进行分享。

1）思路一：说"绘纸鸢"（顺序：绘之前、绘之中、绘之后）。

围绕给风筝上"画了什么图案"和"梦想是什么"展开。

2）思路二：说"展纸鸢"。

选取在哪里展风筝？为什么选取这个地方？与谁分享自己的风筝梦想？

展风筝时发生了哪些有趣的事情?

3)思路三:说"放风筝"(顺序:放之前、放之中、放之后)。

和谁去哪里放飞?怎么放风筝?放飞后的心情怎样?

(2)指导学生选取一个思路习作。

1)方法一:选择三个活动中的一个活动重点来写。

2)方法二:按照一定的顺序来写,可以用上"先……接着……然后……最后……"。

3)方法三:写清楚经过。如"放风筝":和谁一起去的?"我"是怎么放的?放风筝时"我"遇到了什么困难?是怎么克服的?可以加上语言、动作、神态等描写。

4)方法四:写出自己的感受、感想、心情和希望。

**【附马瑞曼同学《放风筝》习作片段】**

我被快乐驾驭着,飞奔到外面的草地上,柔软的草地像给大地铺上了一层绿色的地毯,我抬头一看,湛蓝的天空已经飘满了各式各样的风筝,有腾飞的金龙,有展翅的老鹰,有灵巧的燕子,有飞舞的彩蝶……是时候让我手中的小猫飞向蓝天,和它们一决高下了!我自信满满地拉着风筝线,使劲飞奔,"风筝飞起来了!"我兴奋地欢呼着。可话音刚落,我的风筝就像断了翅膀一样,一头栽到了地上,我失望极了。这时,爸爸帮我捡起风筝并安慰我:"失败是成功之母,第一次这样已经很棒了。"爸爸告诉我,放风筝时要迎着风跑,当感觉手里的线拉紧时,就要放线,手里的风筝线松了,就要收线。我在爸爸的帮助和指挥下一收一放,风筝就这样摇摇晃晃,恋恋不舍地离开了大地,飞上了蓝天。

(二)观夏雨

春雨蒙蒙,秋雨绵绵,冬雪皑皑,唯有夏雨热情奔放、酣畅淋漓,充满勃勃生机。继"放春鸢"之后,我们设计了"观夏雨"活动,让学生走进自然,聆听夏雨、拥抱夏雨、感受夏雨,并用文字抒发真情实感。

### 活动一：准备阶段——观雨

暑假前给学生布置观雨的任务，引导他们可以在不同时间、不同地点，与不同的人去观雨，可以观察雨中的人和景，如雨中的山峦、池塘，雨中的大树、小草、花朵，雨中的行人，雨中的车，雨中的伞……指导学生记录观雨体验，如拍照、录像，或用关键词句记录见闻和感受等。

### 活动二：动笔热身——说雨

开学伊始，教师在课堂上引导学生分享照片、录像、笔记，交流夏雨的特点，观雨的见闻、感受等。

【教学片段——教师指导学生分享夏雨的特点】

师：请同学们回忆一下，夏天的雨有什么特点？

生：夏天的雨点很大，声音很响。

师：你观察得很仔细，连声音的特点也说了出来，谁能试着说出模拟雨点声音的词语？

生1：哗哗啦啦，滴答滴答。

生2：有时还"淅沥淅沥"的。

师：那暴雨的声音又是怎样的呢？

生：暴雨的声音是"噼里啪啦"。

师：从这么多的声音里，老师发现夏雨就像一个性格多变的娃娃，他有时……

生：他有时活泼，有时温柔，有时暴躁。

### 活动三：小试牛刀——写雨

【习作导航——教师指导学生准确写出夏雨或雨中景物的特点】

（1）开头思路：可以通过与其他季节的"雨"做对比来表现夏雨的特点，还可以写自己的感受。

（2）中间思路：选择雨前、雨中、雨后观察到的一处景物来写。

雨前景象：天气情况，树木的样子，风、雷及小动物的活动状态。

雨中的景：花草树木、城市街道、乡间小路、雨中的伞、雨中的车，从视觉、听觉、触觉、味觉四方面来表现雨。

雨中的人：抓住动作、神态等进行描写。

雨后景象：晴朗、亮丽的彩虹或者……

（3）结尾思路：写写自己的感受。

**【附部分同学的习作片段】**

杨芷晴同学的开头描写：

荷叶上，晃晃悠悠地挂着一个秘密，那是夏雨的秘密；森林里，哗啦哗啦地喊出一个秘密，那也是夏雨的秘密。

贾肖一同学的雨前描写：

天空像生气的娃娃，树枝像喝醉酒的大人，树叶"沙啦沙啦"地响，蜻蜓贴着地面飞着给动物们报告快要下雨的消息。接到通知后，小动物们便忙活起来，蚂蚁忙着搬家，鱼儿露出水面，青蛙呱呱直叫。

邵梓暄同学的雨中描写：

调皮的雨点落入小河，像鱼儿在吐泡泡，好玩极了；落在汽车的玻璃上，发出滴答滴答的声音，像小动物在演奏交响乐；落到树木、花草的身上，他们好像洗了澡一样，显得干净极了。

从阳台的窗子往下望去，公路水灵灵的，像一条波光粼粼的小河，来来往往的汽车像一只只乘风破浪的小船在水中穿梭。一把把张开的雨伞，像一朵朵五彩缤纷的花儿，在水中飘来荡去。

刘佳萱同学的雨后描写：

雨后的天空仿佛一块巨大的蓝宝石，一道五颜六色的彩虹挂在天空，仿佛在向大地微笑。空气湿湿的，甜甜的，好像蛋糕的味道。

杨芷晴同学的结尾描写：

如果，你走在夏天的雨中，看到一朵亭亭玉立的荷花，一棵长满珍珠的树，那一定是夏雨写下的秘密。

## （三）赏秋叶

秋天，天高云淡，瓜果飘香……在孩子们童话般的世界里，秋天充满了诗情画意，处处深藏惊喜。"赏秋叶"活动就是带领学生亲近大自然，发现深藏在秋天里丰收的颜色、声音和画面，用文字记录下来。

**活动一：感受秋天**

秋天到了，教师安排学生仔细观察、发现大自然的变化。

（1）观察气候变化。由值日组长担任"小小气象播报员"，通过观察和测量，用表格或曲线图等方式记录气候变化。

（2）观察人们的衣着变化。衣服的颜色、薄厚、款式的普遍变化，衣物增减的情况。

（3）上学、放学路上观察花草树木。注意其形态、颜色、气味及其成长、开花、结果、枯萎的变化。

（4）周末走进田野、公园、森林，感受秋天的独特。

**活动二：拜访秋天**

选择学校的花园或附近的公园，组织学生"拜访"秋天。

（1）组建"赏秋小分队"。六人为一小组，自由组合，推荐队长和记录员，自由选择线路和赏秋的方式。

（2）赏秋活动进行时。利用一个小时边欣赏、边游玩、边记录。

（3）回到集散地，分享交流。由各小分队选派代表交流赏秋的线路、方式、见闻、感受和发现。

【片段记录——学生分享赏秋的发现】

生1：我闻到了弥漫在花园里桂花的香味，很香很香。

生2：我发现银杏树的叶子都黄了，一片一片地落在地上。

生3：我发现菊花都盛开了，红的、黄的、绿的、白色的、橘红的……

生4：我发现高高的天空飞着几只洁白的鸽子，天空飘着几朵可爱的白云。看，那朵云真像一只雪白的小狗在蓝蓝的天空跑来跑去。

**活动三：书写秋天**

【习作导航——教师引导学生准确写出秋天景物的特点】

（1）抓住秋天最有代表的景物来写，如落叶、庄稼、瓜果……抓住树叶飘飞、田野金黄、瓜果遍地等特点。如：

　　金秋的阳光泼洒下来，抬头看去，银杏叶的叶脉都通透可见，一阵微风吹过，叶片随风飘落，犹如黄蝶翩翩起舞，真有"满城尽带黄金甲"的壮观。

　　（2）按照一定顺序观察，写出秋景的特点。观察时，先选好一个点，从这一点开始按一定顺序观察。可按照从上往下、从下往上、由远到近、由近到远、从中间向四周等顺序去写。如：

　　四季常青的冬青树，远看，像一个绿色的大绒球；近瞧，冬青树是椭圆形的，叶子呈墨绿色，摸在手上又厚又硬。和夏天比，它已由翠绿色变成了墨绿色。

　　（3）展开合理的想象，丰富画面内容。把画面由静变为动，由无声变为有声，让画面"活"起来、"动"起来。如：

　　秋天在金黄的田野里。看！玉米笑裂了嘴巴，露出了金黄的牙齿，远远望去，真像一个个太阳娃娃。高粱和伙伴们在秋风的一阵阵欢呼声中涨红了脸，弯下了腰向风伯伯问好。

　　（4）可以用一些修辞手法（用通俗易懂的语言指导学生）。如：

　　苹果红红的，像妈妈的脸蛋一样漂亮。黄澄澄的梨像一个个胖娃娃，吊在枝头荡秋千。石榴笑破了嘴巴，橘子和柿子在比美呢！

**【附马瑞曼同学《秋之歌》习作片段】**

　　春，是一首春暖花开、万物复苏的歌；夏，是一首绿树成荫、骄阳似火的歌；冬，是一首大雪纷飞、冰天雪地的歌。那"秋"又是一首怎样的歌呢？选一个秋高气爽的午后，让我们去大自然走走吧！

### （四）闹冬雪

　　冬天清寂、沉稳而内敛，有一种朴素的味道，而雪是冬天的象征，又是北方独有的风景。大人小孩都对冬雪着迷，根据地域特点，冬季选择"闹冬雪"意义非凡。不过，雪并非招之即来，可能在上课时"漫天飞舞"，可能在深夜里"千树万树梨花开"，也可能整个冬天都叫人"望眼欲穿"，因此，这个活动需要教师因雪而"为"，随雪而"动"。可以在雪前引导、雪中赏玩、雪后指导习作。

## 活动一：赏冬雪

**【教学片段——引导学生观察雪景图】**

师：请同学们观察这几幅雪景图，联系自己以前看到的雪，说说你们的观察和发现。

生1：我看见屋顶上、树枝上、草地上积了厚厚的雪，好像给万物盖上了棉被。

生2：我发现雪花是六边形的，由许多小雪沫聚集在一起。

师：观察得很仔细，再请同学们看看下雪的视频，说说雪花降落的样子。

生1：雪花像洁白的柳絮，在空中飘扬。

生2：大片大片的雪花随风舞动，像仙女下凡。

师：大家的描述很生动，看着下雪的视频，你们想到了什么呢？

生1：我想到了滑雪场，如果下大雪，我们就可以去滑雪了。

生2：我想到了踩在积雪上"咯吱咯吱"的声音。

生3：我想到一句话——"瑞雪兆丰年"，农民伯伯看到下雪一定很高兴。

师：没错，雪纯洁无瑕，又瑞兆丰年。让我们等候今年冬天的第一场雪，大家到时候一定要好好"赏"，好好"玩"，好好"闹"。

## 活动二：闹冬雪

通过之前的"赏冬雪"活动，学生早已对下雪翘首企足。时至下雪，带领学生走出教室实地观察、感受，学生的激动之情不言而喻。为了避免习作的千篇一律，我们把学生分成两个组：第一组在学校操场宽敞的地方堆雪人，打雪仗，"放飞自我"去体验；第二组在学校有花草树木的地方观赏雪景，无拘无束、不拘一格地观察、感受和发现。

## 活动三：写冬雪

**【习作导航——教师"下水"，指导学生选择一个支点展开习作】**

（1）习作支点一：下雪天的环境变化。如：

天阴沉沉的，北风呼呼地席卷而来。空中飞起枯萎的落叶，黄的、红的……顿时，雪花从银灰的天空中悠然地飘下，像白色的蝴蝶漫天飞舞。

（2）习作支点二：下雪的过程。如：

雪越下越大，渐渐模糊了我的视线，可爱的雪花不时落在我的头上、肩上、身上。偶尔还会有调皮的雪花钻进我的脖子，瞬间融化，冰凉冰凉的！

（3）习作支点三：闹雪的场景。如：

不一会儿，我已气喘吁吁，手里还捏着一把雪不知要砸向谁。刚好迎面跑来我的同桌，趁他不注意，我一把拽开他的衣领，把雪塞了进去，"哎哟、哎哟，你这小样怎么欺负自己人！""哈哈，自己人，我要让你感受一下什么叫'透心凉，心飞扬'。"

（4）习作支点四：雪后的景色。目之所及的变化：山的变化、树的变化、房屋的变化、田野的变化、人们的活动变化。如：

可爱的小雪花一片一片，把这个世界涂染成银白色：它给操场盖上了银白的被子，给房子系上了银白的围巾，给汽车披上了银白的外衣。这些停放在操场的汽车，远远看去，又像一块块裹满奶油的面包。

（5）习作支点五：感受、联想、收获。如：

我爱这洁白的雪花，更爱这美丽的雪景，我希望雪化后把新型冠状病毒带走，还我们一个健健康康的中国。

【附王睿涵同学《大地的新衣》习作片段】

操场边，我和几个同学正在树下滑雪，另一个同学跑过来抱着树狠狠地摇了起来，大片大片的雪花一下子落到我们头上，我们都成了"雪人"，哈哈大笑之后就是你追我赶的"雪"债"雪"还。

东赏霞景，西赏雾景，南赏云景，北赏凇景，景景入心；春听雨声，夏听蝉声，秋听风声，冬听雪声，声声如乐。四时皆有序，自然即诗境，一年的活动习作，以四季为线，贯穿"放春鸢、观夏雨、赏秋叶、闹冬雪"系列活动。如此，让三年级学生亲近自然，走进四季，感受自然的美好、四季的多彩。从写出的片段随笔中我们可以看出学生对自然的喜爱，对这种活动习作方式的热爱，这也正好达成了三年级习作起步阶段"让学生体验习作乐趣"的教学目标。曾经有一名学生在雪地里突然号啕大哭，原来他在置身于漫天飞舞的大雪中时突然想起《丰碑》一文里被冻僵在雪地里的军需处长，想起那些革命前辈为了今天的美好生活爬雪山、过草地的种种艰辛，想到有多少先烈被冻死在雪地里，一时按捺不住就哭了出来。由此可见，这种亲近自然的活动产生的教育效果之真切、意义之深远，远远超越了活动习作本身。

## 二、描绘生活：读诗歌、寻诗语、写诗情、化诗意

关于诗歌的起源，音乐文学理论家庄捃华曾经这样表述："诗歌是最古老也是最具有文学特质的文学样式，它来源于上古时期的劳动号子（后发展为民歌）以及祭祀颂词。"由此可见，诗歌是来自人类社会生产生活实践中自我表达和传递信息的歌唱，其诞生可以追溯至人类文明的婴孩时期。诗歌来源于生活，又反过来描绘生活、歌唱生活、丰富生活。小学生该不该拥有与诗歌相伴的生活？小学生能不能走向诗意的生活？

统编语文教科书四年级下册第三单元以"诗歌，让我们用美丽的眼睛看世界"为主题，安排了四首诗歌，要求学生通过本单元的学习，了解现代诗歌的特点，体会诗歌的情感。教学中，我发现要让学生爱上诗歌，用诗歌描绘生活，必须将"用诗歌描绘生活"这一主题长效化，落实到四年级整个学年的教学中。

随后我带领工作室的刘小庆老师以"描绘生活"为主题，以诗歌为源，通过"读诗歌、寻诗语、写诗情、化诗意"系列活动，让学生美好的童年与诗歌相伴，在学写儿童小诗中体验诗意的生活。活动分四步实施：第一步，想方设法让学生爱读诗歌、熟读诗歌、诵读诗歌；第二步，带领学生在生活中寻找诗歌般的语言，在"诗语环境"中感受诗歌的特点；第三步，指导学生尝试写儿童小诗，搭建平台予以分享；第四步，伴随诗歌诗意地生活。

### （一）读诗歌

**活动一：诵读自己喜欢的诗歌**

（1）第一周：大量搜集喜欢的诗歌，如丁云老师的《童诗课堂》中的诗歌、王宜振的《21世纪校园朗诵诗》《21世纪校园抒情诗》中的诗歌，

等等，广泛阅读。

(2) 第二周：以小组为单位展示诗歌朗诵，推荐1～2名代表参加班级诗歌朗诵大会。

(3) 第三周：举办班级诗歌朗诵大会，邀请语文组老师担任评委，最终评选出"诗歌朗诵小明星"5名、"小小朗诵家"3名。

**活动二：写下初识诗歌的心声**

(1) 第一周：写下心声。让学生写下一个月以来在"读诗诵诗"活动中的想法、做法、感受，或者是其间发生的逸闻趣事。

(2) 第二周：分享心声。（从学生的表情、眼神及简短的文字里我们发现，学生已经与诗歌结缘）徐梓沫同学分享了这样一段文字：

为了参加这次班级诗歌朗诵大会，我在书店千挑万选，买了一本《儿童诗歌文集》，一遍一遍地读。读了很多遍，有些诗句还是理解不透彻，便求助爸爸，然后再读。诗中有这样一句："你可知道那深夜厨房中有你难以表达的亲情？"读着读着，我就想到了我的妈妈，想到了妈妈在厨房里不厌其烦地劳作，一次次从厨房中端出一道道美味佳肴的画面。边读边想，边想边读，我觉得自己走进了诗歌当中，读得津津有味，想得流连忘返。

（学生鲜活的内心独白让我们更加坚信：关于诗歌，我们大有文章可做！）

### （二）寻诗语

**活动一：寻找课本里的诗歌**

(1) 课堂上，带领学生在语文课本中寻找诗歌般的语言。

1) 摘取原文。

苏教版三年级语文下册《槐乡五月》：

嗡嗡嗡……小蜜蜂飞来了，采走了香的粉，酿出了甜的蜜。啪啪啪……孩子们跑来了，篮儿挎走白生生的槐花，心里装着喜盈盈的满足。

2) 神奇变身。

指导学生将原文排列成诗行：

嗡嗡嗡……　　　　　啪啪啪……
小蜜蜂飞来了，　　　孩子们跑来了，
采走了香的粉，　　　篮儿挎走白生生的槐花，
酿出了甜的蜜。　　　心里装着喜盈盈的满足。

（从课文中找到的一段话经过排列之后，瞬间神奇地化为诗歌，学生无比激动。）

师：同学们快看，这是不是诗歌？

生：是的，是的！

师：为什么？

生1：我最近读了那么多诗歌，我发现这两段话前面都有拟声词，语言很美，读起来朗朗上口，所以我觉得它就是一首诗歌。

师：是呀，这就是一首小诗，一首充满童真童趣的小诗歌呀！谁还有其他发现？

生2：老师，我发现诗歌就在我们的课本里。在课文里，诗歌句子短，不烦琐，也很好学。

师：的确如此，我们不但要认识诗歌，学懂诗歌，将来还要写诗歌，做诗人，相信自己！

（学生的回答让我们更加坚信前面"读诗歌""找诗语"两个活动教学的价值和魅力。）

（2）课后，继续寻找语文课本上的诗句。

将全班学生分为四个小组，每个小组负责一个年级，从一至四年级学过的课文中寻找诗句，整理成诗行，在班级墙报上展示。

（有了课堂上的"沙场练兵"，找诗句这件事对他们而言已不在话下了。在大课间，一组一组的学生，有的围坐在教室里，有的站在教室门外的书架前"哗啦啦"地翻阅着课本，他们时而交流，时而争论，时而勾画，兴趣盎然地寻找着隐藏在课文中的诗歌。一两天之内，班级墙报上的诗歌就这样被一串串地展览了出来。）

眼前的雾，
刚刚还是随风飘荡的一缕青烟，
转眼间，

就变成了一泻千里的九天银河。
明明是一匹四蹄生风的马,
还没等你完全看清楚,
它又变成了漂浮在北冰洋上的一座冰山。

——统编语文教科书三年级上册《庐山的云雾》

是在洱海里淘洗过吗?
月盘是那样明亮,
月光是那样柔和。
照亮了高高的点苍山,
照亮了村头的大青树,
也照亮了,
村间的大道和小路。

——统编语文教科书四年级下册《走月亮》

## 活动二:寻找生活里的诗语

(1)第一周:指导学生在家里、学校等场所留意身边人的对话,把发现的诗歌化语言记录整理下来。

(2)第二周:引导学生在班级群里分享,挑选出优秀者,授予"诗歌小侦探"称号。

### 同桌的对话

"李宇轩,你的书掉地上了!"
"谢谢啊!掉落的是书,捡起的是知识。"

### 教室门口的对话

"喂,诗人杨诗沫,你去哪里啊?"
"我有我的方向!"
"好抽象啊!"
"操场,我梦中的天堂。"
"我晕了!"

### 四岁的小弟弟告诉客人

"别碰我的宝瓶!"

"为什么?"

"宝瓶装着妈妈甜甜的味道!"

### 小妹妹与爸爸的悄悄话

"爸爸,爸爸,你是太阳,我是地球,我绕着你转。"

"宝贝,宝贝,你是地球,我做月亮,我绕着你转。"

## (三) 写诗情

练兵千日磨一剑,用兵一时见真招。持续两个多月的"与诗为伴",诗歌已经脱去了它晦涩难懂的外衣,幻化为学生生活的一部分,诗语就在身边,诗意就在眼前,诗情就在他们的言谈嬉笑间。

### 活动一:节日里写诗

在以往的传统节日,我给学生布置的任务要么是写文章,要么是办手抄报。这次端午节改为写诗歌,可长可短,学生心里乐开了花。

  端午节念屈原
  舞龙头　赛龙舟
  家家户户吃粽子

——刘梦瑶

  一根根五彩的丝线
  编织而成　一条条彩绳
  编织着多少人的心意
  那芳香的气味　是思念的味道
  念着屈原　编织进节日

——成源萌

211

（学生第一次写诗歌，没有华丽的辞藻，直白地表达情感，读起来反倒诗意满满。往后，不仅端午节里有诗，中秋节、重阳节、春节、元宵节都有诗。）

### 活动二：课堂上写诗

一天语文课上，窗外突然电闪雷鸣，大雨倾盆而至，学生的目光都投向窗外，有的甚至踮起了脚朝文汇路张望。学生的心早已飞出窗外，课文以及我的讲述瞬间苍白。我立刻宣布：下面的任务是大家有秩序地观雨，随后写出几句诗来。

（1）徐梓轩分享：

雨是跳伞员，落在那苍翠欲滴的叶子上；

雨是炸弹，乌云把它们投向平静的湖面；

雨是冒险家，它们从广阔的天空一跃而下。

雨，是大自然的恩赐，是幸福，是喜悦……

（2）讨论修改：

曹泒赫：老师，前面的表达很形象，但是和结语无法联系在一起，我从前文中感受不到雨是大自然的恩赐，是幸福，是喜悦，我觉得这一句应该修改一下。

师：哦，徐梓轩，你同意曹泒赫提出的建议吗？

徐梓轩：好像存在这样的问题，但"恩赐、幸福、喜悦"是我真实的感受，为了呼应前面的内容，可不可以这样修改最后一句：雨，是大自然的恩赐，是战士，是力量……？

教室里响起热烈的掌声，同学们对于这次修改是认同的、满意的。诗歌就是这样，不受限制又于无形中有一种约束。学生在观察描写的过程当中感受到了想象的神奇，在交流探讨中明晰了诗歌语言表达的特点，完成了诗歌的审美体验过程。

### 活动三：生活里写诗

八月，桂子花开，十里飘香。每次做课间操时，那一缕缕桂花香浸满整个操场，令人陶醉。放学路上，我发现有一位学生驻足在桂花树下寻找掉落的桂花做标本，刚好本学期学过《桂花雨》这篇课文，学生的诗情等待激发。

活动课时，我便带着学生前往桂花树下，欣赏桂花的精致玲珑，触摸桂花的玉骨冰肌，享受它的芳香四溢。学生们边欣赏边拿出本子开始写诗歌，不时将桂花放在鼻子边嗅一嗅。有学生在花香四溢中写下了：

你<br>
细细密密地绽放枝头<br>
迎风微动　飘飘摇摇<br>
没有玫瑰的高贵典雅<br>
比不上红梅的凌寒傲霜<br>
不及荷花的冰清玉洁<br>
但你的芳香<br>
飘过万水千山<br>
飘进游子梦中的故乡<br>
何其芬芳　何其难忘

——赵一诺

## （四）化诗意

学生在"诗情画意"中浸润了一年多时间，期末考试，试卷要求写一篇题为《最美的_____》的半命题文章。一部分学生写了《最美的环卫工人》《最美的老师》这些常见的人和事。而另一部分学生从题目开始就大不一样：《最美的笑容》一文，生动地描述了新冠肺炎疫情防控期间那些最美的逆行者，语言优美又极富内涵；在《最美的星空》一文中，小作者回忆了夏夜自己躺在室外阳台上和奶奶一起看星星的画面，意境优美，亲情浓郁。

"读诗歌""寻诗语""写诗情""化诗意"系列活动习作，让我们发现生活中到处有诗歌，孩子则是天生的诗人、语言大师。同时，也让我们深切感受到，唤醒学生对诗歌的热情，保护他们的想象力，往往比教化更重要。

诗歌是文学表达形式中自由度最高、自我程度最高的少数文学体裁之一。读诗、诵诗和写诗的过程，可以帮助学生学习观察和捕捉生活中的美。通过美育陶冶品行，培养学生向上向善的品质，同时帮助学生开展"缺陷教育"，正确认识自己的优点与缺点，认识自我价值，减少人格与个性发展过程中的自我矛盾或冲突，实现自我认知调节与认同。

入境入情地听诗、读诗、写诗，自我表达的空间便得以无限拓展。一方面，它给学生们情绪情感的抒发提供了突破口和发泄口；另一方面，他们的抽象思维、语言组织能力及审美能力等也得到了适时的锻炼。

20世纪美国新批评派代表之一、美国桂冠诗人罗伯特·潘·沃伦在其日记与回忆录中写道："成长期间，诗歌是我生活的一个组成部分。"四年级"以诗歌描绘生活"的活动习作实验如火如荼，吸引到学校的青年英语教师余扬，得知他从小就喜欢写诗歌，我当即给他布置了"作业"——每周写一首诗，一年之余，积少成多，余扬老师竟创作了60余首诗歌，作品以纪实抒情为主，语言朴实，感情充沛。无疑，诗歌丰富了他的语言，装点了他的生活，也促进了他的教学。从他眉宇间洋溢出的对生活的热爱和对工作的热情中，我确信诗歌正滋养着这位年轻的诗意栖居者。

诗歌即生活，生活即诗歌，当二者在师生成长中有机融合为一体时，我们便获得自我学习、自我教育、自我发展的内生动力，生活会更富有韧劲与弹性，更加充满乐趣。

## 三、走进社会：调查研学、探索发现、实践体验

随着活动习作案例研究的不断深入，带着"何为活动""活动从何而来"的问题寻找"活动源头"成为我研究的重点。2019年9月，我们工作室在五年级大胆尝试综合实践类活动习作，由高婷老师执教研究，以"走进社会"为主题，以综合实践为载体，通过"调查研学、探索发现、实践体验"系列活动，让学生选择自主、合作、探究的方式，在社会实践中学习，用活动记录单去规划、优化、深化学习过程。

（一）调查研学

**活动一：定方案——明确任务**

（1）第一周：和学生一起制定"五年级社会实践活动方案"。

1）把全班 50 个学生按座位号分成 5 个实践活动小组，每组 10 位同学，每组推选组长和副组长各 1 名，负责组织本组活动。

2）每个小组依据生活资源，为社会实践活动设计两个主题。教师将全班 5 个小组推荐的 10 个主题制作成 10 份"五年级社会实践活动任务单"，通过组长抽签确定本组实践活动的主题。每组在五年级上学期和下学期各抽取一项活动任务。

经过小组商讨、推荐，"五年级社会实践长线活动任务单"产生了：

| | |
|---|---|
| 任务一：农耕文化体验 | 任务二：爱护校园公共设施 |
| 任务三：爱鸟行动 | 任务四：我心中的偶像 |
| 任务五：舌尖上的麦香 | 任务六：商场探秘 |
| 任务七：日日重阳送真情 | 任务八：飞翔的风筝 |
| 任务九：揭秘动画片制作 | 任务十：月球探秘 |

（2）第二周：组长组织组员围绕本组的活动主题，制定"第×小组社会实践活动方案"，在班级分享、修订、完善。5 个小组的社会实践时间为开学后第一个月，从第六周开始，各小组派代表抽签决定实践活动成果分享顺序，依序分享活动收获，分享方式自定。

**活动二：觅方法——"记录"变身**

各小组围绕主题，按照活动方案，开始了不同生活领域的社会实践活动。怎样把各小组的活动生动连贯地还原、整理、记录下来，为学生的成长留痕，为实践积累经验？是用活动日志，还是用活动记录的表达方式？日志感性强，真实、鲜活、灵动；记录作为一种应用文，更具客观性、真实性、条理性、连贯性。二者相结合才是最好的表达方法。对此，我们设计出"五年级社会实践活动记录单"，发至各小组，并培训各小组的记录员。记录方法如下：

（1）收集素材。记录员将小组所有组员在本次实践活动中的资料全部收集到位，如表格、图片、实践心得、乘车票据、记录单、制作模型、使用工具、活动成果PPT、活动习作，等等。

（2）归类整理。运用"活动记录单"的模板记录清楚活动的基本过程和结果，包括时间、地点、人物、事由等基本信息，并插入与活动相关的表格、图片、日志、反思、逸闻趣事等内容。

（3）创意记录。鼓励各小组同学发挥主观能动性，对活动进行创意记录，而"创意记录单"就是我们活动习作的主要抓手和成果。2019年9月，第二小组抽到了"我心中的偶像"的主题实践活动，以下记录单全面呈现了活动的始末。

## 第二小组社会实践活动记录单

实践主题：我心中的偶像

实践类型：主题调研类

调研地点：华星厂家属区

调研时间：2019年9月14日

调研对象：华星厂家属区随机选择16名小学生

调研形式：调查问卷、个别访谈等

实践组员：孔瑞霖、张起闻、周熙哲、张路然、张朔川、韩梦佳、张瑞洋、董漪淼、刘俊辰、刘玉彤

实践记录：张起闻

活动经过：

**任务一：完成调查问卷**

【感受不容易】我小心翼翼地向一个一年级的小弟弟走过去，蹲到小弟弟面前，温柔地对他说："小弟弟，可以帮我填写一份问卷吗？"话音刚落，那个小弟弟一溜烟儿就不见了踪影。张路然一路小跑追上一位打篮球的初中生，恳求道："哥哥，请帮我填写一份问卷。"那位哥哥接过问卷浏览了一下，随手将问卷一甩，转身带着球飞奔而去……

【出招解难题】见此情景，组长孔瑞霖赶紧召集大家开会商量对策。大

家纷纷发表想法，张朔川说："咱们找同龄人吧，好交流。"周熙哲随声附和："对，对，咱们直接问他有没有偶像。"韩梦佳眉头一舒："还可以告诉他我们自己心中的偶像。""这个好，有话可聊，别人才愿意帮助咱们完成调查问卷。"张瑞洋拍了一下董漪森的肩膀，乐了。此时，大家脸上的愁云渐渐散去，信心满满地开始第二次行动。终于，经过一个多小时的努力，我们完成了所有的问卷调查。

【踊跃谈收获】大家收获满满，纷纷交流自己的调查收获：有的同学拿着调查结果和大家分享，有的同学向大家讲解自己心目中的偶像，有的同学分析偶像会对个人的生活产生怎样的影响，有的同学讲述刚才调查的情景……

**任务二：整理调研结果**

| ①你是否有自己崇拜的偶像？ | | | |
| --- | --- | --- | --- |
| 有 | | 没有 | |
| 11人 | | 5人 | |
| ② 对"偶像"的理解： | | | |
| 喜欢的人 | 崇拜的人 | 追随的人 | 其他 |
| 5人 | 9人 | 1人 | 1人 |
| ③小学生应不应该有偶像？ | | | |
| 应该 | | 不应该 | |
| 13人 | | 3人 | |
| ④偶像在心目中的地位： | | | |
| 像父母 | 像朋友 | 是榜样 | 是神灵 |
| 1人 | 4人 | 8人 | 1人 |

| ⑤崇拜偶像的原因： | | | | | | |
| --- | --- | --- | --- | --- | --- | --- |
| 帅、靓 | 才华出众 | 前卫、时尚 | 富有个性 | 曝光率高 | 有成就 | 其他 |
| 3人 | 4人 | 2人 | 2人 | 0人 | 5人 | 0人 |

| ⑥如何认识偶像？ | | | |
| --- | --- | --- | --- |
| 流行杂志 | 别人的评论 | 电视、网络 | 身边的人 |

续上表

| 1人 | 1人 | 8人 | 6人 |
|---|---|---|---|
| ⑦偶像的职业： | | | |
| 运动员 | 艺人 | 科学家 | 政治家 | 其他 |
| 2人 | 9人 | 3人 | 2人 | 0人 |

**任务三：分析调研结果**

　　通过调查问卷，我们发现小学生的偶像大多是通过电视和媒体认识的，也有一些是身边的人，个别人是通过他人认识的。可以看出，电视、网络、生活为小学生认识偶像提供了渠道。

　　大多数小学生认为偶像就是自己崇拜的人、自己的榜样。再看看小学生崇拜的偶像，主要是有成就、有才华的人。问卷调查显示，小学生心目中的偶像大多数为明星、艺人，少数为运动员、科学家、政治家。可以看出，现在小学生对明星艺人的痴迷程度实在是太高了。

　　我们小组一致认为科学家、政治家、运动员才是祖国的骄傲，才是祖国的脊梁。小学生如果崇拜这样的偶像，以他们为楷模或目标，不断提高自己、超越自己，那么崇拜偶像何尝不是一件好事呢？

【活动心得】

　　张起闻同学的心声：

　　我身边大部分同学的偶像是那些大明星，要么长得帅，要么歌唱得好，要么舞跳得棒……而我心中的偶像却是一个普普通通的人，想知道他是谁吗？那就听我说说吧！

　　从出生到现在，爸爸陪伴我的时间少之又少。为什么呢？因为爸爸是一名军人，是大家心目中"最可爱的人"。记得有一年冬天，爸爸在家休假，部队来电话说西藏阿里需要一部分军人前去执行任务，号召大家主动报名，爸爸不假思索就报名了。就这样，探亲假还没休完，爸爸就踏上了去阿里的征途。因为执行任务时间比较长，所有参训人员都要搭乘火车前往。爸爸通宵忙着联系装载大型设备，安排士兵就座，路途中随时解决各种困难。跟我视频时，我发现爸爸黑了，也瘦了，不过幸亏他身体底子好，没有累倒。

到了阿里驻地后，当地海拔高达4700多米，手机信号时有时无，我们已经不能视频了。听妈妈说，爸爸偶尔打来电话说很多战友出现了高原反应：头疼、胸闷、呕吐、吃不下饭……爸爸也出现了这些症状。妈妈手机里存有一张爸爸传来的自拍照，他整张脸是铁青色的，深紫色的嘴唇干裂蜕皮，一点也不像我那个容光焕发的爸爸。爸爸和叔叔们在阿里驻地一待就是两年，其间从没有回过家。等外训任务结束，爸爸休假回家时，他的体重已经从原来的190斤降到了150斤。在很长一段时间，爸爸干重活都觉得特别吃力，但他丝毫不后悔去祖国的青藏高原上执行任务。爸爸告诉我："如果祖国需要，我还会毫不犹豫地报名！"

这就是我心目中的偶像！我要向他学习，努力上进，加强锻炼，长大了报效祖国！

韩梦佳同学的心声：

每个人心中都有一个偶像，有的是艺人，有的是作家，而我心目中的偶像是钟南山。他是院士，是战士，更是国士，在危难时刻，他用自己的臂膀扛起了挽救生命的重任，他就是新时代最可爱的人。

张朔川同学的偶像也是"共和国勋章"获得者钟南山院士，因为在非典型肺炎和新冠肺炎疫情防控期间，他提出的防控策略和防治措施挽救了无数生命；周熙哲同学的偶像是篮球明星科比，他崇尚科比从不退却、从不放弃、从不逃遁的"黑曼巴"精神；刘玉彤同学的偶像是来自英国的涂鸦画师Mr Doodle（嘟嘟先生）[原名Sam Cox（山姆·考克斯）]，他可以凭借一支黑色画笔连续十几个小时绘画，卷曲的画风十分像意大利面，人们称他的涂鸦为意面涂鸦……

读完这组同学完成的"社会实践活动记录单"，我们感受到了"活动习作"独特的生命力，更感受到了同学们在实践活动中的分工协作、努力和收获。

## （二）探索发现

五年级社会实践活动第一小组的10位同学2019年秋季的活动主题是

# 活 动 习 作 ——让成长出彩

"农耕文化体验",记录员张怡萱同学用一串串鲜活的文字记录下他们从课堂走到田间地头的新发现、新探索、新体验:

  到了葡萄园,园主奶奶给我们每人发了一个袋子,带着我们走进园子摘葡萄。"大房子"的入口处搭着一块透明的水晶帘,非常好看。我们掀开帘子走进棚内,只见一个个白色的纸袋子挂在葡萄架上。看到我们疑惑的样子,园主奶奶笑着说:"葡萄就藏在袋子里,这是为了防止棚顶掀开后鸟儿来啄,或者暴雨打裂葡萄。"奶奶告诉我们摘葡萄要一手托着葡萄串,一手用剪刀去剪。

  开始摘葡萄了!我把套在葡萄串上的白色袋子撕开一点儿,哇!这串葡萄应该是熟透了,深紫色的皮儿外有一层白蒙蒙的霜,圆圆的、鼓鼓的。我感到自己的口水要流出来了,没忍住尝了一颗,新鲜的汁液在我舌尖打滚,甜甜的,夹着一丝酸味……

社会实践活动习作如火如荼,家长见证了孩子的成长变化,五年级(1)班张起闻同学的妈妈有这样一段记录:

  记得孩子第一次参加的社会实践活动是"爱鸟行动",紧张、兴奋、期待……复杂的心情充斥着孩子的大脑。活动前一天晚上,他很长时间睡不着,一直缠着我问各种问题,如:鸟巢应该怎么做才能又结实又吸引鸟儿?大树那么高,鸟巢怎么挂上去呢?万一鸟儿不喜欢新家怎么办?小组人员工作怎么分配比较合理?……这是孩子第一次参与团队行动,感觉一切都是那么新鲜又陌生。

张怡萱同学的妈妈也感慨实践活动拓展了孩子的知识面,带给孩子一连串奇思妙想:

  孩子与同伴们一起参与"月球探秘"社会实践活动,她学会了利用图书馆和互联网获取资料的方法,弄懂了由于太阳、月亮和地球之间的相对位置不断发生变化,从地球上看,月亮就会出现圆缺的现象,比如:新月(朔月)、娥眉月、上弦月、满月(望月)、凸月、下弦月、残月。孩子学到了很多平常学不到的知识,开阔了眼界,提高了搜索信息的能力。随着对月球的不断了解,孩子愉快地跟我分享她的奇思妙想:

  (1)既然月球上没有引力,稍微一蹦就可以跳起几米高,那我们是不是可以踩在弹力足够大的弹簧上,一跃飞回地球呢?

（2）既然地球适宜居住是因为厚厚的大气层和磁场的保护，那能不能建一个环绕月球的人工磁场或者地下城市？（人类居住在深层地下，可以避免辐射、陨石威胁等问题）这样月球不就变得适合人类居住了吗？

（3）如果我们改造了月球，那么再去改造其他星球，是不是就会驾轻就熟？

多么有趣的实践活动，孩子变得善思，敢于探索，未来一定属于他们！

### （三）实践体验

2020 年春季，五年级社会实践活动第三小组的同学完成了"舌尖上的麦香"主题活动。三秦大地养育的这些学生，从书本文字走向了菜市厨房，完成了"三秦美食集结号"活动记录。实践活动中，他们争做"三秦美食代言人"，推广三秦美食文化；他们"下得厨房做美食"，从买菜、择菜、洗菜到做出一顿冒着香气的饭菜，体会到"一餐一饭皆心意"的真谛；他们"妙笔生花言美食"，倾诉着自己的体验与收获。生活在他们眼前缓缓展开，真实、纯粹、美好、生机勃勃，他们懂得了"春种一粒粟，秋收万颗子"的含义，领略了"舌尖上流动的麦香"的久远历史以及中华民族繁衍不息的珍贵智慧。

在一年多的时间里，5 个社会实践活动小组，在高婷老师的指导下，"农耕文化体验"小组前往陕西农耕文化传承地袁家村参观调研，感受"家乡的新变化"；"日日重阳送真情"小组前往一位同学家里，帮忙带小孩、做饭、洗碗、陪老人聊天，体会长辈生活的辛劳，增强了关爱老人、服务社会的意识；"爱鸟行动"小组一起购买木料、画图设计、锯木安装、制作鸟巢，并邀请一位家长把一个个精致的鸟巢悬挂在西藏民族大学校园内的大树上……从同学们分享的实践活动照片、视频、调查表、价目单、手工、心得中，我们看到学生观察力、动手实践能力、社会参与能力、写作能力以及解决实际问题的能力都有了可喜的进步，在社会实践活动中积累的经验犹如牡蛎腹中的珍珠，经历时间的磨砺后，发出了耀眼的光芒！

## 活动习作 ——让成长出彩

## 四、认识自我：时光胶囊、时光坐标、时光飞船

小学入学、毕业是人生中非常特殊的时期，教师应当抓住学生成长的关键期，引导他们用文字记录生命中的感动瞬间，理性地认识自我，突破自我，成为更好的自己。

依托统编语文教科书六年级下册综合性学习"难忘的小学生活"，我整合教学资源，超越教材，优化策略，带领工作室成员张莹老师以"认识自我"为主题，以时光为轴，通过"时光胶囊、时光坐标、时光飞船"系列活动，指导学生基于观察和追忆，给过去的"我"写一封信；基于问卷和采访，给现在的"我"写一封信；基于调查和推测，给未来的"我"写一封信。用一学年的时间开展活动习作，让学生认识生命成长的规律，认识自我价值，明确自我责任。

### （一）时光胶囊——写给过去的我

拉长毕业季，从9月1日一年级新生入学开始，引导学生通过"做志愿者、追忆入学、课堂交流"三项活动回忆过去的自己，审视过去的自己，写一封信给过去的自己。

**活动一：做志愿者**

**1. 第一周：做志愿者了解一年级学生**

（1）开学第一天，全天跟踪一年级班主任的工作。

协助一年级班主任迎接新生入学、发书、排座位、进行入学培训、处理班级事务。观察上学、放学时的学校大门口，观察爷爷、奶奶、爸爸、妈妈两代人对小朋友们的呵护，深入一年级学生的在校生活，回忆自己当年入学时的情景，为习作积累鲜活的素材。

（2）开学第一周，在课间教会新生如何与同伴玩耍及相处。

以志愿者哥哥、姐姐的身份帮助一年级新生熟悉同学，熟悉学校生活，

在帮助新生的过程中认识自身价值，引发对自己一年级生活的回忆，为写好一封信积累素材。

2. **第二周：走进课堂听课**

在老师的统一安排下进入一年级课堂，从一年级教学内容、老师上课的特点、小朋友的天真可爱等方面捕捉回忆，完成从感性回忆到理性思考的蜕变。

### 活动二：追忆入学

1. **第三周：追忆入学的时光**

翻阅自己一年级的书籍、作业、照片等物品，选择有价值的予以整理。

2. **第四周：交流珍藏的往事**

交流刚入学时最触动自己、最值得回忆的故事。

（前三周丰富扎实的活动为交流提供了鲜活生动的素材，课堂上的交流旨在碰撞出更多的回忆，也为习作积蓄更多力量。）

**【教学片段——引导学生回忆童年、分享童趣、随堂习作】**

师：同学们，通过做志愿者、翻阅自己一年级时的资料，你想起了什么难忘的事？

生1：上一年级时，我有一个好朋友叫小虎。有一次我们一起玩捉迷藏。我躲进一处隐蔽的草丛中，小虎像个陀螺一样绕了小区几圈都没找到我，还以为我被小区里的野狗吃掉了。于是，他一边哭一边去找野狗算账，谁料不一会儿他被狗追得满世界跑了。

师：后来呢？

生1：后来我看见他后，就赶紧大喊："小虎，我在这儿。"

师：小虎看见你之后是什么反应？

生1：他找不到我时急得泪流满面，看到我之后就笑了。

师：小虎的笑是世界上最美的笑。你能拥有这么仗义的伙伴，真是太幸福了。

师：孩子们，你们刚入学的时候是懵懂的，更是充满童趣的，在以后的学习与生活中能保持一颗童心是多么的宝贵啊！

师：谁还记得小学刚入学时的自己是什么样子的？

生2：那时的我很傻。（大家哄笑）

师：为什么这么评价自己？

生2：有一天，爸爸为我做了一道"麻婆豆腐"，一听"麻婆"，我以为这道菜是用妈妈和外婆的肉做成的，所以不敢吃。等妈妈和外婆买菜回来，我还不明白：妈妈和外婆为什么还活着？（学生哈哈大笑）

师：你知道大家在笑什么吗？

生2：（羞涩）笑我无知。

师：不对，他们觉得你天真可爱，很好玩，所以忍不住笑了。

（学生2满脸幸福）

师：童年的趣事多得像满天的星星，比如捅马蜂窝、找野狗算账等逗人的事情。记忆就像一条线，只要轻轻一拉，那绚烂多彩的童年画卷就开始在眼前自动播放。如果想将这些逝去的美好时光永久保存，动笔写下来是不二选择。下面我们要大显身手，给过去的自己写一封信。

**活动三：习作导航**

（1）重温书信的格式。

（2）选定素材。（选择最触动、最值得珍藏的一件事，想想为什么选这件事。）

（3）记叙故事。（写清楚起因、经过、结果，运用修辞或者写作手法润色。）

（4）写出肺腑之言。（以"现在的我"的口吻写给"当时的我"，可以是赞赏、建议或者忠告。）

（二）时光坐标——写给现在的我

在人生过去、现在、未来三个阶段中，过去已去，未来未知，只有现在是最容易改变的。调查他人眼中的自己，这样可以对自己有更加全面、更加客观、更加理性的认识。

## 活动一：小小调查员

（1）调查他人眼中的我。

通过调查父母、老师和同学眼中我的优缺点，多角度了解自我、认知自我、反思自我。

（2）课堂交流。

**【教学片段——分享调查情况】**

师：同学们，通过调查，别人眼中的自己现在与过去有什么不一样呢？

生1：洋洋说我现在越来越热爱班集体了。

生2：小萌说我比以前做事认真了。

生3：倩倩说我现在总是热心助人，大家都很喜欢现在的我。

师：看来同学们都会欣赏他人，说的都是好话。有没有听到一些不好的话呢？

生4：张亮说我遇到问题总是把责任推到别人身上，没有担当。

师：你听后心情如何？

生4：开始当然很生气，好朋友也一点不给我面子。后来我想了想，光听好话容易冲昏头脑，对自己没有好处，也不能让自己改正缺点。

师：非常棒！你能想明白这一点特别了不起！他人是自己的一面镜子，敢于面对自己的缺点才能成就更好的自己。

师：调查了他人眼中的自己，那自己眼中的自己是什么样的呢？现在的你与刚入学时又有什么不一样？

生1：我以前什么都听父母的，无论他们说得对还是错我都听从，我那时就是一个跟屁虫，很没主见。现在我就喜欢按照自己的想法做事，有时还和家长对着干。（学生一片"哇"声）

师：有主见是好事，但不能从一个极端走向另一个极端，大人的建议还是要好好参考。还有谁能说一说自己的变化？

生2：一年级的我特别胆小，晚上睡觉用被子把自己蒙起来。现在的我十分勇敢，一个人都可以在家待四五天。

师：恭喜你越来越勇敢、越来越独立，但一个人在家时要注意安全，保护好自己！还有谁想说说自己的变化？

生3：一年级时妈妈让我看书，我急得像热锅上的蚂蚁一样团团转，一分钟都坐不下来。现在我能静下心来，在家看一天书都没有问题。

师：现在做事情更加专注、更加投入，说明你真的长大了！

生4：一年级时，我总喜欢用手抱别人的腿，这样他/她就会摔倒在地上。我被同学们称为"抱腿王"。有一次，我把杨昊煜的腿一抱，他平衡力好，竟然没摔倒。我不甘心，干脆把他两条腿都一抱，他摔倒在地，很生气，"噼里啪啦"把我打得满地找牙，我连滚带爬逃回了教室。现在我可不敢那么干了。

师：你那时候可真是淘气啊！感谢你说出了真实发生的事情，写作最难能可贵的是你身上的"真"。你现在为什么不那样做了？

生：那样太危险了！弄不好我要负法律责任。

师：好样的，安全意识和法律意识增强了，这就是成长！老师想再提醒你以后和同学玩的时候一定要文明、友好，千万不能再这样"暴力"了。

我们几乎每天都用评论家的眼光看别人，用最高的标准要求别人，却常常忘了认识自己。通过调查他人眼中的自己，不断细数自己的变化与进步，让自己变得更加自信。同样，别人眼中的自己，被"镜子"照过后亮出退步和缺点，对成长更有意义。

### 活动二：习作导航

（1）梳理并反思他人眼中自己的优缺点。

（2）选择典型事例说明自己的优缺点。

（3）以书信的方式跟自己对话。

**【附韩梦佳同学的《写给现在的自己》（节选）】**

你需要改正粗心大意的坏习惯。上一次期中考试，你就是因为粗心大意而错失了好成绩，所以你不管是在做题还是做事之前，一定要考虑周全并认真思考，做完后反复检查，发现问题后要及时改正，不要拖延，不要等着问题严重了再解决。

你在做事情时不要磨蹭，争取用最短的时间做最有价值的事情。不管做什么事都不能浅尝辄止，半途而废，当你有某种兴趣和爱好的时候，你要大胆去尝试，坚持做到底，做到最好。

你在学习时也一定要多问、多思考，不可只学皮毛便自以为是，也不可不懂装懂自欺欺人，要清楚"知之为知之，不知为不知，是知也"。

### （三）时光飞船——写给未来的我

未来，总是留给对它抱有信心、已经在路上的人。继"时光胶囊——写给过去的我""时光坐标——写给现在的我"之后，我们设计了"时光飞船——写给未来的我"，让学生憧憬未来、构建未来，进而珍惜现在、把握当下，脚踏实地奔向未来、拥抱未来。

**活动一：未来藏宝**

给未来的自己写一封信，写完之后把这封信封存在一个地方，也可以埋藏在一棵树下、花园里、院子里，十年之后再开封。

**活动二：课堂交流**

【教学片段——分享调查情况】

师：同学们，你们的小学生涯即将画上句号，你们心目中未来的自己是什么样的？

生1：现在的孩子太可怜了，每天端端正正坐在教室里，有写不完的作业，过去那种疯跑疯玩的孩子不见了。所以未来的我要做一位教师，一位给学生少布置作业、把他们真正当孩子的老师。

师：（调皮地笑）你这是在批评老师吗？不过你说的是一个普遍问题，"让孩子真正成为孩子"，你真了不起！如果你是一位老师，一定很受学生欢迎。

生2：未来的我是一名医生。

师：为什么憧憬自己是一名医生？

## 活动习作——让成长出彩

生：2020年新冠肺炎疫情暴发，许多医护人员冲在前线，把一个个病人从死神手中夺回来，也保障了我们的平安、健康，所以我应该怀着感恩之心去回报社会。

师：真是一个懂得感恩的孩子。未来的"我"是什么样子的？从事什么职业？在座的同学都充满无限可能，当然成就自己最需要的是当下的播种和耕耘。

### 活动三：习作导航

思路一：告诉未来的我，现在的我有多努力。
思路二：向未来的我"询问"未来的社会、生活等。
思路三：想象未来的我的工作、生活状况等。

**【附学生活动习作】**

贺烺同学对未来的好奇：

贺烺，有人说，人长大了之后就会忘记自己曾经也是个孩子，会有很多成年人的烦恼。你呢？是否忘记你曾经喜欢看动画片，曾经跟大人"斗智斗勇"？是否忘记曾经的老师、玩伴和民大附中的校园？长大后的你是否还像小时候一样努力，珍惜时间？你是否又平添很多新的烦恼？写这封信的时候我真想迫不及待跨越十年看看你的样子，看看你的家庭、工作和生活是不是我想要的模样，但我又不想让时间跑得那么快，让我的青少年时光转瞬即逝，总之写这封信的时候我既激动又矛盾。

王思宇同学的宇宙探索梦：

对于宇宙来说，地球是渺小的；对于地球来说，人类是渺小的；对于人类来说，一个人是渺小的，但如果每一个人都为探索宇宙出点力，那么迟早有一天，人类会揭开宇宙的终极奥秘。

王思宇，你是不是还在坚持你以前的梦想，了解无边的星海，探索茫茫的宇宙？我现在写这封信的意义是，十年后当你打开这封信的时候，必须给我一个交代！

弹指一挥的小学时光，是给人生打下底色的重要阶段。我始终认为，少年们到了应该认识自我、珍惜年华的时候了。以时光为轴,通过"时光胶囊""时光坐标""时光飞船"三个系列长线活动,以三封信为线,让学生忆过去、惜现在、想未来,给六年时光画上句号,在步入中学的时候留下浓墨重彩的一笔。"成长成才"系列活动习作体现出的深层价值是,学生建立在观察、体验、调查的基础上,用文字向生活诉说、向未来宣言、向明天出发:个人成才、家庭幸福、国家富强、民族复兴——有我!

# 第五章　在活动习作中成长

## 第一节　送学生走向远方

教育，是指向未来的——儿童的未来、民族的未来、国家的未来、世界的未来。教师理解了儿童，理解了教育，理解了教师职业的价值，眼前就会豁然开朗：为学生系好人生的第一粒纽扣，帮助他们确立梦想，送他们去往远方……

### 一、人人有梦想

2001年的一天，我在老家旬邑县逸夫小学教二年级的口语交际课《我的梦想》。正当我引导学生说他们的梦想时，有一个叫冯奕莹的小女孩突然站起来，眨巴着大眼睛问道："老师，那您的梦想是什么？"

我先一愣，随后脱口而出："以前老师的梦想很大、很远，而现在我的梦想就是帮助你们实现梦想。"

学生们似乎听懂了，不约而同地鼓起了掌。

我当时的回答并不是睿智地应景，而是一种潜意识的表白。从那以后，"帮助学生实现他们的梦想"就成了我的座右铭。冯奕莹同学成了影响我对教育理解和思考的年龄最小的学生。

2002年，我从旬邑县调至西藏民族大学附属中学（简称"民大附中"）教书。2005年，冯奕莹同学追随我，从旬邑县逸夫小学到民大附中读书直到初中毕业。学生和家长的信任，再次坚定了我的育人理念和教学方式。

往后的每届学生，无论我从几年级接班，第一节课一定是《我的梦想》，不走过场，不贴标签，因为我深知这个话题的重要性，以及早早帮助学生树立梦想并为之努力的意义。

先让他们从调查各种职业的特点、工作范畴入手，考量职业的未来走向，并基于自身喜好、自身优势和劣势，参考老师和家长的意见，确立一个相对明确、稳定、持久的职业梦想，然后朝着目标前行。调查之后，学生对职业的梦想不再盲目随意，而是有了一定的针对性，涉及科技、工业、农业、牧业、商业、渔业、建筑业、交通运输业、教育、卫生、体育、福利、勘探等各行各业。

## 二、在活动中成长

实现梦想不像做梦那样简单，难在学生除了需要具备持之以恒的毅力之外，还需具备贡献于未来社会的素养。这些核心素养是什么？就是《中国学生发展核心素养》中"文化基础""自主发展""社会参与"三大领域里的18个基本要点。

语文作为工具学科，在助推学生实现梦想的过程中大有可为。《义务教育语文课程标准（2022年版）》将"立足学生核心素养发展，充分发挥语文课程育人功能"作为课程理念的第一条，强调义务教育语文课程围绕立德树人的根本任务，充分发挥其独特的育人功能和奠基作用，以促进学生核心素养发展为目标。而核心素养是学生通过课程学习逐步形成的正确价值观、必备品格和关键能力，是课程育人价值的集中体现。[①] 因此，语文核心素养中文化自信、语言运用、思维能力和审美创造这四方面的明确提出为语文教学明确了方向和目标。

窦桂梅老师曾经说过："我感谢我是一名语文老师，我是教语文的，我是教人学语文的，我是用语文教人的。"这句话里彰显了窦老师对职业、学科的认同和自豪感，包含了对语文教学朴素又深刻的理解，令我产生共鸣的

---

[①] 《义务教育语文课程标准（2022年版）》。

## 活动习作——让成长出彩

同时也引发深思：如何教语文？如何教会学生学语文？如何用语文这个工具教会学生做人？这三个问题也是我一直以来坚持探索的方向。回首自己成长和探索之路，可以用"活动""语文活动""活动习作"这三个阶段性关键词贯穿起来。

先说"活动"在我身上的源起，应该追溯到20世纪90年代读师范的时期，朗诵、演讲、唱歌、弹琴，我在活动中成长了三年。1994年毕业后，从村子到乡镇，辗转县城再到城市，我在大大小小的学校里做全科教师、带复式班教学、做活动主持、参加演讲，可以说，活动练就了我"十个手指娴熟弹琴"的本领。

课堂上，因为在低年级教学过程中加入有趣的游戏、激烈的比赛等活动，我荣获陕西省快乐教学大赛第一名及中国西部地区教学观摩活动一等奖；因为在高年级教学过程中融入情境体验活动，被同行冠以"情境教学'五感'导读法"的尝试者；也因为将鲜明的"美读"活动作为教学手段解决了阅读教学的问题，被小学语文界著名"导读"大师支玉恒如此评价："用读解决阅读问题，课堂机智灵动，在驾驭课堂而非驾驭教案。"

"活动"在我的课堂生长，学生伴随着活动一堂一练，一课一得。练笔的多样性、多频次，让学生不惧怕写文章了。曾有学生习作交了没几天，一下课就到办公室询问什么时候发习作本，什么时候评习作，什么时候再习作。他们着急地等待着，期待自己的文章被分享，因为我会安排学生有的分享语句，有的分享思路，有的分享写法，有的分享全文，分享人次近乎100%。他们还期待能早点看评语，因为习作的评语有"自评""生评"和"师评"，一是能看到老师的鼓励和同学的欣赏，二是在评语中能体会到平等对话、贴心交流的乐趣。

批改时，我随时将习作进行分类整理：第一类全文出彩的"打印上交"，在班级或校园橱窗展览，择优推荐发表；第二类是"读全文"，请作者利用习作评讲时间或者早读时间有感情地读给全班同学听；第三类"读精彩片段"，基本人人有份，我用波浪线画出的部分，由本人在组内分享给大家。

再说说"语文活动"，我发现课堂活动受时空限制，模拟创设的成分多，于是策划了许多课内外结合的语文活动。例如：分小组撰写"滚动日记"，使学生既可以进行思想碰撞、情感交流，又能在兴趣盎然中提高写作能力；

开展"每周一诗"活动,增强学生的文学积淀,提高语文素养;发起"每日一讲"活动,为学生搭建一个交流平台,让他们进行言语竞技;通过自编书籍,赋予学生一双飞往文学殿堂的羽翼;通过"社会调查",使学生从课堂天地走向社会视野;通过假期采访,使学生走近他人,走向生活。同时,利用家长微信群开展"微平台、大展示"活动,如"我是小诗人""我是小天使""我是小书迷""我是大厨师""我是淘宝者""我是乡里人""我是达人""我是环保卫士"等主题化、序列化、体验化、生活化的语文活动,练笔始终伴随着这些活动进行,既丰富了教学,拓展了视野,也锻炼了学生各方面的能力,提高了学生的综合素养。

五年级的暑假是小学语文老师可以充分利用的最后一个暑假,可以指导学生"编书",使他们的习作水平得到升华。当然编书的要求是基于学生个人的写作情况,可以分类整理以前的文章,可以摘录,可以加入学习笔记。记得我指导第一届学生的"编书任务"是手写"书籍":雷玥滢同学设计的外形是纸盒子套装的精装版,所编的书图文并茂,系列漫画令人叹为观止;在袁樱子同学所编的目录中,篇名与页码之间竟然用毛线连起来,可见她的用心投入;鲁晓磊同学的书里有前言、后记、日记、习作、摘录,字迹工整、力透纸背。

其实,"编书"的过程提高的远不止学生的写作能力。2011届学生中有一本集子《大姚"暑"片》,作者的兴致、思维、文字创意从书名已经开始迸发。"大姚"是姚思远同学因为佩服当时在 NBA 打球的姚明而产生的灵感,"暑片"是说暑期编写的小文章,谐音中蕴含寓意。书中的后记《编书这件事》记录了"编书"的艰辛及收获:

6 月 28 日:看着最后一份作业"自己编一本书",我抓耳挠腮。

8 月 26 日:我的书随着订书机的两声"咔嚓"声大功告成。

编书心得:其实编书并不难,只要你花大把时间观察,用一颗感恩的心去思考,并不停地去写就一定会成功。

不难想象,一个五年级的学生完成这份作业,要经过多少次观察,多少次苦思冥想,多少次打消放弃的念头,多少次关在屋子里写啊写啊。读完《大姚"暑"片》之后,我激动地写下评语:你的"认真+耐心+创新+自信"成就了这本书,"大姚"加油!

## 活动习作——让成长出彩

过了十年、二十年，如今再回忆这些做法，学生的文章包括字迹，历历在目，如数家珍，难忘的原因更多的是学生作品带给我的惊喜和信心。这一摞摞"书籍"跟随我搬了好几次家，我也舍不得丢掉，因为这些"老旧的作业"在我心里就是学生的作品，或许当年他们不懂，我要替他们珍藏。

每到六年级的毕业季，学生的习作集、诗歌集、长篇小说就会陆续问世，如《若冰文集》《海边拾贝》《文学雅苑》《别时容易》《童年时光》……

王婧雅同学近两万字的校园小说《致不完美的青春友谊》在校园里被热捧。庞程育同学的诗歌《母爱》感动了一届届学弟学妹们，也影响和教育了做老师的我。

我的降临压重母亲的岁月，
可是，她依然对着我笑。
……
别在母亲面前谈什么亏欠，只怕你还不了。
你睡了，她为你醒着。
这样的情，总要报答，
两个字：爱她。

十年一剑，二十年坚持，"活动""语文活动""练笔"和我的教学如影随形，组织形式多样的活动并进行练笔逐渐成了我的教学特点，组织教师发展研修活动也成了我的工作强项。我在活动中进步，学生在活动中成长，学校在活动中发展，团队在活动中前行。学生200多篇习作见诸报纸、杂志，沉甸甸的成绩产生了巨大的力量，既鼓舞了学生，给予我信心，也给一届届学生树立了榜样。

## 三、在"活动习作"中走向远方

2016年，班级思蕴报社应运而生。报社的策划和运营经历了三个阶段：第一阶段是组建报社：竞选社长，选拔社员，讨论制定章程，分工协作办报，明确设计、征稿、修改、排版、校对、打印、发放等工作职责。第二阶段是运营推进：报社运营过程中，针对同学投稿、订报不积极的情况，采取积分、制作手工作品奖励、发放两元钱稿费、颁发报社作品录用证书等方式鼓励学生积极参与，踊跃投稿。我专门为报社刻了印章，每月给报社一定资金的赞助，并考虑到不同学生的需求，分为黑白版和彩色版两种供学生自主选订。第三阶段是评优奖励：半年进行一次"阅读达人""写作达人""推销达人"的评选，表彰投稿数量和质量突出、订阅报纸积极、校内校外宣传推销报纸成绩显著者。

就这样，班级思蕴报每月一期准时印刷发行，直到学生毕业，共举办了20期，"最美的风景""春""奇思妙想""海哥归来""我身边的小能人""运动会"等记录了学生两年时间的写作历程，报社的学生也得到了充分的锻炼，他们的策划能力、组织能力、协作能力、写作能力得到全面提升。报纸办得轰轰烈烈，在班级"同文诗社""雨轩诗社"等文学社团的激烈竞争中生存和发展。

学生在成长，我也在发展。2018年，我入选教育部名师领航工程，在海淀进校导师的指导下，对自己近30年的语文教学和习作教学经验进行梳理反思，提出"活动习作"的主张，带领学生在生活中发现、在活动中体验、在习作中成长，带领工作室老师不断丰富其内涵、拓展其外延。

我带领武功县普集镇中心小学的卓婷、杨莹、王宣利、罗晓娟等老师，一起探索以统编语文教材为载体的"单元统整的活动习作"；带领民大附中的邢晓红、唐俪、曹娟、王柳、秦文棂、拉姆次仁、旦增卓玛、王丹、任倩等老师，探索以其他学科为依托的"学科融合的活动习作"；带领工作室成员高婷、田秋红、杨彩霞、张莹、刘小庆、薛姁姁、任军荣、黄娇、蒋红莉等老师，探索以生活世界为源泉的"走向生活的活动习作"。

活动习作，带给学生的收获是多元立体的，对学生语文素养的提升是扎实有效的。从习作层面来看，学生选材和立意的意识得到了强化；从语言表达层面来看，学生当众发言的勇气以及组织语言的能力得到了锻炼；从思维层面来说，学生提取信息的能力、鉴赏作品的能力都得到了提升。通过几年的实践研究，我们看到，学生变得思维敏捷、能说会写，这不是个别现象，而是遍地开花。从语文的角度而言，我们看到了孩子们的成长和蜕变。

带着梦想的学生拔节生长，一届届学生用习作的方式学习语文，用活动习作的方式跨学科学习，走进自然、走入生活、走向社会、走向远方！

## 第二节　让学生成为自己

鲁迅曾说："无穷的远方，无数的人们，都和我有关。"教师何尝不是这样？无穷的远方，无数的学生，都和我有关。我当义不容辞，带领学生用写作的方式学习，在写作中懂得真善美、假丑恶，在写作中成长为梦想中的自己。

### 一、一直写

2016年6月毕业季，贾淼淼、张梓祺两位同学来到我的办公室，神神秘秘地从身后拿出一个本子递给我。

老师，这是我们送给您的礼物，感谢您的教诲！

老师不是说过，不许花钱买礼物嘛，怎么，买笔记本了？

没花钱，您打开看看！

映入我眼帘的是一个绿色的本子，似乎用过，有点褶皱。我一翻开，扉页上的几个娃娃体大字"海哥语录"一下吸引了我，右下角落款"2010级学生贾淼淼、张梓祺整理"，我快速往下翻，一个本子被她们写满了，而且都与我的教学有关：

为什么叫您"海哥"？/为什么要写这部《海哥语录》？

教育篇/人生志向篇/学习方法篇/搞笑幽默篇/珍贵的留念

我们的"活动习作"/献给老师的歌/献给老师的诗/写给老师的话

这分明就是她俩为我写的一本书啊！粗略翻阅我便潸然泪下，惭愧的是自己还未完整地写过一本书，而两个六年级的学生不露声色地做到了，瞬间感觉这份礼物有千钧之重。

书中先记录了写这本书的缘由：

学习《最大的麦穗》这一课时，岳老师说："中国也有个大思想家、教育家孔子可以和苏格拉底媲美，《论语》里就记录了孔子和弟子们的言行。"随后老师开了一句玩笑："你们谁将来要是能记录下老师的话语，让它传播给更多的学生，那多好呀！"这句玩笑，被我和张梓祺当真了。

从此，上课的时候，我们就更加认真听讲，将老师说的点点滴滴记录下来，下了课进行整理，用两个月时间完成了这本《海哥语录》，在我们即将毕业的时候送给老师，把对老师的记忆藏入"冰箱"，永远保鲜！

书中收录了大量连我自己都记不清楚的"语录"：

梦想比做梦重要。/许多事情是不能拖的，一拖就是一生。

人心里的天有三种：晴天、阴天、雨天。/人的一生有三天：昨天、今天和明天。/人生是坎坷的，就像河流是弯曲的一样。/既要把握现在，又要拥抱未来。

题目是文章的眼睛，观点是文章的灵魂。

写真实、写准确往往比写精彩、写华丽难能可贵。

直接撞击人们心灵的往往是那些平实的文字、真挚的情感。

文似看山喜不平，跌宕起伏才动人。

书中还记录了一些我上课只要提起上半句学生就能齐诵出来的台词：

别吵了，我有心脏病！

把那边窗户关一下，教室需要静静。

别急，让我再讲五分钟！

课间还这样看书，免疫系统强大！

我学过心理学，千万别骗我哦！

书里贴上了我与学生的合影，每张都配上了解说文字，真是煞费苦心：

岳老师甘做教书匠。

岳老师和我们的合影。

岳老师邀请杜爷爷为我们耐心讲解花草知识。

在熹微的晨光里，岳老师在教学楼前给我们讲故事。

在秋高气爽的日子里，岳老师带领我们来到后花园里秋游。

岳老师将办公室的绿萝带来供我们观察、习作。

岳老师奖励给我们的书籍，每本书上都有颁奖词。

岳老师奖励给进步学生的神秘奖品——"苹果笔记本",岳老师的智商,害得我们猜测了一周也没猜出来,原来是每人一个苹果加一个笔记本,全班笑晕了。

书中还记录了一年来的活动习作:

"我是小书迷""我是小诗人""我是小作家"

"我是辩论小能手""我是大厨师""我是天使"

"我是环保卫士""吹风机上的舞者""我是才艺达人"

"后花园春游""最美导游"

书的落笔是这样的:

海哥,我们写完了,但是师生之间的情谊永远不会结束。祝您桃李满天下,春晖遍四方!写作已经成为我们的乐趣,我们会一直写,一直写下去。

两位学生告诉我,她俩商量好用两个月时间给我一个大惊喜,为了不被人发现,本子的封面一直没有写文字。听了她们的叙述,我一口气看完20多页的手稿加照片,抑制不住激动的心情,在封面郑重写下:"一份珍贵的、有意思的、令我潸然泪下的礼物。"

## 二、写出了"热爱"

2017年3月4日晚,我的QQ收到一位学生的信件《致恩师岳海江先生》,署名为咸阳中学高一北清(3)班陈钰心。在信中,陈钰心写到她对写作的热爱,也回忆了当初我对她的鼓励:

我现在还记得您在一次家长会上说的话:"陈钰心这个孩子,写了东西就拿过来说:'老师你帮我看看吧'。我说'好'。可忙着忙着就忘了,过两天她又跑过来:'老师,您帮我看了没有?'我才猛地想起来,而后再抽出时间来看。"您的这一举动呵护了一个孩子心中对写作那如同新生幼苗般的热爱,然后您辛勤地浇灌着它,这才有了如今的我。我现在仍旧热爱着写作,也依旧保留着让老师评阅作文的习惯。高中的我"厚积而薄发",连续投出不少稿子,也得到不少人的认可。每每这时,我总会想起您——我的恩师,没有您对我的鼓励,我或许早就因不自信放下了我热爱的写作,谢谢您,老师!

信中,陈钰心同学想象老师日复一日地工作,还表达了对小学时光的怀念:

您本就事务繁忙,所以我脑子里总有这样一幅画面——我的老师忙完了工作,疲惫地靠在椅子上,突然瞥见桌边几张打印的作文,于是揉了揉有些酸胀的眼睛,又拿起刚刚放下的红笔,开始看那些略显幼稚的文字……我真想去您办公室当面对您说:"老师,你别看了,去休息吧!"但回过神来才发现,我早已不能说去就去您办公室,不能坐在讲台下听您"娓娓道来"。

陈钰心同学用她独有的"陈氏"语言夸赞了老师:

其实我很羡慕现在的那些学弟学妹,每次通过QQ看见您自豪地发着他们的作文,我心里其实是有点嫉妒的。但我依旧点开细细品味。我发现,孩子的心里有一个小小的世界,那个世界奇妙,多姿多彩,他们的语言虽稚嫩,却最真实、最生动,就像您所说的"儿童是最富有想象力的语言大师"。而您,就像是画室里的导师,耐心地引导我们去把这个世界在画纸上展现出来。您会在乌云密布的天空中加一抹橙红,于是"雨天"就成了"晚霞";您会在单调的潭水里画一朵荷花,于是单调就成了生机勃发。所以能当您的学生,真的是一件非常幸运的事情,因为在我心里,您总会用最简单的方式,把道理讲清楚,把事物描摹得美丽。

回想起来,陈钰心同学只是我教了一年的六年级学生,她从骨子里热爱写作,热爱得令我感动。当时有老师说这孩子脾气倔、个性强,遇事哭哭啼啼,也有调皮的男孩子说她的个性"不可理喻"。带了几周课,我发现她喜欢读书和写作,内心世界单纯又丰富,对待问题不人云亦云,做事不随波逐流,始终有自己倔强的主张。作为语文老师,我鼓励她写作,常常从她的文章中找出几句用波浪线画出来,用简短的评语和感叹号以示称赞和欣赏。好几年没见面,偶尔会看到她关注我的日志并留言。突然收到这封信,我非常激动,尤其是看到她在写作方面的成绩和自信,更让我明白:老师对于帮助学生根植兴趣、树立自信心并使其朝着未来的自己奔跑有多么重要!这些感悟是学生送给我的厚重的礼物。

QQ日志上的这封信感动了我,也触动了很多老师。于雯老师留言:"陈钰心的成长让我们看到教师责任的重要,也许教师的一个小举动会影响一个学生的一生，把别人的孩子也当作宝吧！"当时正赴香港交流的广东惠州名师房慧梅不禁感慨："读完信我的眼角湿润了，常说'教师是太阳底下最光辉的事业'，此时我可以解读为'教师的光芒可以照亮无数颗心灵，让他们色彩斑斓'。"

## 三、写出了"善良"

2019年12月10日晚，2016届学生陈蕙名发来一封信，说他晚上翻看我QQ日志时有感而发写下了这封信，信中先告诉老师他的变化：

我已经是一名高中生，就读于西安市第一中学，从一米三出头"艰难"地长到一米六五，声音变得低沉，也变得不再急躁，会去包容他人，慢慢地蜕变成一个小伙子。

接着，陈蕙名同学回忆了他小学的习作之路：

您给我教课之前，我从未意识到我有如此大的潜能，我本是个常常"光顾"您办公室的"小跟屁虫"，却能在您丰富多彩的课堂中找到学习的乐趣，从话剧表演到春游，从微信小视频到校园报纸，再到用一个暑假为自己写书……从您的QQ上，我看到我的童年掠影被您一点点地发掘、保存，再次看到时，泪水不禁湿润了眼眶。

随后，他又写到照片中老师的"变化"对他的触动：

看到照片中您的青丝中夹杂着缕缕白丝，我被触动了。几十年如一日，您始终在以您饱满的精神去哺育、教导一届又一届的学生，"蜡炬成灰泪始干"，您为教育燃烧了您的青春，却没有燃烧掉您的满腔热情。您对我们的教育是难忘的，深刻的，终身的。我们定会闯出自己的一片天地，还您一片桃园！

最后，他用了老师的姓名表情达意：

您如您的名字一般"眼有星海，心有山河"。岳不厌高，海不厌深，江不拒流，您用山水一般的情怀呵护了我。写到这里，我已有些"临表涕零，不知所言"了……

"让小草成为小草，让大树成为大树"一直是我的育人之道。这封信勾起我对当年那个长得特像"星光大道"走出的童星阿尔法的学生陈薏名的点滴回忆，尤其是《少年陈薏名》那本集子。

记得毕业前，陈薏名同学从自己呱呱坠地、牙牙学语、蹒跚学步、懵懂无知、不谙世事写起，写到入学初识、慢慢懂事、琴棋书画、诗词歌赋，共计45篇原创文章，汇编为"人物篇""叙事篇""风景篇""动物篇""读后感""诗歌""说明文""议论文""想象作文"九个篇章。前言洋洋洒洒，其中有这么几句话表达了一个少年留恋过去又憧憬未来的阳光心境：

我多么想留住那些温暖的日子，但又多么渴望汇入未来生活的洪流……采撷一串梦，重拾记忆的落英，每一天的精彩，每一份情感，成为记忆中珍贵的一页。

其中第一篇为《我很善良》，记录了"我"（陈薏名）从幼儿园到小学，大人说"我"善良，同学说"我"善良，"我"很善良，愿意一直善良……

2022年7月，我收到一条短信：

岳老师您好！

我是2016届小学毕业生陈薏名，今天收到浙江大学的录取通知书，特向您报喜！感谢老师曾经对我做人的引导和写作的指导！

作文就是做人，从陈薏名同学一次次写给老师的信和留言中，我能够读出善良的他越来越善良，优秀的他越来越优秀。

## 四、写出了"自己"

2019年12月11日，学校引进研究生面试结束后，我看到有位应聘者的简历中写到小学是在我以前教书的旬邑县逸夫小学读的，就随口问了一句他小学的老师是谁。"岳海江老师！"我一下愣住了，我没认出他，他也没想到面前的我就是"岳海江"。原来他是当年那节口语交际课"我的梦想"的亲历者，叫王力，是冯奕莹的同桌，从宁夏大学历史学系毕业。王力告诉我，那节课他至今难忘，从那时起他就开始思考将来做什么，一直想一直想，虽然我只教了他一年的语文课，但是当时特别重视说话和写话的训练，让他在以后的日子里养成了说和写的习惯。现在他不但健谈，而且喜欢用文字记录下来，最终梦想成真，也成了老师的同事。每每看到他活跃在校园，乐呵呵地跟着学生或被学生围着，一种成就感油然而生：学生终于成了他想要成为的样子，做教师挺好！

2019年10月，教育部"国培计划"首期中小学名师领航工程海淀进校培养基地为我的工作室授牌。当年眨巴着大眼睛追问老师梦想的冯奕莹获悉后给我写了一封长信，谈到了她的近况：

2012年高考，我以全省文科排名300多名、总分624分的成绩进入了中国传媒大学汉语言文学专业学习，毕业后被传媒大学的老师推荐，得到了中信出版社重点图书项目的写作机会。

我参与了许多出版项目，例如，备受尊敬的女性外交官傅莹大使的著作出版、中国顶级经济学家群体"中国经济五十人"的图书项目等。我现在是《财经》杂志的记者，为 GQ 杂志、《中国证券报》、秦朔朋友圈等媒体撰稿，采访了包括蔚来汽车 CEO 李斌、桥水投资公司董事长瑞·达利欧在内的一些商业大佬和金融大佬。

……

坦率来说，坚持观察世界和实践、阅读与思考、写作并发表它们，已成为我生命中重要的一部分。也许世界上有两种苦，一种是内心看不到意义的煎熬的苦，一种是哪怕劳累，但是结束后满足并期待下一次的苦。如果说我写作中有苦的话，应该属于第二种。我庆幸自己内心深处对从事的工作抱有热情，庆幸自己不断接近理想中的那个"自己"。可以说，写作就是世界赠予我的一场迷人旅途。

冯奕莹同学的幸运在于她早早萌发了"写作梦"，并在写作中认识了自我、发展了自我、成就了自我，因此，她的职业成长和生命成长合二为一，相互成全。

森林不能只有一种声音，田野不能只有一种颜色。活动习作，聚焦有点，融合有章，形成一种强大的阅读场、生命场，让身处其中的每个人对生命都有了全新的认识和美好的体验，让学生们在生命的旷野中，向着语文的远方驰骋、超越，认真活成自己的模样！

# 后　　记
## 童心化雨，一路芳华

　　寒来暑往，四季更迭。我享受站在讲台上"指点江山""激扬文字"的酣畅淋漓，享受默默注视学生在校园里尽情玩耍的天真烂漫，享受静静坐在教室聆听老师们神采飞扬或幽默诙谐讲课的挥洒自如，享受与同行们一起讨论教学产生心灵碰撞的灵光闪耀，享受目睹校园里一草一木沐浴风雨茁壮成长的欣喜慰藉……

　　享受校园生活，像极了我享受北方分明的四季：春种夏耕，秋收冬藏。说不尽、道不完的喜欢与享受中，校园的一切都充满着温馨与美好，我对教育的热爱与执着始终保持着温度。教书近 30 年，弥足珍贵的是，这种享受随着时光流转发酵得更加浓烈。

　　万物生长有自己的规律和方式，教书育人也是如此。

　　从教 29 年，1 万多个日日夜夜，从蹬着自行车，驮着被褥，车把上挂着电壶和脸盆，叮叮当当地奔赴离家 30 多里[①]路的程王村小，到四处桂香弥漫、钟灵毓秀的西藏民族大学附属中学，从青涩到成熟，从新手到名师，从教师到副校长，从一个人单打独斗到领航教师团队，这一路走来，有太多的美好与感动值得珍藏与分享。

　　从教 29 年，有成功与收获，也有失败与泪水；有鲜花与掌声，也有泥泞与坎坷。29 年练就了一份坚持和定力，不急功近利，不急于求成，脚踏实地把每件事情做好。星光不问赶路人，形影追随脚步深。变化的是生活，老去的是容颜，不变的是我对理想教育的向往和对教育理想的追求，不断更迭的是我对教育的认知与理解。扪心梳理自己，成熟而热情，理性而坚韧，有足够的力量去承受人生种种，做好自己，担当使命，引领团队，传递正

---

[①]　1 里 = 500 米。

# 活动习作——让成长出彩

能量。

从教 29 年,我一直在思考:教育的意义是什么?北京师范大学肖川教授在《好教育好人生》一书中说道:"教育是获得生存资料和经营生活的工具。教育本身并非目的,而是工具。""教育是工具"这一观点带给我冷静、理性的思考。没错,随着时代的飞速发展,工具对人类发展和社会进步的重要作用愈加凸显,而教育更是如此。

那么,作为教育部重点培养的领航名师,我在新时代的教育大潮中能做点什么?针对语文学科的瓶颈问题——习作教学,我提出了"活动习作"的教学主张,带领团队进一步探索实践。学校的老师、工作室成员、身边的硕士生和博士生都表现出极大的热忱,与这些同仁的相遇、相识、相知,就如我从岁月长廊走入时光小巷,在一路斑驳的痕迹里,沉淀了太多的故事。这是历史,也是光阴在诉说,我们都记得春光绚丽,也记得秋色绚烂。

时时是教育之机,处处是教育之地。我带领团队不断探索活动习作从"语文课程"到"跨学科融合",再到"走向生活"的三条实践路径。在这一过程中,需要学校改变常规排课方式,教师突破常态上课方式,团队走出单一学科研修形态,将课堂拓宽到更加开放的家庭、社会、自然生活场域中……可喜的是,我得到了学校的大力支持,看到了老师的无限热情和学生的快速进步。工作室团队在聚焦问题、深入研究"活动习作"的过程中,逐步形成了工作室的文化符号:工作室的 logo,以"太阳""葵花""山水""众""脚印"为主要构图。太阳、葵花,象征着温暖、光明和希望,寓意教师的工作是点亮;山的刚毅、水的包容,自然之真、生命之善,共生教育之大美,寓意教师应具有山水一般的教育情怀;"众"字寓意独行快、众行远,教师应做虚心竹,不断寻找新的生长点;一串脚印寓意知行合一,寓意教师只有扎根泥土,才能开花结果!

在不断探索与实践中,工作室形成了共同的精神追求:

缘:与教育志同道合者"结缘",一起成长。

源：饮水思源，引得活水，坚持儿童立场开展工作。

元：探寻学科元知识，探寻生命教育元密码。

员：团队中的成员各美其美，美人之美，美美与共。

园：将工作室建成教师精神世界的家园。

愿：做追梦者，实现自我愿望，成就工作室愿景。

圆：做教育的理想主义者，追求圆满，创造成功。

面向阳光，向真而生，向善而立，向美而行。这是我们的愿景，也是今后的目标，希望通过活动习作撬动对教育本源的探究，启示教育同仁不必局限于点点滴滴的得失之中，不被功利主义所羁绊，从教育规律和生命发展的视角来看待教育，和大家一起把学生放在发展的正中央，成为他们成长路上的摆渡者，传递"求真、向善、至美"的理想信念，把自己和民族、国家的发展紧紧相连。教师高山景行、上善若水、热情光明，就能为学生营造更加美好的成长生态，孩子未来自然会和谐发展。这无论对个人、家庭，还是对国家、世界来说，都意义重大。

《活动习作——让成长出彩》的付梓，离不开教育部"国培计划"首期中小学名师领航工程海淀进校培训基地导师的指导和帮助。虽然我从10多年前就开始探索并实践"活动习作"，但记录下的只是一些零散随笔和课堂随录，并没有形成系统整合。2019年10月工作室正式授牌后，海淀进校的罗滨校长和申军红副校长多次与我畅谈对"活动习作"的认识，希望我能对自己20多年的教学经验进行甄选、提炼、升华，形成专著，在一定范围内推广，为年轻教师的成长提供借鉴，并成为追赶超越名师的目标和动力，为西藏和陕西基础教育尽己所能、发挥作用。随后，海淀进校的导师们一次次地追问我在习作教学方面做了什么，效果怎么样，为什么这么做，并一次次帮我梳理提炼，渐渐地让我有勇气、有信心围绕"活动习作"主张边探索边实践、边反思边凝练，于是才有了这本专著。由于认识局限，加之时间仓促，书中难免存在疏漏或不妥之处，恳请各位教育同仁批评指正。

最后，感谢海淀进校罗滨校长、申军红副校长三年来的引领。感谢支玉恒大师和我的理论导师郑国民教授、李英杰教授、李瑾瑜教授的点拨。感谢实践导师黄玉慧、张海宏的指导，韩巍巍、王化英、王林波、李怀源老师的帮助。感谢西藏民族大学次旦玉珍副校长，民大附中多杰书记、李英锋校长

## 活动习作——让成长出彩

等领导同事的支持。感谢工作室导师曹有凡、许可峰对工作室的指导。感谢民大附中和武功普集镇中心小学师生的积极实践。感谢从实验到书稿梳理一直伴随我前行突破的王毅博士、刘意老师、赵丽霞副校长，工作室成员袁勤伟、高婷、田秋红、杨彩霞、王水侠等老师，还有好兄弟王谦、尹锋超。感谢从初稿到终稿过程中逐章逐节阅读并提出建设性建议的好友许闪鹏校长。感谢团队里大师兄李永红及"小伙伴"的影响。感谢爱人对家务的分担以及家人、亲人对患病老母亲的照顾。尤其感谢西藏自治区教育厅对我工作室的扶持，感谢西藏民族大学的资助，感谢中山大学出版社嵇春霞等老师对学术作品出版的精益求精。还要感谢一届又一届的学生，我带领他们成长，他们也成就了我。书中引用的同行、学生的作品均得到他们的授权，在此表示感谢！正因为有这样一群人给予我无穷的力量，我才会有无限的可能。在此，摘取刘欢演唱的《在路上》中两句歌词表达我的内心：

在路上，用我心灵的呼声，只为伴我的人；
在路上，我生命的远行，只为温暖我的人。
……

"活动习作"应有怎样丰饶的生态系统？
愿，童心化雨，一路芳华……